O Museu Paulista

FUNDAÇÃO EDITORA DA UNESP

Presidente do Conselho Curador
Herman Jacobus Cornelis Voorwald

Diretor-Presidente
José Castilho Marques Neto

Editor-Executivo
Jézio Hernani Bomfim Gutierre

Conselho Editorial Acadêmico
Alberto Tsuyoshi Ikeda
Áureo Busetto
Célia Aparecida Ferreira Tolentino
Eda Maria Góes
Elisabete Maniglia
Elisabeth Criscuolo Urbinati
Ildeberto Muniz de Almeida
Maria de Lourdes Ortiz Gandini Baldan
Nilson Ghirardello
Vicente Pleitez

Editores-Assistentes
Anderson Nobara
Fabiana Mioto
Jorge Pereira Filho

UNIVERSIDADE DE SÃO PAULO

Reitor
Adolpho José Melfi

Vice-Reitor
Hélio Nogueira da Cruz

Pró-Reitor de Cultura e Extensão
Adilson Avansi de Abreu

Pró-Reitor de Graduação
Sônia Teresinha de Sousa Penin

Pró-Reitor de Pesquisa
Luiz Nunes de Oliveira

Pró-Reitor de Pós-Graudação
Sueli Vilela

MUSEU PAULISTA

Diretora
Eni de Mesquita Samara

Vice-Diretor
José Bueno Conti

Conselho Deliberativo
Eni de Mesquita Samara (Pres.)
José Bueno Conti
Beatriz Mugayar Kühl
Cecília Helena de Salles Oliveira
Diana Gonçalves Schmitdt
Heloisa Barbuy
Jonas Soares de Souza
Maria Lígia Coelho Prado
Miyoko Makino
Renato da Silva Queiroz
Ricardo Nogueira Bogus
Shirley Ribeiro da Silva
Solange Ferraz de Ilma
Vânia Carneiro de Carvalho

Apoio
Fundo de Pesquisas do Museu Paulista

Ana Claudia Fonseca Brefe

O Museu Paulista
Affonso de Taunay e a
memória nacional 1917–1945

© 2003 Editora UNESP

Direitos de publicação reservados à:

Fundação Editora da UNESP (FEU)
Praça da Sé, 108
01001-900 – São Paulo – SP
Tel.: (0xx11) 3242-7171
Fax: (0xx11) 3242-7172
www.editoraunesp.com.br
www.livrariaunesp.com.br
feu@editora.unesp.br

Museu Paulista da USP
Parque da Independência s/n° – Ipiranga
04263-000 - São Paulo – SP
Tel.: (0xx11) 6165-8000
Fax: (0xx11) 6165-8051/6165-8054
www.mp.usp.br
mp@edu.usp.br

CIP-Brasil. Catalogação na Fonte
Sindicato Nacional dos Editores de Livros, RJ

B842m

Brefe, Ana Claudia Fonseca
    O Museu Paulista: Affonso de Taunay e a memória nacional, 1917-1945 / Ana Claudia Fonseca Brefe. – São Paulo: Editora UNESP: Museu Paulista, 2005. il.

    Inclui bibliografia
    ISBN 85-7139-588-8

    1. Taunay, Afonso de E. (Afonso d'Escragnolle), 1876-1958. 2. Museu Paulista. 3. Museus históricos – Brasil – História. I. Museu Paulista. II. Título

05-1031   CDD 981.0074
                                CDU 069.02:94(81)

Editora afiliada:

Ao José e à Carmem Marlene.

Agradecimentos

Este livro é resultado da minha pesquisa de doutorado realizada no Brasil e na França entre 1994 e 1998. A Fundação Editora da UNESP acolheu calorosamente o trabalho e, graças à perseverança de sua equipe, especialmente de Jézio Gutierre, Joana Monteleone e Denise Katchuian Dognini, uma coedição com o Museu Paulista tornou esta publicação possível.

A realização de toda a pesquisa e a elaboração do trabalho foram possíveis em virtude do financiamento da Fapesp, no primeiro e no quarto anos de trabalho, e da Capes, no segundo e terceiro anos, que me concedeu uma bolsa de doutorado-sanduíche para estudo e pesquisa em Paris, na École des Hautes Études en Sciences Sociales. Nesse período no exterior, o apoio do meu orientador estrangeiro, Pierre Nora, foi decisivo não apenas pelo relacionamento intelectual, mas por ter me facilitado o contato com especialistas e o acesso a instituições, como a Direction des Musées de France e o Museu Nacional de Versalhes. Neste último realizei um estágio durante dez meses, tendo a oportunidade de conhecer os meandros de um museu histórico, em seu funcionamento cotidiano, graças ao convívio com a chefe do Departamento Cultural, Mme. Béatrix Saule.

Aos funcionários do Museu Paulista agradeço pelo carinho com que sempre me receberam, durante e depois da pesquisa. Os meses que passei no Setor de Documentação do Museu, com Vânia Carneiro de Carvalho e Solange Ferraz de Lima, permitiram trocas intelectuais e humanas preciosas e duradouras.

Edgar De Decca orientou o trabalho, sempre dando dicas, conselhos e fazendo comentários nas horas decisivas.

Carlos Alberto Fonseca Brefe forneceu todo o apoio necessário na parte prática deste trabalho, desvendando-me a "metafísica" da informática. A ajuda e a cumplicidade de Adriana Fonseca Brefe foram determinantes nos intermináveis contatos com os editores.

Finalmente, devo dizer que, se a longa estada na França certamente influenciou os rumos deste trabalho, ela foi decisiva para minha vida pessoal. Por isso, termino aqui lembrando de Jean Michel Moreau, presença e motivação determinantes nesses últimos anos.

Os lugares de memória são, em primeiro lugar, restos. A forma extrema na qual subsiste uma consciência comemorativa de uma história que a interpela porque a ignora é a desritualização do nosso mundo que faz aparecer a noção. Aquilo que secreta, instala, estabelece, constrói, decreta, entretém pelo artifício e pela vontade uma coletividade fundamentalmente envolvida na sua transformação e renovação. Valorizando naturalmente o novo sobre o antigo, o jovem sobre o velho, o futuro sobre o passado. Museus, arquivos, cemitérios e coleções, festas, aniversários, tratados, autos, monumentos, santuários, associações são testemunhos de uma era, ilusões da eternidade.

(Nora, 1984-1992)

Sumário

Prefácio   13

Introdução
   Um museu às margens do Ipiranga   19

1   Museu Paulista, museu histórico   27
   Século XIX, ou o século dos museus históricos   30
   Sobre as origens dos museus no Brasil e o perfil do Museu Paulista   50

2   Montando o cenário   87
   Taunay e o Museu Paulista: agindo como demiurgo   97
   O 7 de Setembro de 1922 em São Paulo   142
   Um cenário paralelo: o Museu Republicano Convenção de Itu   163

3   Completando o cenário   183
   Taunay e a história das bandeiras paulistas   187
   O Museu Paulista a partir de 1923   215

Brasil, epopeia bandeirante   224
Os dez últimos anos de Taunay no Museu Paulista   258

Conclusão
Museu Paulista: um *lugar de memória* para a nação   287

Fontes   293

Referências bibliográficas   299

Anexo   307

Prefácio

À primeira vista poderia parecer paradoxal que os museus históricos que, sob várias modalidades, sempre estiveram envolvidos com o campo da memória, nunca tenham se preocupado, até recentemente, com a memória de si mesmos nunca tenham se sentido; de alguma forma, parte daquilo que deveriam ao menos documentar e, eventualmente, explicar. Esse interesse começa a manifestar-se em fins da década de 1960, quando, entre nós, surgem as primeiras manifestações de um verdadeiro sentimento de culpa diante da alienação dos museus em geral perante as necessidades da sociedade. A palavra de ordem "é preciso queimar o Louvre", proferida pela revolução cultural etiquetada como o "Maio de 68" parisiense, chega ao contexto brasileiro num momento particularmente delicado, que é a implantação violenta do regime militar. A primeira resposta, porém, vai se concentrar em tentativas de rever, redirecionar e privilegiar as responsabilidades educacionais.

Os estudos sobre o papel desempenhado na sociedade brasileira pelo teatro, cinema, literatura, práticas educacionais, música coral, esportes etc. (também em outros momentos delicados, como o Estado Novo) já não eram total novidade, e progressivamente passam a se multiplicar. Mas quanto aos museus, em particular o museu histórico, parecia que eles tinham singrado um oceano simbólico pacífico e autônomo, no qual encontravam sem esforço seu alimento, desvinculados das contingências do mundo dos mortais. E, sobretudo, era como se estivessem totalmente naturalizados – daí que parecessem provocar pouco ou nenhum efeito. Em contraponto, desenvolve-se logo a crítica ideológica e a contestação do serviço homologatório prestado pelos museus (os de história, principalmente) aos interesses de classe. Acredito, porém, que apenas quando tal postura se enriqueceu, com a descoberta da natureza retórica das coleções e o caráter discursivo das exposições, no bojo da chamada "virada linguística" das ciências sociais (após a década de 1970), é que se abriram caminhos mais fecundos de investigação e compreensão – e atuação. Hoje, se contabilizarmos os periódicos oficiais – ambos significativamente intitulados *Anais* – de dois importantes e característicos museus históricos brasileiros, o Museu Paulista da USP, em São Paulo, e o Museu Histórico Nacional, no Rio de Janeiro, ficaremos impressionados com a quantidade de trabalhos voltados para a compreensão da própria história das instituições e respectivas coleções, não como objeto de crônica, mas para entendimento mais amplo de aspectos da sociedade brasileira.

Agora, o conhecimento das trajetórias de nossos museus e coleções – bem como o tema contíguo e complementar de nossas instituições: políticas e práticas do patrimônio cultural –, se ainda é incipiente, já conta com ganhos consideráveis, com as contribuições de Lilia Katri Moritz Schwarcz, Maria Margaret Lopes, Regina Abreu, Zita Rosane Possamai, José Neves Bittencourt, Maria Cecília França Loureiro e outros, contribuições essas produzidas na pesquisa acadêmica e na formação pós-graduada. É nessa linha que se insere o livro de Ana Claudia Fonseca Brefe sobre o Museu Paulista e sua "reinvenção" por Affonso de Taunay – aqui é importante mencionar, também, os nomes de Vânia Carneiro de Carvalho, Solange Ferraz de Lima, Cecília Helena de Salles Oliveira, Cláudia Valladão de Mattos, Maria de Lourdes Lyra e Maria José Elias.

O Museu Paulista e o Museu Histórico Nacional são os mais antigos museus históricos brasileiros. O segundo, criado em 1922 e com vocação já pré-traçada livre de compromissos anteriores, tem sua trajetória balizada pela figura do historiador Gustavo Barroso. O primeiro, ao contrário, surge, a partir de 1917, por conta de um projeto de ruptura com um museu criado em 1891, cujo modelo era o museu oitocentista de história natural, mas que será reorientado ao longo de 28 anos de gestão pelo historiador Affonso d'Escragnolle Taunay para a história nacional (a partir da ótica paulista e de seus limites alimentados pelos interesses políticos e econômicos da elite bandeirante) embora acomode as demais seções existentes na instituição. Se foram os museus de história natural, nas nações tornadas independentes dos sistemas coloniais no século XIX, que se incumbiram de abrigar as tarefas de representar a nação, na história, no entanto, dentro do território da antropologia, isto é, dentro do horizonte restrito da "nossa história" e da "história deles", as duas histórias, na evolução do Museu Paulista, se encontram acopladas mas independentes, como irmãos siameses unidos por uma só cabeça que procura controlar dois corpos discordantes. É essa situação contraditória e de caráter singular, essa espécie de enclave histórico em suas mais amplas implicações para a história política, social e cultural do Brasil, que motiva a pesquisa de Ana Claudia.

Seu trabalho tem múltiplos créditos e inúmeras garantias de uso proveitoso – além de ser uma leitura agradável. No entanto, procurarei, aqui, salientar apenas alguns de seus caminhos mais importantes – talvez segundo critérios muito pessoais de quem, como eu, milita não apenas na arena da história, mas também, desde sempre, na dos museus e do patrimônio cultural. São três os caminhos que mais me aguçaram a atenção.

A primeira grande tarefa do trabalho é situar no campo da disciplina a história presente no museu. Daí a preocupação em identificar linhas da formação absorvida por Taunay, seu quadro de referências e sua vastíssima rede de interlocutores, guias ou críticos, como Capistrano ou Roquette Pinto, seja no museu – ou melhor, a partir do museu, pois ele aí imperava sozinho –, seja no IHGB ou no IHGSP, seja no Museu Nacional, na Academia Brasileira de Letras ou em outros domínios. Para tanto, Ana Claudia vasculhou a vastíssima obra historiográfica de seu protagonista "demiurgo", com especial atenção ao que se referia às bandeiras, e procurou localizar tudo dentro do "estado-da-arte" então vigente. Também não foi deixada de lado sua não menos impressionante correspondência. Por sorte, o historiador, que também assumiu a docência na jovem Faculdade de Filosofia, Ciências e Letras da nascente Universidade de São Paulo, não se descuidou das questões conceituais e metodológicas. Não que se devesse esperar uma continuidade entre seu pensamento teórico e sua prática – e Ana Claudia está atenta a isso. Basta apontar que, diretor de um museu histórico, produziu toda sua história a partir de fontes puramente textuais. Ana Claudia explora competentemente seu pensamento sobre documento e crítica documental, sua noção de verdade a ser buscada pelo historiador, suas hesitações em considerar próprios para uso museológico certos tipos de documento, como as fotografias, seus critérios na organização de arquivos, acervos e material para exposições – sua verdadeira criação de uma "iconografia colonial" ou de brasões municipais –, seus conceitos de memória, evocação e celebração – um dos principais motores de sua atuação foi a comemoração dos cem anos da Independência, bem como o cinquentenário da Convenção Republicana de Itu.

A segunda credencial deste livro está no vasto e consistente quadro que Ana Claudia conseguiu montar, desenhando o caldo de cultura e política em que se situavam os museus, especialmente os históricos, desde o final do século XVIII e nos tempos de instituição do Museu Paulista, nas últimas décadas do século retrasado e primeiras do seguinte. Ana Claudia está muitíssimo bem informada sobre esse quadro, principalmente no que se refere à Europa e, de maneira particular, à França. Ainda que se possa reclamar, para contraponto, a presença discreta de referências não europeias, seu quadro é eficaz e contribui como moldura para o entendimento do papel político e ideológico no contexto específico brasileiro e paulista. De novo a correspondência de Taunay serve para acompanhar seu interesse em informar-se, atualizar-se e levar adiante seu projeto, circulando dentro de uma rede que também pode ser remontada. Outra rede que se entrecruza com a primeira é a de políticos e autoridades, que permite reconstituir os compromissos de diversas ordens e que auxiliam na compreensão da história administrativa e cultural do museu. A esta se acrescenta – muitas vezes com superposições – a rede dos fornecedores de documentos e peças, "dádivas" preciosas.

Finalmente, cabe reconhecer que o livro cumpre todas as suas obrigações com a crítica ideológica, mas, além de identificar conteúdos mentais e interesses legitimados, dedica particular atenção aos modos específicos pelos quais tais conteúdos e interesses incorporavam práticas e assumiam forma visual no museu. Em suma, Ana Claudia, em momento algum, se esquece de que está estudando um *museu* e que, portanto, a dimensão de sensorialidade que sua forma de existir implica deve ser respeitada. Assim, ao utilizar o conceito de "lugar de memória" de Pierre Nora, ela não sintetiza comodamente sua jornada, pois esta se desenvolveu na consideração das idas e vindas da produção e do trabalho dessa memória, enfim, seu metabolismo. É em tal dimensão de sensorialidade que se pode acompanhar a pedagogia desenvolvida a partir de uma "raça paulista", que teria promovido a extensão e a integração da unidade nacional – desembocando na fundação da nação, pela Independência, posteriormente aprimorada pela República.

Pessoalmente, encontro nessa vertente o maior motivo de satisfação com este livro. Não que seja o mais denso e aprofundado. Infelizmente, os arquivos documentais do Museu Paulista, hoje exemplarmente organizados, preservaram pouquíssimas fontes para conhecimento desses problemas. O que está disponível – relatórios, guias, fotografias – foi, no entanto, muito bem explorado, desde, é claro, o próprio edifício e a topografia de sua alegorização – o cenário da memória, para Ana Claudia –, o sistema iconográfico de sua "decoração" até tudo aquilo que fotografias antigas, relatórios e outras referências poderiam trazer quanto às práticas museográficas que organizaram as exposições. Além, como era de esperar, de novo, da inesgotável correspondência de Taunay. Aspecto de grande interesse é a rede de informações e monitoramento que ele estabelece com "seus" artistas, como Benedito Calixto, José Wasth Rodrigues, Belmonte, Norfini, Bernardelli, Failatti, Oscar Pereira da Silva e tantos outros. Ana Claudia deixa do museu e sua atuação a ideia mais concreta que é possível formar, e a mais eficaz para compreendê-lo.

Para concluir, não se trata de um mero estudo de caso individual, por maior que fosse seu interesse específico. É mais que isso. Ana Claudia abre as portas para a compreensão, no contexto brasileiro, das variáveis históricas operantes na organização e no funcionamento empírico – mediado pelos sentidos, pela percepção sensorial – de um universo simbólico, não para atender a necessidades simbólicas (a que muitas vezes se costuma reduzir o campo da cultura quando tratada como compartimento da vida humana), mas a necessidades da mais variada e profunda natureza.

Ulpiano T. Bezerra de Meneses
Professor no Depto. de História/USP
e ex-diretor do Museu Paulista

Introdução
Um museu às margens do Ipiranga

> É o bairro do Ipiranga um dos arrabaldes de S. Paulo cujo nome respeitaram os séculos ... Ao do Ipiranga mencionam os mais antigos papéis paulistanos, quase coevos da fundação da boa vila de São Paulo do Campo de Piratininga. Assim, nas Actas e no Registro Geral da Câmara de São Paulo, desde o século XVI, surgem numerosas referências à "colina sagrada" dos nossos tempos ... Desde os primeiros anos de S. Paulo, couberam, portanto, "as terras do Hipiramgua que era quaminho do mar" a três dos mais ilustres povoadores, antepassados de muitos dos famosos bandeirantes e personagens de prol em sua república. Como se achasse o Ipiranga no caminho que ligava S. Paulo a Santos, estrada objeto do desvelo constante das autoridades municipais, dos Capitães Generais, dos ouvidores e corregedores, de todas as autoridades enfim, tornou-se o seu nome estável e popular, devido à sua relativa proximidade da capital paulista. (Taunay, 1937, p.7-8)

Nesse longo trecho, extraído da "Breve notícia histórica" sobre o Ipiranga e o Museu Paulista, que abre o *Guia da secção histórica do Museu Paulista*, publicado por Affonso de Taunay em 1937, o local em que foi construído o Monumento do Ipiranga, posteriormente convertido em museu, aparece fortemente calcado nas tradições paulista e nacional.

Caminho de passagem entre o mar e o sertão, o Ipiranga, ao longo de séculos, tal como é descrito no texto citado, esteve presente em várias fases da história nacional, do Brasil colonial ao republicano. O lugar histórico da proclamação da Independência brasileira parece, portanto, dotado de singularidade muito antes de ter sido palco do gesto fundador de D. Pedro I.

Esse conjunto de imagens e ideias, base da força simbólica e do poder evocativo que emanam do Museu do Ipiranga (como é popularmente conhecido até hoje, apesar de este nunca ter sido seu nome oficial), foi fortemente explorado por Affonso de Taunay durante sua longa gestão à frente do museu, de 1917 a 1945, e que será amplamente abordada aqui. Este livro resulta da pesquisa realizada durante os anos de 1994 e 1998, no Brasil e na França, para a elaboração de minha tese de doutorado, submetida ao Departamento de História do Instituto de Filosofia e Ciências Humanas da Universidade de Campinas.

O edifício em estilo neoclássico que abrigou o Museu do Estado a partir de 1894 não foi inicialmente projetado para essa finalidade; sua concepção inicial destinava-se a ser o Monumento à Independência brasileira, tendo sido construído na colina do Ipiranga, próximo ao lugar onde D. Pedro I teria proferido o famoso "grito", que fez do Brasil um país independente.

A ideia de construir um monumento comemorativo à Independência brasileira é praticamente contemporânea à sua proclamação (data de 1823). Vários projetos foram apresentados ao longo do século XIX, contudo, somente o do engenheiro-arquiteto Tommaso Gaudenzio Bezzi, de 1881, foi aprovado pelo governo provincial de São Paulo. As vicissitudes dos primeiros projetos estão certamente relacionadas ao conturbado contexto político do Brasil imperial e à forma pela qual o fato "Independência brasileira" foi sendo recuperado, valorizado e representado ao longo do tempo, na corte e em São Paulo. Tais questões, entretanto, fogem ao âmbito deste trabalho.

O "Palácio de Bezzi", como também ficou conhecido, começou a ser construído em 1885, sendo considerado terminado em 1890, apesar de inacabado por falta de recursos. Em 1892, o edifício tornou-se propriedade do Estado, e finalmente em 1894 tornou-se a nova sede do

Museu do Estado, oficialmente batizado Museu Paulista. Passou, assim, a abrigar as coleções provenientes daquele, essencialmente compostas pelo antigo Museu Sertório, acervo formado sobretudo de coleções zoológicas e de uma miscelânea de objetos, inclusive algumas peças preciosas e únicas do patrimônio arqueológico e histórico nacional, adquiridas pelo estado de São Paulo em 1890.

A lei que regulamentou o funcionamento da instituição, e que será oportunamente analisada, definiu seu perfil como um centro de estudo e de exposição no campo das ciências naturais e, pela própria exigência do sítio histórico, um monumento comemorativo à Independência brasileira, onde deveria ser exposto em destaque o quadro histórico de Pedro Américo, *Independência ou morte!*. Dado o caráter de suas coleções, o primeiro diretor nomeado para dirigi-lo foi o zoólogo Hermann von Ihering, que permaneceu à sua frente até 1916, quando o museu passou por uma vasta sindicância e por um inventário para apurar irregularidades administrativas e desvios de objetos do acervo. Em 1917 foi enfim nomeado um novo diretor para o instituto, Affonso de Taunay, que transformou por completo seu antigo aspecto e seus direcionamentos.

É interessante notar que o novo diretor não era um naturalista, mas um historiador (apesar de sua formação como politécnico, Taunay destacou-se por seu trabalho no campo da história). Certamente, essa nova nomeação foi bastante calculada pelo governo do estado de São Paulo, dada a aproximação da comemoração do centenário da Independência brasileira, em 1922. A principal tarefa de Taunay era preparar o Monumento do Ipiranga para as festas centenárias, mas sua atuação na diretoria do museu vai muito mais longe, tendo inúmeros desdobramentos durante os 29 anos de sua gestão.

No início da pesquisa, a ideia era explorar os cinco primeiros anos de Taunay no Museu Paulista, que pareciam então os mais importantes de toda sua administração. O contato mais aprofundado com a documentação rapidamente mostrou que, nesse período inicial, seu projeto apenas se esboçara, e que somente na trama dos anos ele fora capaz de realizar tudo aquilo que havia planejado e que julgava ser digno de uma instituição de tal porte, localizada em um *lugar* simbolicamente único para a história do Brasil. No entanto, a representação da Independência do Brasil, apesar de ganhar lugar de destaque na museografia, não é o aspecto principal, e aparece como consequência lógica do desenrolar da história do país, contada do ponto de vista de São Paulo e do esforço paulista. Acompanhando os relatórios anuais de diretoria, enviados à Secretaria do Interior e posteriormente à Secretaria de Educação e Saúde Pública, bem como as centenas e centenas de cartas, institucionais e pessoais, enviadas e recebidas por Taunay, foi possível perceber a dimensão de seu trabalho no museu e seu caráter incessante e paulatino. É nesse âmbito que este livro se estruturou, isto é, procurando perceber ao longo do tempo, mas não necessariamente de maneira cronológica, como Taunay agiu para transformar o museu em um museu histórico e paulista, partindo de um acervo enciclopédico e essencialmente voltado para a história natural.

Os primeiros anos são decisivos, pois permitiram o perfeito desvendar da instituição e de suas coleções, identificando falhas, lacunas e inadequações – a maior delas, aos olhos de Taunay, era o absoluto menosprezo da história e dos "objetos históricos", colecionados durante a gestão de Ihering de maneira aleatória e sem nenhum lugar de destaque no plano das exposições e da atividade científica do museu.

Tal como Ihering, que fez uso de um vasto instrumental teórico no campo das ciências naturais para organizar o funcionamento do museu, Taunay utilizou largamente seus estudos historiográficos e seu amplo conhecimento dos métodos e conceitos da história em seu tempo para transformá-lo de maneira adequada ao *lugar* onde o edifício fora construído. Mais que isso, ele procurou reunir no museu documentos inéditos para a pesquisa da história de São Paulo e do Brasil, além de enriquecer a biblioteca do instituto com uma coleção *brasiliana* e criar uma nova revista, os *Anais do Museu Paulista*, na qual publicaria fontes e trabalhos inéditos – principalmente de sua lavra – de interesse para a história nacional e paulista. Portanto, foi fundamental para a pesquisa acompanhar a ampla produção historiográfica de Taunay, que segue em paralelo à sua atuação como diretor do museu. Procuro mostrar, então, como a tarefa de historiador voltado para o estudo da história do Brasil, mas sobretudo de São Paulo – ou do ponto de vista paulista –, conduziu-o na organização e redefinição da instituição sobre "novas bases".

Durante boa parte da gestão de Taunay, entre 1917 e 1939, as coleções de história natural permaneceram no edifício do museu, dividindo espaço com as coleções de história incrementadas ano a ano. As seções de zoologia e botânica funcionavam graças a especialistas nessas áreas, que prestavam contas de seu trabalho em relatórios anuais ao diretor. O funcionamento dessas seções se fazia de maneira completamente independente, sobretudo depois de 1922, quando a Seção de História do museu foi oficialmente criada pelo governo do estado. A partir de então, Taunay começou a insistir, de maneira cada vez mais enfática, na necessidade de transferir as coleções de ciências naturais para um outro edifício, pois sua convivência com as coleções de história e o novo aspecto que o museu adquiria com as suas intervenções lhe pareciam incompatíveis e paradoxais. Este livro trata da criação, organização e incremento da Seção de História da instituição do Ipiranga, que resultou na transferência das coleções de história natural para um outro prédio e sua completa desanexação. Não será, portanto, abordado aqui o funcionamento das seções dedicadas às ciências naturais do museu, pois a direção de Taunay, apesar de não negligenciar a existência de tais seções, esteve intimamente comprometida com a transformação do Monumento do Ipiranga em um museu histórico, sendo este o objeto central do presente livro.

No plano teórico, o trabalho estruturou-se, em grande parte, com base na pesquisa bibliográfica realizada na França, com bolsa de doutorado-sanduíche da Capes, sob a direção do historiador Pierre Nora, da École des Hautes Études en Sciences Sociales, em Paris. Procurou-se, então, conhecer a bibliografia mais recente sobre a problemática do patrimônio, da história dos museus em geral e dos museus históricos em particular, tentando perceber como essas instituições se inserem no quadro social, cultural e político de uma época – e como mudam sob novos contextos, num movimento conjunto. Aspecto essencial a ser assinalado quanto aos museus históricos é sua estreita relação com o universo da história e com a própria estruturação da disciplina histórica ao longo do século XIX, na Europa. Esse é o assunto tratado no primeiro capítulo do livro, no qual também esclareço como se deu a formação de Taunay como historiador, quais eram seus modelos historiográficos e de que forma suas concepções de história conduziram seu trabalho museográfico.

O Capítulo 2 começa com o momento de transição, quando saiu Ihering e entrou Taunay. Enfatizo aí aquilo que caracteriza o trabalho de cada um dos dois diretores e quais foram os pontos essenciais da mudança. A abordagem dos primeiros anos da gestão de Taunay é bastante significativa, pois neles a inflexão pode ser notada, novos rumos são traçados, e daí se caminha paulatina e definitivamente para a separação das coleções de ciências naturais daquelas de história, que passaram, então, a constituir a "alma" do museu. Nesse capítulo trata-se ainda da reabertura do museu para as festas centenárias, em 7 de setembro de 1922, e das solenidades realizadas ao longo daquele dia, quando as autoridades do estado procuraram, com inúmeras inaugurações e celebrações, fixar o lugar preponderante de São Paulo no cenário nacional. A inauguração do Museu Republicano Convenção de Itu, em 1923, como instituição anexa ao Museu Paulista, voltada para a preservação da memória do movimento republicano em São Paulo, encerra o capítulo. Taunay também foi incumbido da organização desse acervo e de sua apresentação, optando por um trabalho museográfico então pouco conhecido no Brasil: a reconstituição de interiores de época, uma espécie de *period room*. A criação desse museu fecha o cerco na glorificação dos feitos paulistas: a proclamação da República brasileira não ocorreu em solo paulista, mas o germe do movimento republicano foi plantado no estado de São Paulo, com a fundação do Partido Republicano Paulista, em 1873, na famosa Convenção de Itu. São Paulo mais uma vez tomava a frente na evolução do Brasil rumo à sua constituição como nação. Por isso, é de suma importância para as elites paulistas narrar a história e preservar a memória do local original e dos homens que participaram daquele evento, visto como um dos primeiros passos dados em direção à constituição do Brasil republicano.

A análise do tema de maior peso e ao qual Taunay dedicou a maior parte de suas pesquisas e escritos, a *história das bandeiras paulistas*, é o fio condutor do terceiro capítulo. O trabalho historiográfico de Taunay se fez em paralelo ao museográfico, na construção da epopeia bandeirante, tema central da decoração histórica realizada nos espaços monumentais do museu, mas que se dissemina por várias outras salas de exposição abertas pelo incansável diretor ao longo de seus quase trinta anos de trabalho, desdobrando-se em exposições em que a iconografia ocupou um lugar de destaque, dando continuidade à temática da bandeira em outras dimensões. O objetivo de Taunay era contar a história da constituição da nação brasileira do ponto de vista de São Paulo, isto é, como resultado do esforço paulista desde os primórdios da colonização. Por isso, era fundamental contar a história da São Paulo bandeirante, para mostrar como, já no início do Brasil colonial, os paulistas estavam fortemente envolvidos em um projeto de construção de uma unidade nacional. O Museu Paulista é, então, o lugar em que essa história vai tomar corpo e materialidade.

Todo esse processo de mudança se desenrolou ao longo do tempo sob a sábia e incisiva intervenção de Affonso de Taunay. Esmiuçar os meandros de seu trabalho, entender seus fundamentos, motivações, dificuldades e contradições – que levaram à constituição de um dos primeiros museus históricos brasileiros, cujo poder de irradiação simbólica perdura até hoje – constitui o desafio deste livro.

1
Museu Paulista, museu histórico

Um Museu deve [portanto] ter dois pontos de vista na sua instituição: visão política e visão de instrução pública; na visão política, ele deve estabelecer-se com esplendor e magnificência suficientes para falar aos olhos de todos e atrair os curiosos dos quatro cantos do mundo que terão o dever de abrir seus tesouros e versá-los a um povo amigo das artes. Do ponto de vista da instrução, ele deve abranger tudo aquilo que as artes e ciências reunidas possam oferecer ao ensino público. Tais foram os museus dos antigos povos dos quais gostamos ainda de lembrar ... Ao observar a classificação cronológica na disposição dos museus, eles se tornam naturalmente uma escola erudita e uma enciclopédia onde a juventude encontrará literalmente todos dos graus da imperfeição, da perfeição e decadência pelos quais as artes dependentes do desenho passaram.

(Lenoir, *Musée des monuments*, 1806)

A restauração do prédio e de parte do acervo do Museu Paulista, realizada entre 1995 e 1998,[1] e sua consequente revalorização, dão con-

---

1 A história detalhada do trabalho de restauração feito no Museu Paulista encontra-se em Barbuy (1997).

tinuidade ao processo de redirecionamento pelo qual ele vinha passando desde a Resolução GR-3560, de 11.8.1989, que determinou a transferência das coleções de natureza antropológica, bem como do pessoal técnico-científico e de seus respectivos projetos, para o Museu de Arqueologia e Etnologia da USP. Foram necessários quase oitenta anos – que separam a assinatura da lei n.1911, de 29.12.1922, que criou a Seção de História Nacional (especialmente voltada para São Paulo e etnografia), da resolução citada – para que se cumprisse plenamente o projeto tão almejado por Affonso d'Escragnolle Taunay: inaugurar "um *museu histórico* em São Paulo, sobretudo no monumento do Ypiranga, no local glorioso da Proclamação" (Taunay, 1926b, p.47 – grifo meu).

É bem verdade que da gestão de Affonso de Taunay até os dias atuais muita coisa mudou não apenas na forma de apresentação do popularmente conhecido Museu do Ipiranga, mas sobretudo naquilo que diz a respeito à definição e às funções de um museu histórico. No Plano Diretor do Museu Paulista (s.d.) foram apresentados os vários aspectos da nova gestão do museu que, a partir de então, passou a ser entendido e organizado dentro de sua especialização no campo da história. Os aspectos principais que merecem ser citados, para além de todas as novas diretrizes estabelecidas,[2] referem-se justamente à delimitação dos objetivos e funções do museu, à sua definição como museu histórico e, consequentemente, à sua área de atuação.

O museu, diferentemente de outros organismos científicos, culturais ou educacionais, caracteriza-se pela referência básica a um acervo permanente de objetos materiais, cujas responsabilidades de formação, ampliação, conservação, estudo, documentação, produção de conhecimento, enfim, socialização deste último, recaem sobre a atividade de curadoria. Nele, as tarefas científico-documental, cultural e educacional devem funcionar de maneira orgânica. Sua área específica de atuação (e é isso que o distingue de outras instituições de pesquisa histórica) é a *cultura material*, "entendida como o conjunto de sistemas físicos de produção e de reprodução social", considerada indispensável para

---

2 Essas diretrizes dizem respeito à política científica, de acervo, de pessoal técnico-científico, cultural, museológica e educacional.

"conhecer satisfatoriamente a estrutura, funcionamento e mudança de uma sociedade" (Plano Diretor..., s.d., p.2).

Esse ponto de vista se abre a partir da perspectiva teórica desenvolvida por Susan Pearce (1989), na qual o museu é visto como o lugar em que a cultura material é elaborada, exposta, comunicada e interpretada. Por isso, no estudo dos diferentes períodos pelos quais esse tipo de instituição passou, que poderiam ser chamados de *sistemas museais*, seria fundamental não apenas uma análise em termos políticos, ideológicos e estruturais, mas também levar a cabo uma reflexão sobre as coleções e suas redes sociais. O estabelecimento desses *sistemas museais* deve ser entendido no seio de uma antropologia da cultura material nas sociedades modernas, cuja interpretação, explica Susan Pearce, tornou-se uma das mais importantes preocupações acadêmicas atuais. Em primeiro lugar, porque as coleções museológicas representam a acumulação da cultura material do passado e sua exposição é o principal meio pelo qual o passado é publicamente apresentado (cf. Poulot, 1994). Em segundo, há toda uma corrente de pensamento pós-guerra cuja tendência é ver os objetos – bem como a linguagem – como o principal meio pelo qual as relações humanas são criadas, expressas e validadas. Em outros termos, pode-se dizer que a "cultura material é estudada porque pode fornecer uma contribuição única para nosso entendimento do funcionamento das sociedades e indivíduos – porque, em suma, ela pode nos ensinar mais sobre nós mesmos" (Pearce, 1989, p.2).

Sobre as coleções do Museu Paulista, o texto do Plano Diretor (s.d., p.1) ainda ressalta que ele tem sido um

> repositório de *objetos históricos*[3] (duplicados por um arquivo de *documentos históricos*), coletados ou recebidos segundo uma perspectiva positivista da História, que privilegiava eventos e figuras de exceção (além do valor estético) e se prestava, por isso mesmo, às funções de evocar e celebrar.

Por sua própria origem e história, o museu adquiriu, ao longo dos anos, uma imagem pública de *memorial da Independência brasileira*, aspecto

---

3 Sobre a definição de *objeto histórico*, cf. Meneses (1994a).

que não pode ser apagado do imaginário social apesar de, segundo a nova gestão inaugurada com o Plano Diretor, ser necessariamente explorado em uma dimensão crítica. Somente dessa forma o museu escaparia aos riscos de funcionar como um "manual tridimensional de História do Brasil" (ibidem, p.2). Numa abordagem crítica com base no conhecimento histórico, é pertinente dizer que "não compete mais ao museu produzir e cultivar memórias e sim analisá-las, pois elas são um componente fundamental da vida social" (Meneses, 1994a, p.40).

Em outros termos, significa dizer que não apenas o enfoque da história em relação ao museu mudou, mas que, efetivamente, sua interação com a sociedade é outra, de modo que seu estudo deve necessariamente conduzir a uma visão crítica do universo político-social.

Ao falar de sua função celebradora e de seu compromisso com a memória de grandes homens e de grandes "fatos históricos", é preciso, contudo, não esquecer que, no momento de sua fundação, bem como naquele de criação de sua Seção de História, o Museu Paulista cumpria determinadas funções, ligadas exatamente ao papel que os museus passaram a desempenhar a partir do século XIX: um instrumento privilegiado para a estruturação e legitimação de diferentes nações. Mesmo se na prática o Museu Paulista guardava ainda vários aspectos de um museu enciclopédico, com a direção de Affonso de Taunay nota-se uma clara inflexão e um distanciamento cada vez maior desse tipo de museu, que havia imperado até então na instituição. Os primeiros contornos de um museu histórico, com várias das características que esse tipo de estabelecimento comporta a partir do século XIX, já podem ser percebidos na instituição do Ipiranga, seja nas exposições, seja na forma de conceber e organizar suas coleções e, particularmente, em suas funções. Assim, é preciso entender o Museu Paulista de acordo com o contexto e o perfil que o *museu histórico* adquire, em vários países, ao longo do século XIX e na virada para o século XX.

Século XIX, ou o século dos museus históricos

O século XIX, também conhecido como o "século da história", foi pródigo em criar (e recriar) instituições preocupadas em assinalar a ordem histórica das sociedades. Os museus estiveram na base dessa empreitada: com objetos colecionados, classificados e expostos, inicialmente acreditando que a ordenação estabelecida seria capaz de repetir a ordem da natureza, e, posteriormente, tendo consciência de sua artificialidade, sua presença tornou-se essencial até mesmo na reelaboração do conceito de história ao longo do século.

Os museus históricos, bem como aqueles em que parte das coleções é voltada para a exposição e estudo da história, floresceram naquele século. Se hoje, em linhas gerais, considera-se museu histórico "aquele que opera com objetos históricos" (Meneses, 1994a, p.20), para o século XIX, essa definição não pode ser aplicada, sobretudo porque a noção de "objeto histórico", tal como passou amplamente a ser entendida hoje, isto é, em sua dimensão de documento histórico, seria anacrônica naquele século. Durante muito tempo (e, em muitos casos, até recentemente), os objetos que esses museus colecionaram englobavam monumentos históricos (essa categoria, segundo Poulot (1985), define-se ao longo do século XIX), relíquias, curiosidades diversas, vestígios arqueológicos e até mesmo determinadas pinturas (aquelas de "caráter histórico"). Esse tipo de museu teria como característica básica a alusão ao passado e ao entendimento da história na época. Assim, eles poderiam ser divididos em alguns modelos distintos que, em certo sentido, acompanham a transformação do pensamento histórico e o interesse crescente pela representação da história nacional. Algumas instituições são modelares, por isto é falando delas que se pretende explorar os vários perfis do museu histórico no século passado.[4]

---

4 Vale lembrar aqui que as raízes da noção de museu histórico remontam à Renascença e aparecem atreladas à concepção de história de então, que supunha que seu desenrolar seria produzido não pelos povos, mas pela ação e vida exemplar de grandes homens. Com base nessa ideia foi criado, por volta de 1520, em Como, na Itália, o Museum Jovianum, que reunia 280 retratos de grandes homens de todos os tempos, divididos em quatro categorias: poetas e sábios já falecidos; poetas e sábios vivos; artistas e líderes políticos, incluindo aí comandantes militares, homens de Estado, papas e reis. Essa coleção de retratos, com tímidas características daquilo que posteriormente viria a ser chamado *museu histórico*, aproxima-se da noção de panteão, tal como ele é entendido no século XIX, isto é, memorial dedicado a celebrar e a perpetuar a memória de grandes homens (cf. Alexander, 1982, p.79; Bazin, 1967, p.56).

A primeira instituição a ser lembrada é o Musée des Monuments Français que, apesar de sua curta duração (por volta de vinte anos), teve grande impacto em seu tempo e, de certo modo, participou indiretamente da elaboração de um novo conceito de história, que põe em destaque um passado pouco explorado até então. Esse "passado redescoberto", que engloba episódios pouco estudados e personagens quase desconhecidos, constitui a base para a elaboração de uma história de caráter nacional que apaixonou a nova geração de historiadores românticos da primeira metade do século XIX, na França, entre eles Jules Michelet e François Guizot.[5]

O Musée des Monuments Français foi criado pelo arqueólogo francês Alexandre Lenoir (1761-1839), ainda durante a Revolução Francesa, em 1795, a partir de obras confiscadas pelo governo revolucionário e reunidas no depósito instalado em antigo convento (Petits-Augustins). A iniciativa de Lenoir foi inovadora em vários sentidos: na escolha das obras, na sua disposição no espaço e, sobretudo, na sua concepção. Diferentemente do Museu do Louvre, cuja perspectiva seria englobar obras-primas da arte universal dispostas de maneira clássica, ou seja, como nas academias de belas-artes existentes no século XVIII (uma mistura de épocas, gêneros e artistas em um mesmo local de exposição), o museu criado por Lenoir abrigou obras que, naquele momento, eram desprezadas do ponto de vista artístico, propondo ainda um arranjo pouco usual no universo dos museus do final do século XVIII. As diferenças entre os dois são flagrantes:

> Em seus primórdios, o Louvre recolhe as obras da Antiguidade grega e romana e do período moderno posterior ao renascimento "das artes do desenho". O museu de Lenoir está essencialmente repleto das relíquias

---

5 Koselleck (1990) analisa os anos que se seguem à Revolução Francesa como um conflito entre dois *regimes de historicidade*. A *historia magistra vitae*, espécie de tirania do passado expressa na exaltação de figuras e acontecimentos paradigmáticos, torna--se insuficiente como modelo explicativo. Até então, o exemplar ligava o passado ao futuro pela figura do modelo a imitar. No regime moderno, o exemplar como tal desaparece para dar lugar àquilo que não mais se repete. O passado é, por princípio, ultrapassado. A história torna-se, assim, o eixo organizador da vida, passando-se de uma história no singular a uma história no plural, entendida como processo em que os acontecimentos vêm não apenas no tempo, mas sobretudo através dele.

da Idade Média. Mesmo se ele também coleciona esculturas e exemplares de arquitetura, o Louvre concentra-se na pintura e nas antiguidades; o museu de Lenoir reúne esculturas e fragmentos de edifícios. O Louvre expõe mais os nórdicos e sobretudo mais italianos e franceses. Lenoir, por sua vez, só se interessa por aquilo que tem relação com a história da França ou a arte francesa. (Pomian, 1991, p.169)

A especificidade do Musée des Monuments Français estava, portanto, no fato de que seu idealizador reuniu, catalogou e deu novo destino às obras e aos monumentos do período medieval francês, em um momento em que a arquitetura e a arte góticas eram consideradas inferiores em relação aos valores estéticos da Antiguidade greco-romana, então paradigma e fonte de modelos no mundo das artes e da cultura francesas. À redescoberta do gótico segue-se a valorização do passado nacional francês e, portanto, da Idade Média e da monarquia francesa, em distinção aos valores universais e atemporais evocados pelo neoclássico. Seu trabalho aproxima-se daquele do escritor francês François René Chateaubriand (1768-1848) no plano literário, e, ao lado deste, Lenoir é considerado um dos principais responsáveis pela ressurreição e valorização do gosto pelo gótico no século XIX na França, que em breve floresceria nos mais diferentes ramos das artes, literatura e história, bem como na constituição da arqueologia nacional.

Sua inovação, no entanto, vai ainda mais longe. Lenoir fundou, em certo sentido, uma nova concepção de museu, onde os objetos (no caso, monumentos e restos de monumentos medievais e renascentistas) foram dispostos em ordem cronológica ou, mais precisamente, histórica. Segundo ele:

> É também percorrendo os monumentos que ele contém que podemos conhecer a história da arte na França; podemos apreciar seus progressos e sua decadência, acompanhá-la desde sua origem até nossos dias. Com a ajuda da ordem cronológica que seguimos na classificação dos monumentos desse museu, percorreremos, mais rapidamente que na história, o intervalo imenso que há de um século a outro. (Lenoir, 1816, p.10)

A referência ao tempo histórico também estava presente na decoração que ele reservou para cada sala que, diacronicamente dispostas, reconstituíam, cada uma, um século distinto:

> A fim de criar a atmosfera, o conservador do Musée des Monuments Français fabricou [as salas do museu], com restos de proveniências diversas, de monumentos factíveis, provendo cada sala de uma decoração inspirada naquela da época a que fora consagrada. (Bazin, 1967, p.173)

Finalmente, para completar sua evocação eminentemente histórica, Lenoir criou uma espécie de "Elysée" (inspirado nos parques e fábricas filosóficos do século XVIII), formado de monumentos consagrados à memória de grandes homens – simples cenotáfios ou mesmo túmulos –, o que remete à ideia de um "Panteão" da França e ressalta a função comemorativa, ou memorial, do museu.

O projeto de Lenoir teve ao menos duas fontes de inspiração. A primeira é a abadia de Westminster em Londres, onde ainda se vê uma apresentação cronológica de monumentos voltados para a glorificação dos grandes personagens da história britânica. A outra é, sem dúvida, a *galeria progressiva*, presente sobretudo na Itália do século XVIII, cuja ideia básica, herdeira da obra do historiador renascentista Giorgio Vasari (1511-1574), é a disposição dos quadros em uma ordem que procura assinalar o desenvolvimento progressivo da pintura, desde a Grécia até os dias atuais, com fins essencialmente pedagógicos. A partir dessa noção, a exposição de obras no museu estaria então destinada a encarnar as lições da história (cf. Poulot, 1997; Recht, 1989).

O Musée des Monuments Français, com sua organização pouco usual para a época, coincidiu com a elaboração de uma nova história e de uma nova forma de concebê-la, que punha em destaque um passado esquecido até então. Esse "passado redescoberto", que englobava episódios pouco estudados e personagens quase desconhecidos, constituiu a base para a elaboração de uma história de caráter nacional que apaixonou a já citada nova geração de historiadores românticos da primeira metade do século XIX, entre eles, Jules Michelet (1798-1874), Augustin Thierry (1795-1856) e François Guizot (1787-1874). Para esses historiadores, o museu de Lenoir aparecia como uma espécie de "preparação visual" para o estudo desses períodos remotos, bem como de sua atmosfera e costumes pitorescos. Para Guizot, Lenoir é o fundador dos estudos históricos, tal como ele fora praticado no século XIX; Thierry e Michelet, cujas obras pretendiam, respectivamente, "pintar" e "ressuscitar" o passado, assinalaram que suas perambulações pelas salas do Convento dos Petits-Augustins influenciaram, de maneira decisiva, seus estudos e sua forma de conceber a história como cronologia, além de possibilitar o entendimento da absoluta relatividade das épocas, dos estilos e das leis que a constituem. Para Michelet, essa ordem inerente à história, que ele considerava verdadeira e reflexo da "sequência das eras", é evidenciada no Musée des Monuments Français, e isso pela primeira vez. Lenoir foi assim considerado o primeiro grande historiador a tentar fazer uma reconstituição de aspectos múltiplos do passado, conferindo-lhe materialidade (cf. Haskell, 1993; Vidler, 1995).

A iniciativa de Lenoir, do ponto de vista da classificação e ordenação de monumentos – e, neste caso, também inovadora –, assinala a aparição, ainda tímida, da ideia de monumento histórico, até então considerado uma categoria artística voltada à homenagem e à lembrança. Sua ação teve o objetivo de compor uma verdadeira história monumental da monarquia francesa, que funcionou como principal antídoto ao iconoclasmo revolucionário. Se o caráter comemorativo dos monumentos estava presente, seu valor histórico é que foi posto em destaque, como elemento de uma "rememoração intencional".[6] Esse aspecto justifica seu sucesso póstumo entre os historiadores da geração de 1830-1840, que fixaram sua "lição cronológica da história" por meio dos monumentos, bem como explica a influência de seu modelo na criação de outras instituições posteriores, como o Musée de Cluny (coleção adquirida pelo governo francês em 1834), onde o valor histórico do monumento triunfou. É importante assinalar que a escolha dos objetos por seu valor histórico e rememorativo (e, portanto, com uma relação estreita com o passado, mesmo que intencional) já anuncia a especificidade das coleções dos museus de história: os objetos que ele conserva

---

6 "Rememoração intencional" no sentido dado por Alois Riegl (1984), em que o autor define, essencialmente, três classes de monumentos: os intencionais (ou comemorativos), os históricos e os antigos. No caso da França pós-Revolução Francesa, os estabelecimentos com valor histórico e comemorativos se misturam em um mesmo interesse histórico e patriótico. Assim, em todo monumento utilizado para "escrever" a história, a função de rememoração é predominante. O Musée des Monuments Français é um testemunho dessa mistura de valores.

são vistos, sobretudo, como *testemunhos* do passado, tendo menor valor seu aspecto estético.

A filiação entre o Musée des Monuments Français e o Musée de Cluny é certa, mas o projeto de Alexandre du Sommerard, criador deste último, foi bem distinto daquele de Lenoir, bem como os objetos que colecionou. O Musée de Cluny é um claro exemplo da mudança de atitude e de sentimento em relação ao passado que se operou em pleno período romântico. Segundo Stephen Bann (1984), sua concepção tem relações estreitas com a forma pela qual a história foi concebida no período.

Sommerard é um colecionador apaixonado pela Idade Média. Em 1832, instalou-se no Hôtel de Cluny, um edifício em estilo gótico tardio dos primórdios do século XVI, construído ao lado de antigas ruínas romanas, as chamadas Termas de Cluny. Sommerard surpreende seus visitantes pela maneira como dispôs suas coleções, isto é, realizando em cada um dos espaços do edifício uma reconstituição de época, onde os objetos "reencontraram" de modo harmonioso seus antigos (prováveis) espaços e funções:

> Todos os objetos que outrora tiveram uma destinação religiosa, tais como relicários, livros religiosos etc., foram arrumados na capela do edifício. As taças, faianças, louças foram colocadas na sala de jantar, e os objetos de mobília, tais como camas, poltronas, tapetes, candelabros etc. do século XVI, serviram para decorar um vasto cômodo, com móveis da mesma época, que recebeu o nome de *François I*. Enfim, o salão e duas galerias formaram uma espécie de terreno neutro, onde foram acumulados objetos de arte de todas as épocas. (apud Bann, 1984, p.86)

Para entender e explicar a organização ou, mais precisamente, a ordem dos objetos no museu de Sommerard, Stephen Bann o faz numa perspectiva comparativa em relação ao Musée des Monuments Français. Segundo ele, entre um e outro, observa-se "uma ruptura epistemológica no discurso histórico que define a inovação promovida no período romântico" (ibidem, p.82).

Bann faz uso do modelo explicativo aberto por Hayden White no *Meta-história* para analisar os dois tipos de discurso histórico em que estariam baseados os museus de Lenoir e de Sommerard. Segundo ele, o modelo de museu de Lenoir, fundamentado e apresentado segundo a ordem esquemática dos séculos, comporia uma representação *metonímica* da história. Assim, na análise feita do ponto de vista da estratégia retórica, "a parte faz as vezes do todo de maneira puramente mecanicista, sem referência a qualquer totalidade orgânica" (p.85).

O Musée de Cluny apresentaria, por sua vez, uma organização que parece embasada no tropo *sinédoque*, pois nele os objetos do passado foram dispostos de maneira a fundar "uma construção integrada de totalidades históricas" (ibidem).

A partir da década de 1830, começa um lento processo público de discussão sobre a possível compra do Musée de Cluny pelo governo francês. Entre os principais fatores que justificariam tal compra (muitos deles apresentados por importantes historiadores do período, como Prosper de Barante) estaria justamente o fato de que cada objeto exposto no museu seria um meio de acesso à história e aos personagens do passado, "com os quais ele se relacionou por meio de um processo que deriva sua força imaginativa do mito da ressurreição do passado" (ibidem).

Assim, ao passo que o Musée des Monuments Français foi importante para uma sensibilização dos ânimos em relação a uma representação material do passado, no Musée de Cluny operou-se uma mudança na relação entre esses vestígios materiais e o passado, além do fato de que ele estendeu a noção daquilo que seria considerado "vestígio", indo de relíquias sagradas até objetos da vida cotidiana, da Idade Média e da Renascença. A ressurreição do passado se completava, enfim, pela harmonia temporal existente entre o edifício e as coleções que ele abrigava, que pertenciam ambos ao mesmo período. Ele estaria, então, em perfeita sintonia com a sensibilidade histórica da primeira metade do século XIX, quando os historiadores românticos estavam profundamente envolvidos com a possibilidade de uma reconstituição da vida de uma época. O Musée de Cluny lançou, desse modo, as bases do que seria posteriormente conhecido como *period room*, ou reconstruções de época, que se tornaram comuns em vários museus do mundo no século XX.

É importante destacar, ainda, que o Musée de Cluny também reuniu uma das primeiras coleções de "antiguidades nacionais", depois do desaparecimento do Musée des Monuments Français, que pertenciam à cidade de Paris. Seguindo os mesmos princípios museográficos presentes na organização das coleções da Idade Média e da Renascença, isto é, a harmonia entre objetos e arquitetura, as coleções lapidares foram dispostas nas antigas Termas de Cluny (Erlande-Brandenburg, 1979, p.21-6). Embora, no momento da abertura do museu, em 1843, as coleções de antiguidades nacionais fossem bastante limitadas, a reunião dessas peças já anunciava o interesse por esse tipo de coleção, que se desenvolvera amplamente na segunda metade do século XIX, bem como os estudos e as escavações arqueológicas. Como veremos adiante, os museus voltados para a exposição de antiguidades nacionais e regionais se multiplicaram, em decorrência, principalmente, da ação incansável das sociedades eruditas. A disciplina histórica, sob novos horizontes científicos, influenciaria de maneira diversa a organização desses museus.

Além das relações estreitas que estabelece com o universo da história, uma das características básicas do museu no século XIX é seu caráter político ou, mais precisamente, sua capacidade de se moldar aos interesses políticos de legitimação das nações em formação. Esse aspecto se casa perfeitamente com aquele de lugar de instrução pública.

Essas duas faces do museu apareceram reunidas pela primeira vez, de modo evidente, na criação do Museu do Louvre em 1793, durante a Revolução Francesa. Naquele momento, por questões essencialmente ideológicas, o passado francês foi alegorizado e os antigos símbolos foram transformados em "imagens úteis" e patrióticas. O museu desempenhava então um papel estratégico na justificação cultural da Revolução Francesa, ao mesmo tempo que encarnava a diversidade política do momento. Edouard Pommier (1991, p.105), historiador francês estudioso da questão, explica que não foi possível impedir que a nova ordem dos objetos fosse ideológica, nem que o museu participasse intensamente do processo de legitimação do momento político:

> O museu se torna o lugar de destino final das obras de arte do passado que encontram aí uma nova vida, independente de sua função original e de seu valor simbólico, separadas de seu contexto: aquela dos objetos culturais ... o museu, ao conservar as obras do Antigo Regime, participava da sua destruição. Ele inventou, assim, a conservação do patrimônio pelo desvio de sentido. E teve a habilidade de evitar a oposição da defesa da

cultura e as exigências da ideologia, mostrando, implicitamente, que a cultura do museu participava da ideologia destruindo, não a obra de arte, mas o símbolo nela contido.

Esses "objetos culturais", no entanto, foram reinvestidos de novos símbolos, então ligados ao novo ideário político da época. Eles se tornaram *bens nacionais* capazes de representar, no conjunto ordenado do museu, a constituição do passado nacional.

Como depositário de tudo aquilo que, de alguma forma, refere-se à nação, o museu desponta como uma instituição destinada a criar um consenso social, o que explica a importância política que adquire. O museu torna-se, por excelência, um "negócio nacional".

> Instituições criadas pelos novos tempos para dar ao homem uma consciência melhor de si, os museus vão abrir amplamente suas portas à história que, por sua vez, penetrará rapidamente nelas. Os chefes de Estado, os governos, vão se servir desse meio para modelar a alma dos cidadãos, e o museu de história estará estreitamente ligado à política ao longo de todo o século XIX. (Bazin, 1967, p.225)

Não apenas na França, mas em toda a Europa, foram criados museus voltados para a representação da história nacional que justificassem a nação como unidade.[7] Assim, a escolha dos objetos expostos, bem como do lugar ideal para abrigar as coleções, não era aleatória, mas

---

7 Krzysztof Pomian explica que, no século XIX, a denominação "museu nacional" foi atribuída a dois estabelecimentos de espécies diferentes. O primeiro deles mostrava a nação naquilo que ela tinha de universal e referia àquilo que "se supõe válido, se não para todo homem, ao menos para todo homem civilizado". É o caso do British Museum ou do Musée du Louvre. As coleções de ambos não tinham nada de especificamente inglês ou francês, mas remetiam a algo mais amplo, àquilo que se entendia por homem civilizado no século XIX, às elites europeias e ao imperialismo. "Nacional" significava aí civilização, valores universais que poderiam ser partilhados por todos. O outro tipo de museu nacional – e é desse que trataremos em seguida – diz respeito à especificidade e singularidade da nação e de seu percurso ao longo do tempo. É justamente esse tipo de museu que Lenoir inaugurou e que se desenvolveu amplamente no século XIX, segundo "a ideia de que cada nação se constrói de si mesma, de modo que um peso cada vez maior recai sobre os traços que a individualizam, enquanto se apagam, sobretudo na cultura das

pretendia ser a encarnação da história-memória nacional.[8] Como explica Francis Haskell (1993), essa memória tem um valor diferente de acordo com cada contexto nacional, mas ela é o fio condutor desse tipo de museu no século XIX. Três instituições podem ser citadas como exemplo dessa abordagem, cujo viés é a memória nacional.

A primeira é o Templo de Sibila em Varsóvia, aberto em 1801 após o desmembramento da Polônia, podendo ser considerado mais relicário que um museu propriamente dito. Seu propósito era produzir uma visão coerente da história, de tal modo que os objetos diversos reunidos no mesmo edifício fossem lidos como uma espécie de prova tangível de que houve um grande reino da Polônia. O museu aparece aqui como lugar capaz de manter viva a memória da nação desfeita.

O exemplo mais bem acabado desse tipo de museu é o Museu Histórico de Versalhes, criado por Luís-Filipe em 1837, no castelo de Versalhes. A criação desse museu esteve diretamente ligada ao contexto político da Monarquia de Julho, que se envolveu no domínio do patrimônio (então entendido amplamente como tudo aquilo que dizia respeito à herança do passado) mais que os governos anteriores. Durante esse período foram criadas diversas instituições voltadas para o conhecimento, inventário, classificação e conservação do "patrimônio nacional", sob os auspícios do Ministério da Instrução Pública, tais como a Inspeção dos Monumentos Históricos (1830), a Sociedade de História da França (1833) e o Comitê dos Trabalhos Históricos (1834).

É pertinente dizer que

> a construção intelectual da Monarquia de Julho implica a restauração de uma continuidade histórica (via aquela do cristianismo), tomada como pedra de toque do valor da civilização francesa diante da posteridade, a fim de tornar possível uma apropriação de seus monumentos pelo país. De outro lado, a exigência de uma manutenção da memória, evocando a

---

massas, aqueles que lhe são comuns com outras nações europeias, a ponto de o *nacional* começar a se identificar, para alguns, ao *particular*, próprio a uma nação e somente a ela" (Pomian, 1991, p.170-1).

8 "História-memória" no sentido utilizado por Pierre Nora (1984-1992) na introdução de *Lieux de mémoire*.

força das lembranças pelo presente, desemboca em um engajamento cívico a serviço do patrimônio. (Poulot, 1992, p.39)

O museu de Versalhes pertence a esse contexto não apenas pela inserção em sua época, mas no sentido de que pretendia traçar um extenso e exaustivo panorama da história francesa desde os seus primórdios, especialmente pela representação iconográfica, exaltando a ideia de unidade nacional na comprovação de um passado comum. A frase que fora então estampada na fachada do castelo, *"à toutes les gloires de la France"* (a todas as glórias da França), e que é uma espécie de epígrafe da obra acabada, sugere um desejo de transformar – ou mesmo apagar – a memória associada a um dos edifícios mais celebrados da França, pela produção de um novo imaginário reconciliador.

O terceiro museu a ser citado é o Germanische Nationalmuseum (Museu Nacional Alemão), criado em Nuremberg em 1853 e, certamente, o maior desse gênero na Europa. Ele também procurou reunir elementos para a composição do passado nacional, sobretudo por meio de uma atividade erudita preocupada em compor o repertório das fontes da história, literatura e arte alemãs desde 1650. Pretendia-se, assim, construir a história-memória de uma nação que de fato nunca existira.

Quanto a esses museus, é importante ainda assinalar uma particularidade que diz respeito ao papel de destaque encontrado pela pintura de história. Esse gênero de pintura talvez tenha sido o que mais exerceu influência na Europa durante a primeira metade do século XIX. Segundo Francis Haskell (1989), os artistas estiveram, então, voltados "para o passado de sua história nacional, a fim de poder exprimir aquilo que eles pensavam de sua época". Para ele, no entanto, "esses quadros do século XIX, em costumes históricos, escavando episódios dramáticos da história da Idade Média, da Renascença ou da história moderna da Europa", não são fruto da imaginação romântica, como normalmente foram interpretados. Ao contrário, Haskell (ibidem, p.169) afirma que esses quadros "representam, frequentemente, a busca perfeitamente consciente de um repertório de cenas muito mais significativas para os contemporâneos que a iconografia greco-romana que havia reinado até então".

Na França, a utilização política da pintura de história já pode ser notada muito antes da Monarquia de Julho, mas é nesse momento que ela atinge seu auge, com a criação do Museu Histórico de Versalhes.[9] No contexto cultural, social e político do século XIX, parece que "essa pintura é um dos primeiros indícios mostrando que uma nova aurora se levantava e que o próprio pintor se esforçava em seguir o princípio de Ranke: 'Ver as coisas tal como elas realmente se passaram'" (ibidem).

Os exemplos desses tipos de museus, cujas coleções são postas a serviço das identidades nacionais em formação, podem ser multiplicados na Europa do século XIX, sobretudo na sua segunda metade. Nesse período, a instituição difundiu-se nas grandes cidades e mesmo em pequenos centros da província, além de democratizar-se entre diferentes camadas da sociedade. O museu tornou-se um lugar onde a nação era celebrada

> trazendo não sobre altares, mas sobre paredes e dentro de vitrinas, as imagens e as relíquias dos indivíduos, dos grupos ou das instituições às quais as instâncias que a representam reconhecem méritos excepcionais. Um lugar onde ela reafirma sua fé no futuro, que deve receber em bom estado os objetos que conserva, expõe, e, nesse sentido, na sua imortalidade. (Pomian, 1994, p.361)

Krzysztof Pomian fala de uma "rede de museus europeus", cujas experiências intercambiáveis permitiram a circulação de novas ideias, ao mesmo tempo que criaram rivalidades entre os Estados. Ele cita a obra de Charles Casati (1878), membro de uma das tantas sociedades eruditas francesas que floresceram na segunda metade do século XIX, que descreve os diversos museus por ele visitados em toda a Europa, todos essencialmente voltados para a arqueologia e a história:

> O Tower and South Kensington Museum em Londres, o gabinete de curiosidades em Berlim (Kunstkammer), o Museu Histórico em Zwinger

---

9 Depois do período napoleônico, a arte francesa foi invadida pelo imaginário nacional. Napoleão mesmo se fez representar como Carlos Magno e, outras vezes, portando as insígnias dos reis franceses. Haskell (1989, p.182) faz uso de algumas estatísticas sobre os principais gêneros de pintura apresentados nos salões e constata, no início do século XIX, que a pintura de história entrou na moda: "Dois quadros nos salões de 1801 e de 1802; seis, em 1804; dezoito, em 1806; 21, em 1808; 25, em 1810; 37, em 1812; 86, em 1814; em seguida, é quase impossível enumerá-los".

e o Grüne Gewölbe em Dresden, o gabinete real de curiosidades em Haia, o Museu Nacional de Munique (National Museum) fundado por Maximiliano II em 1855, completamente organizado em 1868, a coleção de Ambras (Ambraser Sammlung), em Viena, o Museu Wallraf-Richartz em Colônia, o Museu Nacional da Boêmia em Praga, menos rico de objetos preciosos que o Hradschin, o Musée de la Porte des Hals em Bruxelas, em nova formação hoje, o Museu da cidade de Veneza, instalado no Fondaco dei Turchi pelo sr. Barozzi ... (apud Pomian, 1994, p.353)

Em todos os casos, o papel do museu como legitimador de um dado contexto nacional é incontestável.

Esse espraiamento da instituição museal, impregnado pelas ideologias nacionais, tem também um caráter fortemente regional, expresso sobretudo nos *musées de province* (museus de província). A criação dessas instituições, que se multiplicaram sobretudo a partir da segunda metade do século XIX, indica não apenas uma valorização do museu como um referencial social, mas também uma tomada de consciência acerca da importância do regional diante da aparente globalidade da nação. Em certos casos, como na França, eles representaram uma espécie de oposição ao centralismo do capital nacional, com o objetivo de mostrar que as particularidades de cada região, as histórias locais, também participavam da constituição da história nacional. É nesse sentido que Pomian (1994, p.357) fala que essa multiplicação dos museus no território nacional não é apenas um fato estatístico ou geográfico, mas indica uma modificação do lugar e do papel do museu.

> Essa multiplicação o aproxima da população e o transforma de instituição majoritariamente estrangeira numa instituição conhecida ao menos de vista ou de nome, se não visitada uma vez na vida. Quanto às elites locais, o museu se torna seu negócio: ele se encontra no centro das preocupações de prefeitos e dá às municipalidades, sobretudo nas grandes cidades, a ocasião de realizarem uma política de prestígio, fazendo construir palácios de artes ou financiando a aquisição de obras.

Em países como a Alemanha, ou mesmo a França, a rivalidade entre as cidades e as regiões foi um dos principais fatores que levaram à expansão do museu. Na França, a história dos *musées de province* começou no período das invasões napoleônicas, quando uma lei do governo consular decretou, em 1º.9.1800, a criação de quinze museus nas capitais das antigas províncias. A ideia era distribuir as obras confiscadas pelas tropas napoleônicas, pois, desde a abertura do Louvre, criticava-se o centralismo parisiense. Além disso, e como herança do pensamento das Luzes, o museu era visto como um dos principais instrumentos de instrução pública, portanto, a instituição deveria ser difundida em todo o país:

> É num pensamento elevado do ensino público que as Comissões do Conselho dos quinhentos tinham, desde o ano VII, "julgado conveniente criar primeiramente escolas e coleções de monumentos das artes nas cinco comunas onde os liceus seriam estabelecidos, a fim de reunir nesses pontos do território um grande lar das Luzes e torná-los suficientemente ativos para que, atraindo e se cruzando mutuamente, eles possam cobrir toda a República". (De Chennevières, 1865, p.118)

No entanto, em razão das vicissitudes políticas da França, o centralismo de Paris no domínio dos museus permaneceu, e somente a partir da década de 1850 novas medidas oficiais foram tomadas, no que tangia ao enriquecimento dos *musées de province*. As próprias autoridades locais, ao lado de membros diversos da sociedade, tomaram então a frente do negócio *museal*, já sensibilizados pela importância que o museu adquiria no contexto nacional.

Nesse primeiro momento, a preocupação com a instrução pública, aliada à pequena dimensão das coleções locais, e também à sua diversidade, fez do enciclopedismo didático (ou metódico) o modelo que organizou esses museus. Objetos de diferentes tipos, desde espécimes da fauna e flora da região, antiguidades, produtos da indústria local, moedas e medalhas, até galerias de grandes homens da história local, são muitas vezes reunidos em uma mesma instituição e ordenados segundo um entendimento enciclopédico do mundo.

> Isto quer dizer que o efeito de um arranjo museográfico, a virtude das classificações é simplesmente aquela de tornar legível o texto confuso do mundo que nos cerca, fornecendo as articulações lexicais de sua decifração, a natureza já sendo, ela mesma, textual. (Schaer, 1994, p.45)

Esses museus foram muitas vezes apontados pelas autoridades locais como uma espécie de escola popular (como já pensavam os iluministas), "na qual se traduzem, em linguagem inteligível a todos, a história, as crenças, as glórias artísticas e até os gostos suntuosos de uma região e, em seguida, de várias gerações" (apud Schaer, 1994).[10]

Essa preocupação com o conhecimento local/regional cresceu com a criação das primeiras sociedades eruditas que floresceram, sobretudo, a partir dos anos 30 do século XIX, e se multiplicaram entre as décadas de 1850 e 1870 (Bercé, 1988). A Monarquia de Julho marcou o rápido sucesso das sociedades históricas e arqueológicas, em especial, e de vários outros tipos de sociedade ligadas a curiosidades múltiplas. Charles-Olivier Carbonell (1976) enumerou o nascimento entre 1830 e 1849 de 23 sociedades especializadas em história e arqueologia, e de 17 voltadas para outras áreas do conhecimento. Esses números subiram, entre 1850 e 1870, respectivamente para 25 e 28, o que testemunha o sucesso dessas instituições.

Polos de reunião de membros de diferentes camadas sociais, as sociedades eruditas delinearam um novo tipo de sociabilidade letrada típica do século XIX, cujo principal objetivo era conhecer as especificidades regionais ou locais e explicá-las como parte integrante do contexto da grandeza da nação. Desse modo,

> além da salvaguarda dos monumentos e da publicação dos arquivos locais, sendo a constituição das coleções igualmente locais, elas não deixaram de chamar seus membros a recolher todos os documentos históricos, artísticos e científicos suscetíveis a interessar sua cidade ou província. (Georgel, 1994b)

As sociedades eruditas foram, portanto, responsáveis pela criação e incremento de inúmeros *musées de province*, pois rapidamente se desen-

---

10 Empresa classificadora do mundo "das palavras e das coisas", a visão enciclopédica, herdeira do século das Luzes, é o traço recorrente do discurso sobre o museu no século XIX. O museu apresentaria a contrapartida material dos documentos escritos, e os objetos colecionados e expostos comporiam uma espécie de história demonstrativa, destinada a completar a história escrita. Nesse período (mas já desde o século XVIII), muitas vezes o museu é associado à biblioteca, pelo paralelo de suas funções, articuladas pelo viés da memória: "Numerosos são os projetos figurados que, desde a aurora da Renascença, evocam uma imagem ideal deste 'espaço' onde a transmissão do saber se efetua graças à memória contida numa biblioteca" (cf. Pommier, 1995, p.18).

volveu entre seus membros a ideia de que a conservação dos achados feitos em uma determinada região deveria se fazer em um museu local ou regional. Muitas vezes, esses museus se resumem a uma pequena vitrina, instalada na sala de deliberações da própria sociedade ou, em outros casos, num prédio administrativo como a prefeitura. Esse fato confirma o caráter cívico que o museu adquire como lugar simbólico da identidade local. Além de prédios oficiais, em alguns casos aqueles museus que contavam com coleções mais numerosas (ou em crescimento constante, como as coleções arqueológicas) foram instalados em velhas capelas abandonadas, em um velho edifício cuja história – ou o proprietário – estaria relacionada à história da província, ou ainda ganharam um novo prédio, como é o caso do Musée de Picardie em Amiens (norte da França).

É importante ressaltar que o desenvolvimento desses museus provinciais também está ligado à difusão de uma das formas de enciclopedismo mais características do século XIX, o "enciclopedismo identitário":

> Cruzando o espaço e o tempo, a história e a geografia, ele dá nascimento a reconstituições sem lacunas pelas quais uma unidade sociopolítica (cidade, região, nação), delimitada por uma parcela do solo, constrói sua própria identidade na espessura de sua história. (Schaer, 1994, p.50)

Esse processo pode ser mais bem percebido justamente no domínio das antiguidades regionais, que contrapõe as descobertas arqueológicas canônicas aos inúmeros objetos arqueológicos encontrados nas escavações locais, empreendidas em grande parte pelas sociedades eruditas. Assim, "ao panteão atemporal dos *exempla* vem se opor a genealogia material do lugar" (ibidem).

O museu entrou assim num processo de enraizamento territorial que afetaria o modo de organizar as coleções e a geografia geral dos museus, que se tornaram uma espécie de múltiplos mosaicos locais. Esse processo de enraizamento, já característico da paisagem museográfica da virada para o século XX, está entre os fatores responsáveis pela falência do modelo enciclopédico, ao menos em sua dimensão unitária e universalista. Ao mesmo tempo, o sucesso da abordagem retrospectiva, com uma representação do tempo em avanço progressivo e irreversível, mostra que o passado não era mais um modelo para o presente e o futuro, mas que sensibilizava "somente aqueles que pensam que a história do passado nos diz aquilo que somos e que isso basta" (ibidem).

Há ainda um outro modelo de museu histórico que apareceu no último terço do século XIX e que deve ser lembrado: o "museu ao ar livre", idealizado pelo sueco Artur Hazelius, que teve inúmeros desdobramentos posteriores. A definição desse tipo de museu está ligada ao interesse que se desenvolveu ao longo do século XIX pela cultura e por tradições populares,[11] em paralelo ao avanço do capitalismo industrial que, impondo um novo ritmo de vida sobretudo à classe trabalhadora, fez cair em desuso as tradições, as crenças e os utensílios dos antigos ofícios manuais. Está também ligada à nova fase que se abriu aos museus em geral, e aos museus históricos em particular, a partir da década de 1850. Nesse momento, houve uma expansão da instituição e a abrangência de outros domínios: museus de pré-história, de etnografia e da indústria. Tanto quanto outros museus que foram criados no século XIX, estes também absorveram o ponto de vista histórico como meio de ordenação de suas coleções e se fixaram em aspectos capazes de reforçar identidades econômicas e territoriais.

A ideia básica do criador do Nordiska Museet reúne não apenas uma nova museografia – museu ao ar livre, em oposição ao museu tradicional, encerrado em um edifício –, mas um amplo entendimento da civilização nórdica. Seu objetivo era preservar os costumes, as tradições, o modo de vida e de trabalho das sociedades rurais em franco desaparecimento em fins do século XIX. Disposto em um grande parque natural – Parque Skansen –, inaugurado em 1891, esse museu ofereceu um tipo de exposição museográfica absolutamente inédito:

---

11 Jean Clair (1992, p.434) explica que o conceito de cultura popular, ou daquilo que estaria em sua base, aparece no século XIX ligado a uma oposição entre cultura erudita e saber do povo: "Contra os detentores de uma cultura erudita, preocupada em restringir o museu às obras-primas artísticas ou sobre os testemunhos científicos mais acabados de uma civilização, vão se afirmar os portadores de uma cultura popular, ansiosos por abrir, contrariamente, o museu aos artefatos, por simples que eles sejam, da vida cotidiana das classes mais desfavorecidas, camponeses e operários. Esta cultura popular será batizada de *folk-lore* (saber do povo) pelo inglês John Thoms em 1846".

Diversos tipos de casarões rurais, uma igreja antiga, fazendas, moinhos, ateliês, espalhados no meio de um parque botânico e zoológico. Nos diversos casarões, os interiores são reconstituídos com seu mobiliário de origem e guardas em costumes locais ressuscitam os antigos ofícios, porque a função de um tal museu é também de prolongar a fabricação de objetos populares ameaçados pela civilização industrial. (Clair, 1992, p.435)

Chamados de "microcosmos de seus países", esse modelo de museu será copiado por vários outros países, como Noruega, Dinamarca, Finlândia, Rússia, Holanda, Alemanha e Estados Unidos.[12]

Os desdobramentos do conceito de museu ao ar livre foram múltiplos e duradouros, especialmente no século XX. Por seu caráter voltado à cultura e às tradições locais, eles se tornaram instrumentos privilegiados de identificação cultural de uma dada etnia ou nação e, por esse motivo, em alguns casos, desencadearam uma visão ultranacionalista e xenofóbica (especialmente na Alemanha).

O século XIX assistiu à ampla expansão da instituição museal em cada território nacional e, neste, dentro de cada região, e à sua democratização entre diferentes camadas sociais. Esse desenvolvimento também levou à multiplicação dos objetos considerados dignos de pertencer ao museu, bem como das formas de apresentar as coleções. Das grandes transformações que afetaram o museu e a maneira de expor os objetos, as mais significativas vieram com a entrada da história e da ciência dentro de suas paredes. Esta última, sendo lentamente absorvida desde os séculos anteriores pelos gabinetes de história natural, provocou profundas mudanças no domínio dos museus a cada nova descoberta científica e teoria explicativa da ordem do mundo, pois a classificação dos objetos era diretamente afetada pela forma de conceber a natureza (Foucault, 1967).[13]

---

12 Sobre a influência desse tipo de instituição na criação de alguns museus ao ar livre norte-americanos e canadenses, cf. Wallace (1981) e Maclean (1996).

13 Sobre a influência recíproca entre museu e ciência, especialmente a partir do século XVIII, cf. Camenietzki & Kury (1997).

Quanto à história, sua incorporação ao espaço do museu se deu mais lentamente, mas de maneira mais definitiva. A classificação cronológica, aplicada, até a virada para o século XIX, sobretudo às medalhas e moedas, em conjunto com a classificação geográfica, fez sua entrada triunfal no universo do museu com a criação de Alexandre Lenoir. Sua realização fez eco durante todo o século XIX, pois sua classificação dos monumentos pela ordem dos séculos influenciou o modo de conceber a história e de representá-la como um desenrolar de acontecimentos alocados um após o outro na linha do tempo. O Musée de Cluny já absorveu o ponto de vista cronológico, mas nele se alargou a gama de objetos considerados dignos de pertencer ao museu por sua referência ao passado. A partir de então, foi possível falar de "objeto histórico" como um testemunho do passado, ao mesmo tempo que ele foi investido da capacidade de ressuscitá-lo.

Em seguida, mas quase simultaneamente, pois o século XIX é um século de intensas sobreposições, o interesse pela história nacional encontra nos museus sua melhor forma de expressão e propaganda. Os museus tornaram-se, então, templos profanos de exaltação da nação, onde cada cidadão podia experimentar o sentimento de pertencer a uma dada identidade nacional. Mais do que em qualquer outro tipo de museu, estes, voltados para a celebração da história nacional, pretendiam funcionar como lugares privilegiados de instrução pública e de difusão de padrões identitários.

O interesse nacional, no entanto, desdobra-se em inúmeros interesses regionais, que levaram ao espalhamento da instituição na extensão geográfica dos territórios. Do enciclopedismo metódico que espelha, nos primeiros tempos, o caráter ainda universal do museu, ao enciclopedismo identitário que desloca o foco para as diferentes espessuras temporais de cada região (com as descobertas arqueológicas), caminha-se para um processo de entendimento evolutivo das sociedades. Não apenas a evolução de uma dada sociedade em relação ao seu próprio passado, mas principalmente dela em relação a todas as outras.

Nesse contexto, o avanço das pesquisas arqueológicas e etnográficas fora do continente europeu e, portanto, a tomada de consciência da existência de outras sociedades, com outros níveis de desenvolvimento, deslocaram o problema da história universal.[14] A questão agora era encontrar o lugar das civilizações não europeias no desenvolvimento geral da humanidade. Assim,

> para aquilo que diz respeito aos museus, para o museu de antiguidades nacionais, que também monopoliza a pré-história, e para o museu de etnografia, que "é um museu de história" onde, graças a "séries ininterruptas", podemos passar de um povo a outro e percorrer "facilmente as modificações das civilizações". A abertura desse museu [Musée du Trocadéro] significa, portanto, o triunfo do ponto de vista histórico, que parece definitivamente instalado em todas as ciências do homem. (Pomian, 1994, p.364)

Como se verá em seguida, no caso brasileiro, o museu enciclopédico voltado para o conhecimento, a exposição e a classificação das exuberantes fauna e flora brasileiras, é o modelo museológico/museográfico que impera até a virada para o século XX. A criação do museu histórico é tardia em relação à Europa, mas já aparece de maneira bastante tímida em alguns projetos no século passado. Seu aparecimento definitivo no contexto nacional também vem com a entrada da história e de seus métodos em seu âmbito. No Museu Paulista, o interesse pelas coleções históricas e a necessidade de recriar seu espaço de exposição, no final da década de 1910, trazem nitidamente a disciplina histórica para dentro de suas paredes, transformando por completo seus antigos direcionamentos.

Sobre as origens dos museus no Brasil e o perfil do Museu Paulista

No Brasil, a introdução dos museus se fez no século XIX pelo viés da história natural, "no qual se insere organicamente a Antropologia e,

---

14 História universal identificada, no século XIX, com a história da civilização. Sua origem teria começado no Egito, passado pela Mesopotâmia e Palestina, para se elevar em direção à Grécia e Roma, desembocando no renascimento da Antiguidade e na Época Moderna.

como enclave evocativo e celebrativo, a História" (Meneses, 1994a, p.15). Segundo Maria Margareth Lopes (1997), os museus brasileiros tiveram suas origens associadas a dois momentos conjeturais que são considerados marcos da cultura no país.

O primeiro teria vindo com a crise do sistema colonial e a transferência da família real para o Brasil e, especialmente, com a Missão Artística de 1816, quando foram criadas as primeiras instituições voltadas para o desenvolvimento das ciências e das artes na colônia. A partir de 1870, o quadro cultural do Brasil começa a mudar com a "introdução de novas ideias", oriundas de uma nova elite intelectual, essencialmente vinculada às academias de direito e aos institutos históricos. Nesse segundo momento, há uma busca de definição da cultura nacional, procurando encontrar seus fundamentos, em oposição ao legado metropolitano e às origens coloniais.[15]

Os museus aparecem nesse panorama como marcos contextuais para a caracterização das diferentes fases de introdução das ciências naturais no Brasil. Maria Margareth traça uma periodização dos museus brasileiros voltados à história natural que iria de 1818 a 1922, isto é, da fundação do Museu Real à criação do Museu Histórico Nacional. Nesse período, caminha-se do modelo enciclopédico rumo à especialização, de modo que, a partir da virada para o século XX, há uma clara inflexão no domínio dos museus de história natural em escala mundial, o que muda suas orientações e funções também no Brasil.

O Museu Real, posteriormente transformado em Museu Nacional, bem como os quatro outros museus regionais criados na segunda metade do século XIX – Museu Paraense Emílio Goeldi (1871), Museu Paranaense (1876), Museu Botânico do Amazonas (1883) e Museu Paulista (1890) –, tiveram todos um caráter enciclopédico, fundamentado no estudo das ciências naturais. É verdade que, por localizações diversas,

---

15 A geração de 1870 seriam "os *novos-ricos da cultura*, na feliz expressão de Antonio Candido, esses grupos, crescentemente ligados a atividades urbanas, passarão a fazer do ecletismo e da leitura e interpretação de textos e manuais positivistas, darwinistas sociais evolucionistas sua atividade intelectual por excelência" (cf. Schwarcz, 1993, p.41).

suas condições particulares de criação e diversificados acervos originais, cada um deles apresentou uma orientação mais voltada para determinado ramo do conhecimento, segundo a conjuntura local. A marca comum a todos eles, sobretudo no crepúsculo do século XIX, foi a introdução dos estudos – e, como um desdobramento lógico, de coleções – antropológicos, arqueológicos e etnográficos que se desenvolviam amplamente no país, porém, ainda essencialmente sob o modelo explicativo das ciências naturais e em conjunto com estas. Entretanto, é equivocado considerá-los, como o faz Lilia Schwarcz (1993), "museus etnográficos nacionais", pois nenhum deles se dedicou exclusivamente à etnografia ou à antropologia, até por conta da diversidade de seus acervos, que em quase todos os casos incluíam, além de coleções etnográficas (em geral pouco significativas), coleções zoológicas, de botânica, mineralógicas, arqueológicas, de história e numismática. A ênfase no caráter etnográfico desses museus leva Schwarcz a considerá-los um dos principais vetores de difusão de teorias raciais sobre o Brasil na virada para o século XX, pois centralizariam, segundo ela, boa parte dos debates (bem como os institutos históricos) da intelectualidade da época, interessada nos rumos do país. Sob esse ponto de vista, as pesquisas antropológicas, então pautadas nos modelos das ciências naturais (sobretudo darwinismo e evolucionismo), permitiram o fortalecimento de critérios naturalistas e raciais para entender o homem americano, que, como plantas híbridas ou puras, distinguiam raças miscigenadas de puras, além de uma classificação pelo viés evolutivo, que levava ao estabelecimento de diferentes níveis de civilização.

Longe de considerá-los museus meramente etnográficos, Maria Margareth Lopes (1997, p.156) considera a proliferação dessas instituições resultado da consolidação das elites locais e da multiplicação de iniciativas científicas regionais que correspondiam, em um âmbito mais geral, à tentativa do país de acertar o passo com o progresso e com os padrões internacionais de cientismo. O embasamento na ciência de caráter positivo evolucionista aparece como justificativa para medidas de cunho econômico, como o incentivo à imigração.

> Na busca de soluções para os interesses dessa elite agrária, de parcelas da classe média urbanizadas e das comunidades científicas já consoli-

dadas, buscaram-se onde foi conveniente, também no âmbito das ciências, modelos institucionais e tradições científicas de diferentes origens, para atingir os ideais de progresso típicos do final do século XIX por meio de um caminho necessariamente próprio.

Em compasso, portanto, com os interesses das elites locais, mas também acompanhando, com um certo atraso, o desenrolar das ciências no contexto internacional, os museus se transformam, como é o caso do Museu Paulista, a partir de meados da década de 1910. É justamente esse momento de clara inflexão que me interessa abordar aqui, pois é quando começou a se delinear claramente o perfil de um museu histórico, dentro dos quadros de um museu ainda enciclopédico. A partir de então, a convivência, que nunca fora pacífica, entre o acervo de objetos históricos e as coleções de história natural, começaria a ficar insustentável.

A entrada de Affonso d'Escragnolle Taunay na direção do Museu Paulista abriu um período de intensas mudanças na instituição, que serão detalhadamente tratadas nos próximos capítulos deste livro. Já no primeiro ano de sua gestão, Taunay monta uma nova sala de exposição inteiramente dedicada à história de São Paulo. As coleções de história natural, até então centrais nos quadros do museu e diretamente estudadas e organizadas pelo diretor da instituição, passaram a ser subordinadas ao trabalho de especialistas, que prestavam contas anualmente à direção sobre o andamento de cada coleção. Taunay, além de diretor, também atuava como especialista, procurando introduzir paulatinamente no acervo histórico do museu os métodos científicos que guiavam a história em sua época. Foi desse modo que delimitou os primeiros contornos da Seção de História que seria oficialmente criada em 1922.

A partir de 1918, o acervo histórico começou a crescer, a ser inventariado, classificado e exposto por Taunay, de modo que a criação oficial da seção histórica foi resultado de um processo lógico e irreversível, em que a história passou a ocupar papel central e distinto daquele ocupado anteriormente. Por isso, apesar de manter as coleções de história natural e as atividades vinculadas a esse domínio, a história se transformou na "menina dos olhos" da instituição, ganhando estatuto epistemológico e não apenas ético.

No funcionamento geral do museu, as diversas seções passaram a existir de maneira bastante independente e segundo critérios de organização diferentes, seguindo os métodos científicos da área de conhecimento a que estavam vinculadas. Por isso, parece-me pertinente entender o Museu Paulista, a partir da gestão de Taunay, como dois museus distintos convivendo no mesmo espaço, e onde o modelo enciclopédico, como modelo explicativo, não dava mais conta da diversidade e da especialização do seu acervo. Dada essa distinção, seria possível definir a Seção de História criada por Taunay como uma das principais matrizes do museu histórico no Brasil, apesar de algumas experiências anteriores ainda no século XIX.

Mário Barata (1986, p.23-30) localiza a primeira instituição desse gênero no Brasil na iniciativa pioneira do Instituto Histórico e Geográfico Brasileiro, que fundou, em 15 de dezembro de 1850, um "embrionário museu histórico" dentro de seus quadros, recolhendo "objetos históricos" das mais diversas origens, todos, porém, de interesse para a história do Brasil. A iniciativa posterior teria ocorrido por volta de 1865, com a instalação de um pequeno museu no prédio do Arsenal da Guerra da Corte, que rapidamente viu suas coleções se multiplicarem com o fim da Guerra do Paraguai e a chegada de vários troféus conquistados durante o conflito (Bittencourt, 1997, p.211-46). Esse acervo foi posteriormente incorporado às coleções do Museu Histórico Nacional em 1922. Seu caráter fortemente militar é profundamente permeado pela memória do segundo império, que vê na Guerra do Paraguai um dos momentos-chave de consolidação do Império brasileiro e de conformação de uma unidade nacional. O mesmo acontece com as coleções do Museu Histórico e do Arquivo Público do Império, fundados em 1883 e também posteriormente anexados ao Museu Histórico Nacional.

No rol dos "museus históricos", Barata incluiu ainda o Museu Paulista, a partir da gestão de Taunay; o Museu Mineiro, criado em 1910, que recebe as peças de valor "artístico e histórico" colecionadas pelo Arquivo Público Mineiro desde 1895, e o Museu Histórico Nacional, fundado pelo decreto presidencial de Epitácio Pessoa de 22 de agosto de 1922, transformando em acervo permanente parte da Exposição Comemorativa do Centenário da Independência (Elkin, 1997, p.121-40; Abreu, 1996).

Na década de 1920, o interesse pela criação de um museu histórico de caráter nacional apareceu na imprensa no artigo de José Mariano, "À margem do museu histórico". Sem dúvida, esse é um dos momentos mais significativos para a composição e fixação de um ideário nacional brasileiro, pois a nação fazia cem anos e visões distintas do passado nacional se punham em jogo por uma representação hegemônica do país. Tal como no século XIX, ante o despontar dos nacionalismos na Europa, o museu histórico despontou então como peça-chave no contexto de legitimação da jovem nação brasileira.

José Mariano (1922, p.162) falava das funções, características e objetos do museu histórico, deixando claro seu caráter de templo da nação; ele seria um lugar "onde ficassem catalogados e convenientemente estudados assim os nossos troféus e petrechos bélicos, como também tudo que dissesse respeito à vida histórica, anedótica ou biográfica dos grandes vultos da pátria".

O papel de arquivo histórico lhe seria complementar, pois a ele também caberia "arquivar todos os documentos e subsídios necessários ao conhecimento dos grandes fastos da história pátria, e bem assim dos vultos que neles tomaram parte" (ibidem, p.163).

Mariano estabelecia a distinção entre os objetos que o museu histórico colecionaria e o objeto artístico, pois, segundo ele, o objeto histórico era despojado de qualquer interesse estético, estando seu valor relacionado à sua impregnação pelo passado. Enfim, competiria ao museu histórico a "reconstituição do cenário da vida social que os heróis viveram – indispensável como corolário – ao perfeito conhecimento histórico dos fatos" e, por isso, esse gênero de museu deveria ocupar edifícios históricos "característicos da arquitetura civil e religiosa que nos vieram do passado" (ibidem).

O Museu Histórico Nacional se encaixava perfeitamente nesse perfil de museu; vou me ater um breve momento à criação e à organização do Museu Histórico Nacional, porque elas permitem traçar linhas de comparação, mas sobretudo de distinção, em relação ao Museu Paulista, linhas que são importantes para entender a iniciativa de Taunay e do governo paulista.

A fundação do Museu Histórico Nacional (MHN) representou a continuidade da Exposição do Centenário e de tudo aquilo que ela significou, estando também ligada ao anseio do governo federal, naquele momento, de "resgatar o passado como constitutivo básico da nacionalidade" (Abreu, 1996, p.43). O lugar escolhido – o conjunto de prédios que compunham o antigo Arsenal da Guerra – e as primeiras coleções aí instaladas pretendiam não apenas evocar o passado nacional, mas materializá-lo de maneira didática e pedagógica, funcionando como instrumento nivelador "no sentido de forjar os cidadãos conscientes do 'dever cívico de amar e respeitar a pátria', ou seja, de se tornarem, acima de suas diferenças culturais, brasileiros" (ibidem, p.51).

A autora assinala, ainda, que o MHN foi um divisor de águas em relação aos museus de tipo enciclopédico que constituíam, até então, a base da museologia praticada no Brasil. Ela não nota, todavia, que o Museu Paulista já vinha passando por algumas mudanças que também o desviaram do modelo enciclopédico antes mesmo da abertura do MHN.

É importante ressaltar qual passado foi posto em destaque no MHN, assim como a forma pela qual ele foi construído.

A nomeação de Gustavo Barroso[16] como seu primeiro diretor sugere a estreita relação da instituição com as estruturas de poder vigentes e, portanto, com uma determinada visão de história. Ele foi não apenas seu primeiro diretor, mas o primeiro ideólogo do museu. Diante do acervo que recebera a incumbência de organizar e expor, a categoria que elegeu como central foi a tradição. Abordando-a numa perspectiva genealógica, na busca das origens e das linhas de continuidade entre o passado remoto e o tempo presente, a ideia de permanência foi o critério adotado em sua construção da nacionalidade brasileira. Essa nacionalidade, segundo Barroso, começara a se delinear a partir de 1808 com a vinda da coroa portuguesa para o Brasil e a ascensão deste a Reino Unido. A conformação da nação brasileira teria vindo com o Estado imperial que, ao longo do século XIX, por meio dos conflitos externos em que se envolvera (especialmente a Guerra do Paraguai), teria estabelecido as fronteiras definitivas do país. Desse modo, a ideia de nação se sobrepunha à de território nacional e se confundia com os grandes feitos e os grandes homens do Império.

---

16 Vale lembrar que Gustavo Barroso fora secretário da delegação brasileira na Conferência de Paz de 1919, em Versalhes, chefiada por Epitácio Pessoa.

O MHN tendia, assim, a "restaurar, conservar e legitimar o papel do Império e da nobreza brasileira no processo de formação da nacionalidade" (ibidem, p.53). Estabelecera, assim, dois aspectos básicos no âmbito da exposição museográfica: o "culto à saudade e a balada dos heróis", ou seja, a nostalgia do passado, dos "bons e velhos tempos" e a exaltação de figuras exemplares. Por isso, os objetos colecionados valiam pela sua origem num passado heroico e por sua relação com seu antigo possuidor – seriam *semióforos,* segundo o feliz conceito cunhado por Krzysztof Pomian.

O caráter evocativo orientou, portanto, a organização do museu, preocupado em despertar nos visitantes a lembrança dos acontecimentos significativos para a formação da nacionalidade. Nessa perspectiva, em que a intenção de manter viva a memória nacional ligada ao Império era o fio condutor, a visão de história que orientava a empresa era a *historia magistra vitae.* Em vez de se fundar na ideia de tempo como um *continuum,* como aconteceria com a concepção moderna da história, esse modelo, que imperou até a virada para o século XIX, estabelecia um *espaço de experiências* no qual podiam ser reunidas histórias excepcionais, extraordinárias, exemplares, enfim, todo um rol de modelos capazes de fornecer orientação e sabedoria a todos os que deles viessem a se aproximar. A ideia de verdade aí incutida se identificava com a ética e se opunha ao erro, sendo o exemplar a fonte de inspiração para a ação presente e futura (Koselleck, 1990, p.37-62). No espaço do museu, o exemplar – homem ou acontecimento – era então associado aos "objetos-relíquias" colecionados, "com o objetivo de solidificar os laços entre os indivíduos em torno da identidade nacional" (Abreu, 1996, p.50).

Havia, contudo, uma construção em linha evolutiva da nação brasileira que se desdobrava ao longo das salas de exposição – Colônia (sala D. João VI); 1° e 2° Reinados (salas D. Pedro I e D. Pedro II); República (sala Deodoro); Marinha (sala Tamandaré); Paraguai (sala Duque de Caxias) –, com a intenção de fixar marcos políticos que ressaltavam o papel do Império na constituição da nacionalidade brasileira. Essa periodização convivia, no entanto, com o resgate de momentos e personagens significativos do passado, pois sua evocação não pretendia estabelecer a verdade dos fatos, mas afirmar valores, reproduzindo, assim, em cada sala, o modelo da história "mestra da vida".

Essa noção ética da história, essencialmente guiada pela busca e exaltação do exemplar do passado, também esteve presente no Museu Paulista, sobretudo em seus primórdios.

De acordo com o decreto n.249, de 26.7.1894, que regulamentou o funcionamento do então recém-criado Museu Paulista, a história, relegada aos dois últimos artigos do regulamento, distinguia-se das ciências naturais justamente por seu caráter pouco científico, voltada às funções de arquivo de documentos do período da Independência e de panteão dos vultos proeminentes da história brasileira. A valorização das ciências naturais dava à instituição o perfil de um museu zoológico e antropológico, com o objetivo de servir de meio de instrução para o povo e instrumento de investigação científica para o estudo da história natural do Brasil e, em particular, da América do Sul. Comentando esse regulamento, Affonso de Taunay (1937, p.46) afirmou, muitos anos depois, que a Seção de História fora colocada

> num plano sobremodo humilde no conjunto dos serviços da nova insti-
> tuição cultural. E ainda como subordinada ao esdrúxulo imperativo de
> se restringir, especialmente, a colecionar e arquivar documentos sobre o
> período da Independência!

No próximo capítulo ficará claro por que Taunay julga completa-mente "esdrúxulo" esse imperativo de colecionar apenas documentos referentes à Independência do Brasil. Para ele, a Independência procla-mada em solo paulista, apesar de ser um momento de clímax da história brasileira, é o resultado de um processo histórico iniciado nos primórdios do Brasil colonial pelas primeiras investidas dos habitantes de São Paulo rumo à exploração e à conquista do território nacional, então indefinido. Preocupado com a reconstituição desse processo histórico que teria sido responsável, segundo ele, pela construção da nação brasileira, Taunay estabelece diretrizes muito mais amplas para o Museu Paulista.

Entre de 1894 e 1916, o museu funcionou essencialmente no cam-po das ciências naturais. A história era apenas lembrada anualmente, por ocasião do aniversário da Independência, quando, em geral, a data era festejada em solenidade pública. Era apenas nesses momentos que o aspecto de memorial da Independência vinha à tona, mesmo se em seus primórdios o edifício tivesse sido concebido para esse fim. Desprovida de todo caráter epistemológico, a chamada "coleção histórica" do museu fora confinada, segundo Taunay (ibidem, p.47-8), a um

> exíguo cômodo em que estavam empilhados móveis, telas históricas e retratos, diversos objetos domésticos os mais díspares, e outros *soi disant* históricos, alguns dos quais até ridículos, senão grotescos, num conjunto digno de verdadeiro belchior, realmente depreciativo da tradição nacional, tanto quanto tudo merecia a mais desleixada conserva. Em diversas outras salas havia um ou outro quadro histórico, colocado da maneira menos recomendável, como por exemplo a grande tela do desembarque de Martim Affonso em São Vicente, de Benedicto Calixto, alcandorada sobre grande armário de minerais, etc. etc.

Essa enfadonha mescla de objetos de diferentes tipos, misturados num mesmo espaço de exposição, foi muitas vezes assinalada por Taunay em seus relatórios anuais à Secretaria do Interior, nos quais enfatizava especialmente o aspecto de *bric-à-brac* das coleções de história quando ele assumiu a direção do museu. Assim, o Museu Paulista, em seus primórdios, assemelhava-se muito aos *musées de province* citados anteriormente, onde, em geral, reinava a (des)ordem enciclopédica, que buscava reunir coleções tão diversas num mesmo espaço de exposição. Quando o ideal enciclopédico tornou-se caduco, críticas vieram de todas as partes, pois passou-se então a deplorar "o amontoamento de obras e a mistura de gêneros, frequente nos *musées de province*" (Georgel, 1994a, p.69).

Como no caso desses museus, o caminho rumo à especialização e aos interesses regionais ou locais, entre outros fatores, acarreta profundas transformações no Museu Paulista. Se até então a convivência entre a história e a história natural parecera pacífica (o que na verdade nunca fora), como afirma Ulpiano Bezerra de Meneses (1994b, p.576), ela se transformou numa espécie de "tolerância pacífica" até que o governo do Estado de São Paulo tomasse medidas efetivas para a transferência das coleções de história natural para outra instituição. Ocorre ainda que, com a direção de Taunay, a história começou a adquirir pouco a pouco um estatuto epistemológico, de modo que o museu tornou-se paulatinamente um lugar de estudo e de exposição de uma dada vertente da história do Brasil.

A entrada de Taunay na direção do Museu Paulista demarca um profundo ponto de inflexão na sua história e na organização das suas coleções. A história, até então desprovida de caráter científico, passou a ser tomada como um ramo do conhecimento e, no caso, o único capaz de fornecer as bases para a transformação do museu enciclopédico em "museu-memorial" da nação brasileira. A visão de história de Taunay era o que o conduzia na constituição da Seção de História e na decoração do museu para as festas centenárias.

Em sua vasta obra bibliográfica, Taunay não deixou sequer um trabalho dedicado à museologia. Por isso, para entender sua ação no museu, foi preciso inferir a partir de sua vasta produção historiográfica, pois foi ela que orientou suas escolhas na composição do acervo, na organização das salas e na disposição das peças[17] no espaço de exposição. Tal como foi corrente nos museus históricos estudados no item anterior, o Museu Paulista também incorporou o universo teórico da história em sua época e fez do espaço museográfico uma extensão do ponto de vista teórico.

Taunay e a história

Affonso d'Escragnolle Taunay não foi um historiador de formação, tendo se formado engenheiro e lecionado química, física experimental e história natural durante quase vinte anos (de 1899 a 1917) na Politécnica de São Paulo. Sua entrada na seara da história não se deu, no entanto, com sua indicação para a direção do Museu Paulista, mas anteriormente.

Em 1910 ele publicou um romance histórico, *Crônica do tempo dos Felipes*, resultado de uma cuidadosa pesquisa documental, e que lhe abriu as portas do Instituto Histórico e Geográfico Brasileiro (IHGB), onde foi admitido em 1911 e, logo em seguida, do Instituto Histórico e Geo-

---

17 Entendemos por "peças", aqui, tudo aquilo que fora exposto na Seção de História, isto é, de quadros históricos a documentos escritos.

gráfico de São Paulo (IHGSP).[18] Sem dúvida nenhuma, essa admissão lhe fora extremamente proveitosa, pois, nessa época, a agremiação paulista passava por um período bastante profícuo em pesquisa e produção, além de contar com a presença de muitos dos sócios fundadores, como Toledo Piza, Eduardo Prado, Miranda Azevedo, Theodoro Sampaio, entre outros.

Como notou um dos biógrafos de Taunay, Odilon Nogueira de Matos (1977, p.30), a indicação para os institutos históricos foi um fator importante para que ele enveredasse definitivamente pelo campo da pesquisa e do estudo da história, sendo, contudo, determinante sua nomeação para a direção do Museu Paulista, fato que "propiciou-lhe condições para que pudesse realizar sua vastíssima obra. De fato, a ida de Affonso de Taunay para a grande instituição do Ipiranga abre uma nova etapa na sua vida e, consequentemente, na sua obra".

De resto, vale lembrar que ele foi aluno de Alfredo Moreira Pinto e de Capistrano de Abreu, a quem sempre considerou "seu mestre".

Foi na *Revista do IHGSP* que ele publicou seus primeiros estudos no campo da história e, como orador oficial desse instituto, para o triênio de 1913-1915, seus discursos estampavam seu interesse pelo passado paulista e sua participação na construção e glorificação da história nacional, com um cunho eminentemente paulista. No discurso de posse de um novo sócio, Taunay (1913a, p.97) deixava claro esse direcionamento:

> Assim é que, longe de se restringir aos limites do vasto campo de estudos constituído pelas pesquisas da história local e a celebração das glórias paulistas, sempre se preocupou o Instituto com as questões nacionais, dedicando aos estudos brasileiros tanta atenção quanto aos regionais. É que o inspira a tradição: assim também nunca coube São Paulo dentro de suas fronteiras. Eram os paulistas um punhado de homens ainda e, como que sufocados num âmbito que tinha dimensões para abrigar qualquer nação europeia, já procuravam devassar os mistérios do continente sul americano.

---

18 Sobre a admissão de Taunay nos quadros do dois institutos, cf. Carneiro (1960, p.235-60).

No ambiente intelectual do IHGB e do IHGSP, Taunay elaborou e desenvolveu seus primeiros trabalhos, como também, uma vez na direção do Museu Paulista, era com seus pares dos institutos que estabelecia algumas discussões sobre como organizar a Seção de História a ser inaugurada para as festas centenárias. A correspondência institucional do museu no período em que Taunay foi seu diretor, como se verá mais adiante, é repleta de cartas trocadas com membros dos institutos, intercambiando informações e demarcando diretrizes.

Nos quadros dos institutos históricos e geográficos

A fundação do IHGB é, em geral, vista como diretamente relacionada ao nacionalismo pós-Independência e ao romantismo. Não descartando esses dois fatores, Arno Wehling (1994, p.151), ao estudar as origens do IHGB, salienta que seu surgimento significou a materialização da "ação de uma elite política 'moderada', que procurou institucionalizar um novo país, em meio a graves problemas", tendo um direcionamento político e histórico nitidamente historicista.[19]

---

19 O historicismo do IHGB poderia ser caracterizado como historicismo romântico, mas, como Wehling (1994, p.159) ressalta, "ter-se-ia de constatar, ainda, forte influência da filosofia iluminista e 'antecipações' de atitude tipicamente cientificistas; ou, inversamente, 'antecipações' românticas no historicismo ilustrado e 'sobrevivências' dele no cientificismo, por mais racionalista que se propusesse". Segundo esse autor, o historicismo, por ser um pensamento – ou um conjunto de ideias – que atravessou mais de um século, não deve ser pensado em um único bloco, mas em diferentes etapas. Assim, para tornar sua abordagem mais didática, porém, sem esquecer das intersecções entre as etapas, ele propõe uma divisão do historicismo em três períodos, procurando acompanhar as formas que ele assumiu desde seus primórdios, no século XVIII, até seu apogeu, na segunda metade do século XIX. A primeira etapa, que ele batiza de *historicismo filosófico*, abarca a produção dos filósofos do século XVIII até Kant e Hegel, e tem como marca principal uma postura antimecanicista, voltada para a "busca de explicações particulares a épocas e momentos históricos". O segundo momento, que chama de *historicismo romântico*, envolve a produção de boa parte dos juristas, historiadores, literatos e intelectuais contemporâneos ao romantismo e ao nacionalismo, típicos do período pós-Revolução Francesa até a década de 1840. Por fim, o *historicismo científico*, que se estende de 1850 até a Primeira Guerra Mundial e que influenciou toda a produção das emergentes ciências sociais nas suas vertentes conhecidas como evolucionismo, positivismo e, até certo ponto, marxismo. Vale lembrar que

A primeira finalidade do instituto, fixada nos seus estatutos e que, posteriormente, também direcionaria a atividade dos demais institutos regionais, era o recolhimento, a classificação e a guarda de documentos relativos à história e à geografia brasileiras, para, a partir deles, compor uma história nacional capaz de unificar a nação pela construção de um passado, com direito a mitos de origem, personagens marcantes e eventos memoráveis.

O grupo de fundadores do IHGB era composto, na sua maior parte, de homens da geração da Independência brasileira, e muitos deles não eram homens de letras, mas políticos pertencentes à elite governante do Império. Assim, não é exagero dizer que seus objetivos extrapolavam a mera atividade intelectual, evidenciando interesses político-administrativos. Desse modo, pode-se afirmar que, para além da construção de uma história brasileira de cunho eminentemente nacionalista, com base em rigorosa pesquisa documental, a atuação do IHGB demonstra um comprometimento com o

> esclarecimento da sociedade pelo desenvolvimento da cultura literária, levando a um aprimoramento das relações sociais e, no plano político, sua ação homogeneizadora demonstra uma preocupação de encaminhar o país por caminhos que assegurassem os interesses da elite no poder (Wehling, 1994, p.156).[20]

Com o advento da República e o enraizado comprometimento do IHGB com o governo imperial e com a pessoa do imperador, ficaria cada

---

a característica deste último período é o estabelecimento de uma metodologia minuciosa e precisa, capaz de "descobrir leis gerais do processo, leis particulares às etapas e, finalmente, a sua diretividade para o 'fim da história'" (ibidem, p.29 e 36).

20 Lilia Schwarcz (1993, p.99-140) afirma que, na *Revista do IHGB*, havia uma predominância dos artigos de história e, dentre eles, percebia-se a pretensão de narrar eventos capazes de constituir uma identidade nacional assentada em episódios remotos e ideais. Assim, dois temas são sobremodo caros: os primórdios do descobrimento e a Independência brasileira, vista como uma espécie de segundo descobrimento do Brasil. Essa "dobradinha" seria capaz de organizar uma cronologia explicativa da história nacional. Além disso, nota-se, nessa produção, um predomínio das questões políticas, sobretudo uma análise das consequências políticas dos grandes fatos nacionais e de sua inevitabilidade.

vez mais complicado para esse instituto cumprir sua "antiga missão", que era manter uma unidade nacional por meio do traçado de uma história nacional homogênea, pois, naquele momento, as diversidades regionais se puseram em evidência.

Nesse contexto, em 1894, o Instituto Histórico e Geográfico de São Paulo (IHGSP) foi fundado por uma pequena mas significativa elite intelectual, justamente com a pretensão de assinalar a especificidade paulista. Apesar de se orientar e se estruturar segundo o modelo comum,[21] isto é, do IHGB, seu direcionamento singular foi logo fixado no primeiro volume da revista: "A história de São Paulo é a própria história do Brasil", deixando claro que o IHGSP pretendia reescrever a história nacional, "tendo à frente o percurso e exemplo paulistas" (Taunay, 1913c, p.125-6).

Com esse intuito, foi buscar no passado as personalidades e os episódios paulistas que permitissem a constituição de uma historiografia de cunho paulista capaz, porém, de abarcar o Brasil como um todo e, sob esse novo prisma, olhá-lo como uma unidade nacional. O tema com fôlego suficiente para sustentar essa empreitada era o bandeirantismo ou bandeirismo, um fenômeno eminentemente paulista, mas que, segundo o enfoque dado, era visto como responsável pelo desbravamento, pela conquista e unificação de todo o território nacional, sobretudo os interiores e sertões brasileiros ignotos.

Taunay, num dos discursos proferidos como orador oficial do IHGSP, demonstrou a importância das bandeiras, com toda sua força e simbolismo, para a história nacional narrada pela ótica de São Paulo. Desde os mais remotos tempos coloniais, a empreitada bandeirante já era definida como imprescindível para o advento do Brasil como unidade territorial:

> A linha sutil dos demarcadores de Tordesilhas comprimia-os de encontro ao oceano, e eles, movidos por misteriosa força, empolgados pela

---

21 Taunay (1913c) deixa claro que o IHGSP faz parte de um modelo comum: "Pertencemos à falange que assegura a transmissão do fanal perscrutador da verdade, de geração em geração, e a nossa força coerciva não é senão uma modalidade do sentimento de repulsa ao aniquilamento das personalidades diluídas no meio das turbas anônimas que o túmulo traga, uma forma do terror ao olvido que tão expressivamente traduz o *non omnis moriar* do poeta".

visão do grande império português, que um dia vinha ocupar quase metade da América do Sul, começaram desde os primeiros anos vicentinos a perseguir o meridiano espanhol, rechaçando-o constantemente para o Oeste, para as selvas impenetráveis do centro. (Taunay, 1913a, p.97-8)

Prossegue sua narrativa assinalando que, incansáveis, os bandeirantes se dirigiam para todas as direções do Brasil, de modo que a sua ação, ao longo do tempo, esparramou o território brasileiro e o Império português de norte a sul, de leste a oeste:

> Ei-los, pois durante mais de dois séculos a acossar o grande marco geográfico castelhano, obrigando-o a fugir da cadeia marítima ao coração da bacia amazônica, do litoral de São Vicente às margens do Madeira, um retrocesso de dois mil quilômetros ... Eram elas os fatores de arredondamento imprescindível do Brasil meridional, eram elas a corrigir o erro dos descobridores e povoadores quinhentistas, que haviam aberto mão do estuário platino, a nossa fronteira natural, a anexar a área imensa hoje distribuída pelos nossos três Estados do Sul. (ibidem)

A exaltação da participação paulista na constituição das fronteiras brasileiras não para aí, mas ganha uma dimensão titânica:

> A imensa fronteira que se desenrola da barra do Chuí à confluência do Beni e do Mamoré, é quase exclusivamente, pode-se dizer sem receio de exagerar, obra das bandeiras paulistas; tão fundamente se implantou o nosso país na América do Sul; graças a elas que o exame da carta do continente nos dá a impressão de que o Brasil impele para as vagas do Pacífico as repúblicas andinas. (ibidem)

Além de ser responsável pela expansão dos limites brasileiros, Taunay afirmava que os paulistas sempre demonstraram grande solidariedade aos portugueses e à nação brasileira, pois, em todos os momentos que fora preciso socorrer outras áreas na defesa da integridade do território conquistado, o elemento paulista sempre esteve presente. Assim, ele não se cansava de exaltar:

> Serviços de toda a ordem prestou à comunhão brasileira, oferecendo o sangue de seus filhos nos campos de batalha, da banda Oriental e do Paraguai, apontando às demais circunscrições nacionais o caminho do

progresso, pesando com seu critério, ponderação e espírito prático, no sentido da sã política, fugindo às instigações do nativismo obscurantista, a aceitar generosamente o avultado encargo da magna quota com que concorrem os cofres nacionais a espalhar por todo o país a seiva do seu ouro. (ibidem, p.99)

O discurso de Taunay espelhava a voz da maioria, isto é, ele era, sem sombra de dúvida, um reflexo da forma pela qual a história brasileira fora pensada e delineada pelo IHGSP desde o momento em que foi fundado e, sobretudo, nos primeiros anos do século XX, quando São Paulo ganhava cada vez mais destaque na federação brasileira – política e economicamente falando.

Ancorado na mesma matriz historicista e organizado nos mesmos padrões internos do IHGB – e, como este, também movido por interesses políticos –, o IHGSP procurava salientar, ao menos teoricamente, sua aproximação com o instituto carioca no sentido de que ambos pretendiam rastrear a história do Brasil e, na realização dessa tarefa, estabelecer a integridade nacional:

> Historiar no Brasil é compreender a magnífica unidade de nossa formação, e por si só se opor à celeuma absurda de um separatismo lorpa e incongruente. Da guerra Cisplatina à dos Mascates, da invasão holandesa aos estabelecimentos franceses, tudo nos leva ao recolhimento da preocupação de integridade do colosso brasílico, espontaneamente se defendendo para a manutenção de seu todo. Assim sendo, estamos dentro de nosso programa, concorrendo aproximar-nos uns dos outros centros de cultura histórica, acrescentados em irradiadores de coesão nacional. (Rangel, 1914, p.121)

Entretanto, a agremiação paulista, ao eleger o bandeirantismo como seu tema caro, demonstrava uma recusa evidente de enxergar São Paulo como coadjuvante da história nacional, ao lado das demais regiões brasileiras. São Paulo, povoado por uma raça de heróis quase míticos, aparecia, focalizado pelas lentes do IHGSP, como o lugar

> donde partiu a expansão civilizadora do nosso país, representada pela conquista do interior, até os limites atuais, tão diferentes dos primitivos, isto é, dos que os tratados autorizavam, e donde entretanto partiu o movi-

mento de unificação que impediu a desagregação deste imenso domínio, assim transformado em nacionalidade. (Lima, 1914, p.51)[22]

E se São Paulo tomou a frente no passado, deveria, no presente, continuar a irradiar sua ação, ao mesmo tempo difusora e unificadora:

> São Paulo continua, oxalá continue sempre, a representar este duplo papel, dando à comunhão brasileira o exemplo da iniciativa nos progressos materiais e o exemplo da eficiência nos progressos intelectuais estendendo sua ação a outros Estados e emprestando-lhes a sua orientação mais ativa e mais esclarecida. (ibidem)

Nesse contexto, o IHGSP, em seu papel de guardião da tradição paulista, incumbia-se da tarefa de registrar as fases dessa ação secular dos paulistas, narrando-a e explicando-a.

Parece pertinente dizer que o instituto paulista, com suas pesquisas, trabalhos publicados e intenso intercâmbio intelectual entre seus sócios, foi responsável pelo desenvolvimento de um "nacionalismo paulista", definidor da nação sobre outras bases.

O início da produção de Taunay como historiador esteve diretamente vinculado à sua participação nos quadros do IHGSP. Naquele momento, ele já demonstrava uma preocupação com a elaboração de questões caras aos paulistas e voltadas para a exaltação de seu passado. Além de seus discursos como orador oficial da agremiação, em que ele representava a voz da maioria, seus trabalhos publicados na revista – muitos dos quais voltados para personagens intimamente relacionados às tradições paulistas, como Pedro Taques e frei Gaspar da Madre de Deus – já assinalavam seu comprometimento, que se desdobrou ao longo de toda sua carreira, com a construção de uma identidade nacional paulista, especialmente com sua obra monumental, *História geral das bandeiras paulistas*, que será oportunamente abordada.

Entretanto, se o IHGSP está diretamente vinculado à matriz teórica que elaborou o nacionalismo paulista, foi no Museu Paulista, sob a lon-

---

22 Esse discurso foi proferido por Oliveira Lima em resposta à sua acolhida por Taunay como membro honorário do IHGSP.

ga gestão de Taunay, que foram criados todos os recursos para que ele se enraizasse definitivamente e frutificasse, tanto na sua obra museográfica quanto na historiográfica, como tema essencial da história do Brasil.

Sob o imperativo do documento: reconstruindo a verdade do passado

Além de uma proposta temática particularmente voltada para a história de São Paulo – ou mais precisamente, para a valorização de sua importância histórica no contexto nacional –, Taunay anuncia, desde muito cedo, seus direcionamentos metodológicos no campo da história. É também na *Revista do IHGSP* que ele publica um artigo sobre o método histórico, "Os princípios gerais da moderna crítica histórica" (1912),[23] e, como ele próprio esclarece muitos anos depois de sua publicação,[24] trata-se de um resumo do livro *Introduction aux études historiques* [Introdução aos estudos históricos], de Charles-Victor Langlois e Charles Seignobos (1992).

A obra desses historiadores franceses, que exprime o ponto de vista da Escola Metódica, trouxe uma contribuição decisiva à constituição da história científica no final do século XIX. "História positivista", especialmente combatida pelos primeiros historiadores da Escola dos Annales, essa denominação recobre inteiramente a maneira pela qual não se devia mais fazer história para a geração de Lucien Febvre e Marc Bloch (Chartier, 1974, p.460-2).

Seu aparecimento é reconhecido por seus contemporâneos na criação da *Revue Historique*, em 1876, por Gabriel Monod, que no texto inaugural, "Du progrès des études historiques en France depuis le XVIe siècle" [Sobre o progresso dos estudos históricos na França depois do século

---

23 Esse texto foi apresentado em uma conferência dada por Taunay em 3 de maio de 1911, na abertura do curso de História Universal na Faculdade Livre de Philosophia e Lettras de São Paulo.

24 Em resposta à carta de um amigo que lhe pergunta sobre os métodos da história, Taunay aconselha: "Sobre as correntes da moderna crítica, recomendo-lhe muito o livro de Langlois e Seignobos que tive o ensejo de resumir numa conferência que se acha publicada no tomo XVI da *Revista do Instituto Histórico de São Paulo*" (carta de 31.1.1930, APMP/FMP, P138).

XVI], define os parâmetros pelos quais pensa e pretende exercer a disciplina histórica. A *Revue Historique* se coloca sobretudo contra os fundamentos da *Revue de Questions Historiques*, criada dez anos antes e essencialmente voltada para assuntos religiosos.[25] Monod (1976, p.322-3) explica que a revista não tem a pretensão de tomar partido político ou religioso, como a *Revue de Questions Historiques*, mas pretende ser

> uma coletânea de ciência positiva e de livre discussão, ficando essencialmente restrita ao domínio dos fatos e fechada às teorias políticas e filosóficas ... O ponto de vista estritamente científico no qual nos inserimos será suficiente para dar à nossa coletânea a unidade de tom e de caráter.

Assim, o papel do historiador consiste em "compreender e explicar, não em celebrar ou condenar" (ibidem). Para isso, é necessário o desenvolvimento do método crítico, cujas origens ele localiza na Renascença, a partir de quando se pode falar em "estudos históricos".

Três elementos caracterizariam a chamada "história positivista". O primeiro é a herança da crítica textual que aparece no século XV, no humanismo italiano, postulando regras de leitura que garantissem a autenticidade do documento e a veracidade do fato. Assim garantida, a história poderia ter como modelo as "ciências objetivas", levando em consideração uma diferença fundamental: "Nas ciências da natureza o observador tem um conhecimento direto do fato ocorrido diante dele, enquanto o historiador exerce seu estudo sobre os rastros deixados por aquele" (Chartier, 1974, p.461).

O conhecimento histórico é, em sua essência, um conhecimento indireto, e aquilo que o separa das ciências ditas diretas não é nem seu

---

25 Os fundadores dessa revista, aristocratas na sua maior parte, partilhavam de um mesmo gosto pela erudição, tematicamente direcionada para a fé católica. A maior parte dos artigos ali publicados tratava das estreitas relações entre a monarquia e a Igreja na França, valorizando o retorno às tradições e o respeito às hierarquias sociais, com fins eminentemente políticos. A *Revue Historique*, por sua vez, era composta por membros não católicos e a maior parte deles ligados ao Ministério da Instrução Pública e às novas escolas superiores criadas pela 3ª República (Bourdé & Martin, 1997, p.181-215).

estatuto nem sua natureza, apenas seu método. O trabalho de operação crítica consiste, pois, em passar do rastro do fato ao fato mesmo, isto é, recriar as condições de uma relação direta entre o observador e a coisa observada. Nesse caso, o seu ideal deve ser a objetividade absoluta.

> Identificado ao erudito, o historiador deve possuir suas virtudes intelectuais e morais e tornar-se um ser sem paixões nem *a priori*. Este ideal de uma observação objetiva carrega em si toda uma concepção de objeto histórico como algo anteriormente dado. Fazer história consiste, então, em abstrair do fato o seu conhecimento, como se este último estivesse inicialmente investido no real. Segundo essa perspectiva, diz H. I. Marrou, "o historiador não constrói a história, ele a reencontra". (Chartier, 1974)

Os historiadores que melhor encarnaram esses pressupostos em sua geração são Charles-Victor Langlois e Charles Seignobos. Eles escreveram um verdadeiro tratado de método histórico, o *Introduction aux études historiques*, anteriormente citado, pretendendo que ele fosse um manual de conselhos práticos para aqueles que desejassem "fazer" história. Nesse sentido, assinalam sua recusa a toda referência à "filosofia da história, todo 'sistema de ideias gerais', de Bossuet a Taine, este autor cuja geração precedente tinha feito seu deus" (1992, p.7).

Sua preocupação essencial era a manipulação dos documentos, pois se a história, diferentemente das ciências biológicas, não podia observar os fatos, ela poderia atingi-los pelos rastros deixados pelos fatos do passado, que são os documentos textuais.

Segundo o que apregoavam Langlois & Seignobos (1992) nesse "tratado" de metodologia histórica, pode-se dizer então que o historiador ficava completamente apagado sob o imperativo do documento, que reinava soberano, sendo sua utilização rigorosamente controlada pelo método e pela crítica a ele aplicados. O historiador deveria se mostrar o menos possível, de modo que, quase invisível sob o denso manto de seus "procedimentos científicos", traria à luz a verdade da história.[26]

---

26 Pierre Nora (1986, p.327-8) mostra como a primazia do documento, na historiografia francesa da segunda metade do século XIX, marca uma inflexão no campo da história entre a geração romântica de Michelet e Thierry e a geração chamada positivista de Lavisse, Langlois e Seignobos, entre outros: "Da geração romântica

É justamente essa forma de tratar e de se servir dos documentos que Taunay ressaltou em seu artigo inspirado nos historiadores franceses da Escola Metódica. Ele iniciou sua "moderna crítica histórica" contando uma pequena anedota. Conta que, quando o papa Leão XIII anunciou a abertura dos arquivos do Vaticano para todos os sábios de todas as pátrias, advertiram-no de que, assim procedendo, ele poderia estar abrindo também, as portas para que se encontrassem as "armas de combate" contra a própria Igreja. A isso Leão XIII teria respondido que "em hipótese alguma devemos temer a verdade", acrescentando que

> o primeiro dos princípios da História é não ousar mentir, de leve que seja, o segundo não temer dizer a verdade, em hipótese alguma, lembrando-se de que acima de tudo é preciso que não dê ensejo a que pareça inspirada pela lisonja ou pela animosidade. (apud Taunay, 1912, p.325)

Segundo Taunay, é nessa frase que se encerra o essencial daquilo que deveria nortear e inspirar o trabalho do historiador, isto é, buscar a verdade e dizê-la.

A verdade, entretanto, só poderia ser encontrada nos documentos que, como destacaram Langlois & Seignobos (1992, p.29), "são os rastros que nos deixaram os pensamentos e os atos dos homens de outrora"; aquilo que não deixou rastros "ou cujos rastros visíveis desapareceram, está perdido para a história: é como se jamais tivesse existido ... Porque nada substitui os documentos: sem documentos, não há história".

à geração positivista, tudo mudou em razão do momento nacional: a natureza da empresa, o sopro que a inspira, o historiador que a realiza, o estilo no qual ele é escrito. O historiador não é mais a nação encarnada, mas é a nação mesma que se encarna. Resta colocá-la em fichas, e, numa passagem tocante da *Introduction aux études historiques*, Langlois e Seignobos explicam como estabelecê-las, sobre qual formato, de qual papel, em quantos exemplares, e quais 'precauções muito simples permitem reduzir ao mínimo os inconvenientes do sistema'. A história metódica e crítica inaugurou brutalmente a era da supressão do historiador diante de seus documentos e o retorno àquilo que os historiadores da 'história perfeita' chamaram, já no século XVI, o 'estilo médio', em relação à epopeia, à eloquência ou à poesia". Outro autor que também chama a atenção para essa mudança entre as duas gerações de historiadores franceses é Halkin (1973).

Em uma paráfrase dessas ideias, Taunay (1912, p.326) afirmou que "a História se faz com os documentos, os atos cujos vestígios materiais desapareceram estão para ela perdidos e quando muito podem concentrar-se no domínio das reminiscências coletivas" – estas, porém, estão excluídas do campo da história. Nota-se, portanto, que a noção de documento era bastante restrita para esses autores, e que a escassez de documentos restringia a possibilidade de fazer história de certos períodos e fatos.

Posta a primazia do documento para a história, o próximo passo decisivo consistia em procurar e reunir os documentos, ou seja, "cultivar intensamente esta ciência que os alemães batizaram de Heurística" (ibidem).[27]

Langlois & Seignobos (1992) gastaram praticamente metade de sua obra para mostrar como foi o procedimento heurístico até o momento em que escreveram e, pretendendo corrigir os erros daqueles que seguiram esse método, apontaram cada um dos estágios – até a exaustão – que deveriam ser seguidos nesse primeiro degrau da crítica documental. Assim (e Taunay seguiu-lhes os passos), eles exaltavam os trabalhos realizados, ao longo do tempo – sobretudo depois do Renascimento –, pelos inventariantes, catalogadores e bibliógrafos que transformaram grandes massas documentais, anteriormente dispersas, em materiais acessíveis e classificados.

Esse trabalho de crítica da documentação era, quase sempre, feito com a ajuda das chamadas "ciências auxiliares" da história, que punham à disposição dessa disciplina uma série de conhecimentos precisos e específicos que tornariam o documento legível. A recorrência a elas, segundo esses autores, seria tanto mais necessária quanto mais se regredisse no tempo, para eras mais remotas do passado.

De posse dos documentos tornados legíveis, prosseguia-se com a *crítica de inspeção*, ou seja, verificava-se a procedência do documento, suas diferentes versões, suas possíveis adulterações. Taunay (1912) ensinava dizendo: "Convém pois trazer à luz tudo quanto se refira a um assunto, imitar o trabalho sistemático dessas sociedades de infatigá-

---

27 Cf. também Taunay (1931a).

veis pesquisadores como a da Monumenta Germaniae historica, Instituto Istorico Italiano etc.".

Depois desse trabalho comparativo, vinha a *crítica da origem*, cuja função era confirmar a procedência e a autenticidade do documento, pois só dessa forma se poderia estar certo da verdade histórica que ele conteria. É justamente a partir da crítica da origem que essa geração de historiadores franceses ressaltou os erros dos historiadores que os precederam:

> As obras dos mais célebres historiadores do século XIX, mortos ainda ontem, August Thierry, Ranke, Fustel de Coulanges, Taine etc., já não foram corroídas e praticamente desvendadas pela crítica? Os defeitos de seus métodos já foram vistos, definidos e condenados. (Langlois & Seignobos, 1992, p.122)

Taunay (1912, p.330-1), possivelmente com base nessa referência, assinalou que a crítica das origens

> prestou enormes serviços aos historiadores modernos, eliminando documentos apócrifos, denunciando falsas atribuições e infelizmente demolindo reputações estabelecidas de grandes obras inatacáveis acrescendo que as obras de "escritores célebres como Ranke, Thierry, Taine, Fustel de Coulanges" estão "inçadas de inexatidões descobertas pelos inexoráveis esmiuçadores modernos".

Nesse ponto, encerrava-se o trabalho da heurística, também chamado de crítica externa, ou de erudição, e de procedência. Mas o caminho em direção ao estabelecimento do método histórico ainda era longo e pressupunha vários degraus.

Recolhidos e classificados, encontrada sua proveniência, os documentos deveriam então ser interpretados. Encetava-se assim o trabalho de hermenêutica. Para além da leitura do documento, era preciso analisar a forma pela qual fora escrito, realizando para tanto uma análise linguística. Para demonstrar a importância dessa análise, tanto Taunay (1912, p.322) como Langlois & Seignobos (1992, p.129- -30) citaram Fustel de Coulanges: "Os estudos das palavras têm imensa importância na ciência histórica. Um termo mal interpretado poder ser a fonte de grandes erros".

Esse procedimento, chamado de *crítica de interpretação*, ia ainda mais longe na busca da verossimilhança entre os fatos narrados e os fatos reais: era preciso "descobrir" o que o autor do documento tinha em mente ao escrevê-lo, se ele foi sincero ao fazê-lo, se não falseou ou fantasiou a verdade, enfim, se estava em posição para ver os fatos de maneira mais ampla e, é claro, se realmente os testemunhou. Por isso, condenavam-se os argumentos retóricos e o rebuscamento literário sob pena de distorcerem a verdade dos fatos:

> A tendência natural, levando-nos a admitir muito mais facilmente uma afirmação apresentada sob um aspecto estético do que desataviada dos primores do estilo, deve a crítica reagir aplicando esta regra, paradoxal na aparência, de que tanto mais suspeita é uma afirmação quanto se acha revestida de forma artística ou interessante. (Taunay, 1912, p.339)[28]

Esses argumentos foram ainda desdobrados pelos autores em minúcias e exemplos. Atentava-se para a necessidade de proceder por partes, acompanhando cada um dos estágios estabelecidos pela crítica, a fim de verificar a autenticidade e a verossimilhança dos documentos para chegar à verdade do passado e construir a história.

O trabalho do historiador, entretanto, deveria ir além da heurística e da hermenêutica, tendo em vista que os fatos históricos fornecidos pelos documentos não eram suficientes para compor a história: permaneciam lacunas e vazios a serem preenchidos pelo "esforço construtivo do historiador". Porém, ainda assim, o historiador deveria agir rigorosa e metodicamente, tomando todas

---

28 Apesar dessa afirmação de Taunay sobre a necessidade de uma ascese do estilo, ele próprio "desobedece" a essa regra em boa parte de sua obra historiográfica. Capistrano de Abreu inúmeras vezes o advertiu sobre seu estilo demasiado rebuscado, repleto de citações literárias e vocábulos em língua estrangeira, como dizer *hinterland* em vez de sertão. Em uma carta enviada a Taunay, ele aconselha: "Se V. for capaz de sacrifício, aconselharia um: deite fora a retórica, reduza o volume ao rigorosamente significativo". Numa outra carta, ele critica os abusos de Taunay no uso de expressões estrangeiras: "Li os dois artigos sobre Taques, que devolvo. Por que *rush* e *placer*? Será tão indigente a língua que para as coisas brasileiras precisa de palavras peregrinas?" (Rodrigues, 1954, p.302 e 289).

as cautelas para que se não entrelacem o raciocínio e a análise documental, as conclusões de um exame de documentos e os resultados da argumentação; para que uma conjectura não assuma o aspecto da certeza, nem se lance mão de conclusões defeituosas. (ibidem, p.334)

Após esse cauteloso trabalho construtivo, restava ainda ao historiador, seguindo a minuciosa cartilha positivista, estabelecer leis gerais que permitissem explicar o encadeamento da história e as diferenças entre cada período. Taunay (ibidem, p.342) explicou como fazê-lo:

> A abundância de documentação permitirá dar-lhes mais ou menos desenvolvimento; servindo-se de termos concretos para evitar quanto possível a escolástica precisará o historiador diferenciar nitidamente os hábitos e evoluções dos acontecimentos, determinar o caráter, a extensão e a duração dos sucessos gerais, não abranger fatos únicos sob uma mesma fórmula, pois que sua peculiaridade é a da aparição isolada, atentar ao estudo biográfico dos personagens, aos determinantes da carreira, para daí apreender a natureza dos atos pelos quais agiram sobre a sociedade, procurar as relações entre os acontecimentos simultâneos, os liames entre todos os sucessos de espécies diversas que se produzem na mesma sociedade.

Cuidadosamente atento à crítica documental (especialmente à heurística) e a seus intermináveis procedimentos, a prática historiográfica dessa geração positivista demonstra que a maioria dos historiadores, incluindo Taunay, refugiou-se na pesquisa documental, tal como fizeram as gerações anteriores (estas com menor rigor, é verdade), deixando as generalizações e o estabelecimento de fórmulas gerais para os sociólogos. (cf. Wehling, 1994, p.99-100).[29]

---

29 Antoine Prost (1994) explica que a *Introduction* realiza dois movimentos, primeiro estabelece os fatos para em seguida analisá-los. A distinção entre o estabelecimento e a interpretação dos fatos estrutura o plano da *Introduction*. No entanto, a obra historiográfica desses autores demonstra que o exercício de interpretação nunca fora realizado, havendo, portanto, uma profunda distância entre a sua teoria e a sua prática historiográfica, o que inclusive fundamenta as críticas de que foram alvo posteriormente.

Aproximando-se do fim desse seu "tratado de método", Taunay procurou esclarecer ainda mais como a história deveria ser praticada. Deixou claro que a busca da história não era enumerar acidentes políticos, como se fez até a Renascença. Era, todavia, a história dos hábitos dos homens, tal como começou a se delinear no século XVIII, quando surgiu pela primeira vez a expressão *história da civilização*. A partir de 1850, disse ele, a história deixou de ser um gênero literário para, "paulatinamente, se desenharem as linhas gerais da moderna concepção histórica" (Taunay, 1912, p.343).

Aí também a referência ao pensamento dos historiadores franceses é certa, pois eles assinalaram a importância de construir uma *história geral* ou *total*, voltada não para o estudo dos episódios políticos, mas atenta à coleta e interpretação de todos os *fatos* que pudessem explicar,

> seja o estado de uma sociedade, seja uma de suas evoluções, porque eles produziram aí transformações. É preciso procurar todos os fatos, migração de populações, inovações artísticas, científicas, religiosas, técnicas, mudanças dos dirigentes, revoluções, guerras, descobertas de países. (Langlois & Seignobos, 1992, p.203)[30]

O ponto de chegada de seu texto retoma o ponto de partida, destacando *a verdade* como linha mestra e objetivo último do historiador: "Percorrer o campo dos estudos históricos é obedecer aos mais nobres ditames do coração e do espírito, em prol da verdade e da justiça" (ibidem, p.344).

Defensor inveterado dos documentos e da submissão do historiador aos seus imperativos, a prática historiográfica de Taunay, e sobretu-

---

30 Madeleine Rebérioux (apud Langlois & Seignobos, 1992, p.14) explica que "se o sonho da história total, cara a Labrousse – mas nossos autores desconfiam fortemente das estatísticas – floresce na *Introduction*, Langlois e Seignobos têm uma tendência muito pequena a pensar que 'as categorias dos fatos' estão definidas de uma vez por todas: a política e a economia, a religião e a literatura etc. Será preciso atingir a segunda metade do século XX para que a história do boxe não seja reduzida àquela do esporte, a história do *jazz* àquela da música. No final do século XX, as categorias que é necessário abranger e sobrepujar parecem ser do domínio da evidência".

do seu trabalho realizado na composição da Seção de História do Museu Paulista, mostram que há uma distância, às vezes significativa, entre aquilo que ele teorizou e o que de fato realizou. Como veremos ao longo dos próximos capítulos, os exemplos são inúmeros, especialmente naquilo que tange à produção iconográfica do museu e que nega, na prática, o cuidado tantas vezes anunciado em seus livros e artigos, de que não se deveria ir além daquilo que as fontes diziam ou permitiam dizer. Em vários momentos, Taunay pareceu se valer do "esforço construtivo do historiador" na tentativa de preencher as lacunas dos documentos (ou da falta desses), indo, algumas vezes, além daquilo que seria possível afirmar a partir das fontes.

A busca incessante de documentos inéditos, entretanto, é prioritária para essa geração de historiadores, que acreditava estar especialmente na descoberta de novas fontes a possibilidade de fazer avançar as pesquisas históricas.

> A história descritiva e factual de Taunay, subjacente às exposições, tem como pressuposto teórico as formulações nascidas na discussão em torno da necessidade de melhor documentar a História do Brasil. Capistrano de Abreu, a quem Taunay estava vinculado teoricamente, e os intelectuais ligados ao Instituto Histórico e Geográfico de São Paulo – entidade que tinha como uma de suas atribuições estatutárias proceder ao levantamento sistemático de documentos históricos – proclamavam a pesquisa de novas fontes como imprescindível para a revisão dos períodos históricos mal documentados do país. Por este contexto historiográfico é possível entender, em parte, o afã de Taunay em recolher documentação ou reproduzi-la, quando diretor do Museu Paulista. (Carvalho & Lima, 1993, p.150)

Se no âmbito internacional Taunay se filia notadamente à corrente da história positivista encarnada por Langlois e Seignobos, no cenário brasileiro, sua formação é profundamente marcada pelo contato com Capistrano de Abreu, que foi seu professor e, posteriormente, interlocutor assíduo.

Capistrano talvez tenha sido o historiador que melhor encarnou no Brasil o ideal da busca "moderna" da verdade,[31] dedicando-se incansavelmente à tarefa de procurar documentos inéditos, ocupando-se da sua tradução e publicação, tentando estabelecer a identidade dos seus autores, cuidando, portanto, de estimular e promover a pesquisa das fontes históricas por todos os meios que estivessem ao seu alcance. (Araújo, 1988, p.33)[32]

Taunay (1939, p.10) afirmou em várias ocasiões a importância que Capistrano teve na sua formação como historiador e nos temas e encaminhamentos teóricos que ele fixou para sua própria obra: "Se você está em São Paulo e quer escrever história – aconselhou-me certa vez o meu querido e saudosíssimo mestre Capistrano de Abreu – faça uma coisa: estude as bandeiras".

No texto que escreveu em 1927, quando da morte de Capistrano, Taunay (1927a, p.XVII) também afirmava seu profundo tributo ao mestre:

A Capistrano devi assinalados serviços e os mais leais conselhos. Deu-me indicações preciosíssimas sobre muitos e muitos assuntos. Indicou-me opulentas fontes com aquela prodigiosa liberalidade e ausência de inveja que formavam o fundo do seu íntimo, ao oferecer aos amigos, aos consulentes em geral, a poderosa valia de seu formidável cabedal de conhecimentos. E como se interessava pelo andamento dos trabalhos daqueles a quem estimava! Como desejava que se aperfeiçoassem.

Na sua aula inaugural, proferida em 1934, quando toma posse da cadeira de História da Civilização Brasileira, na recém-criada Faculdade

---

31 O autor se refere aqui à "concepção moderna de História" de que fala Koselleck (1990), que substitui a verdade ética pela verdade dos fatos, vindo em paralelo a transformação da noção de tempo.

32 Principalmente a partir de 1880, abre-se uma nova fase na carreira de Capistrano, cuja obra fora até então marcada por uma análise teórica do processo cultural brasileiro a partir das várias correntes cientificistas que marcaram a segunda metade do século XIX. Sua entrada para a Biblioteca Nacional, em 1879, colocou-o em contato direto com as principais fontes da história do Brasil, que ele então começava a inventariar. A tese apresentada ao Colégio Pedro II, em 1883, *O descobrimento do Brasil e o seu desenvolvimento no século XVI*, marcaria sua conversão definitiva ao documento: "É a verdade que emana das fontes o que comanda a investigação e as conclusões; nem o autor procura mais, como em 1878 ou 1874, as 'leis' da sociedade brasileira – preocupa-se com condicionamentos naturais e sociais, muito mais elásticos do que aqueles" (cf. Wehling, 1994, p.198).

de Filosofia, Ciências e Letras da Universidade de São Paulo, encontramos ainda aspectos básicos dessa influência em seu pensamento que permitem entender não apenas sua vasta obra historiográfica, mas também sua ação no Museu Paulista.

Taunay (1934-1935) inicia seu discurso dizendo que a historiografia brasileira escrita até aquele momento tinha se preocupado mais com a "história batalha", com a

> narrativa dos episódios da descoberta, da exploração e do apossamento do litoral, as lutas contra os invasores estrangeiros, os movimentos nacionalistas primevos como que empolgaram por completo a atenção dos nossos cronistas e historiadores até quase os dias de ontem.

Segundo Taunay (1934-1935), esses historiadores teriam se interessado por uma história parcial do país, deixando de lado "capítulos essenciais como os do povoamento do *hinterland* brasileiro".

Fez-se uma história litorânea em detrimento daquela do interior, que só começara a ser tratada com maior cuidado com Capistrano de Abreu.[33] Com sua obra *Capítulos da história colonial*, o mestre cearense introduzira no Brasil a temática do povoamento, bem como os métodos das teorias modernas da história que vinham sendo praticadas no âmbito internacional desde o último quarto do século XIX.[34]

A esse universo teórico aberto por Capistrano no Brasil, ao qual também se filia, Taunay chama de "história da civilização brasileira". A base seria um história narrativa, organizada segundo um tempo linear, que seria sua essência, chegando mesmo a se confundir com ele. A dimensão episódica estaria presente, mas o enredo organiza-se mediante

---

33 A temática do sertão já aparece na sua tese apresentada ao Colégio Pedro II, cuja novidade estava não apenas no estudo crítico das pretensões do descobrimento, mas especialmente "no capítulo sobre o sertão que constituirá, com o tempo e o desenvolvimento que tomará, uma das maiores contribuições de Capistrano de Abreu à história pátria" (Rodrigues, 1963, p.x).

34 Sobre os *Capítulos da história colonial*, Taunay (1934-1935, p.123) diz: "À luz das ideias modernas, estudou o grande sabedor os fenômenos do crescimento brasileiro, atribuindo como acima lembramos exato valor aos fatos da conquista e da apropriação do *hinterland*".

a ideia de sucessão e causalidade que encadeia os episódios dispostos numa linha temporal, caminhando irremediavelmente para um ponto de culminância. Isso porque, "para ser histórico, um evento deve ser mais do que uma ocorrência singular: ele recebe a definição em função da sua contribuição para o desenvolvimento do enredo" (Ricoeur apud Araújo, 1988, p.48).

A narrativa parece ter se definido como "forma específica de se concretizar e retrabalhar o tempo iluminista, o tempo histórico, ou melhor, o tempo da concepção moderna de História" (ibidem, p.49).

Esse tempo atuaria paralelamente às ciências naturais e ao método crítico, completando-os, "pois enquanto elas se obrigam a um progresso contínuo, equivalente ao incessante movimento do tempo linear, a narrativa confecciona um real no qual este tempo, esta flecha, finalmente para, aceitando uma conclusão".

Na verdade, o final

> parece se colar a todos os momentos da narrativa, enchendo de sentido e orientação todos os seus desdobramentos, e aperfeiçoando aquela visão do real como algo completo, regular, plena e coerentemente ordenado, que o enredo dá a impressão de produzir. (ibidem)

A narrativa moderna tem ainda uma outra característica que se casa perfeitamente com os anseios de imparcialidade e neutralidade que a crítica metódica das fontes impôs ao trabalho do historiador: a ocultação do narrador, que parece ocupar o lugar onipresente de Deus. O resultado é a transformação do relato histórico num espetáculo de tipo especial,

> onde as coisas – e as pessoas – falam por si mesmas, onde os próprios personagens parecem atuar como protagonistas, exibindo-se em carne e osso para o leitor sem a interferência de qualquer vontade, de qualquer subjetividade externa. (ibidem, p.50)

A ideia de verdade dos fatos vem então à tona como algo natural, intrínseco ao próprio discurso narrativo. O historiador parece agir, portanto, como hábil intermediário entre os documentos e a verdade dos fatos, que é trazida à luz pelos procedimentos da moderna crítica, atrás dos quais ele fala, mas essencialmente se oculta, fixando seu lugar de autoridade e sua imparcialidade.

Quando se analisam de perto a retórica visual e espacial e o "cenário" construído por Taunay para as comemorações de 1922 no Museu Paulista, como se verá no próximo capítulo, tem-se a certeza de suas orientações teóricas segundo a moderna concepção da história e de seu cuidado em materializar o discurso histórico que embasava sua empresa. A exposição (sobretudo nos espaços monumentais do museu), mesmo se ainda inacabada em 1922, estruturava-se de maneira descritiva, linear, evolutiva e episódica, solidamente fundamentada em documentos escritos. Os acontecimentos estavam alinhavados numa perspectiva teleológica, isto é, todo o oceano de imagens que começava no peristilo e se estendia até o salão de honra, passando pela escadaria monumental e por todas as salas anexas que contavam a saga dos paulistas na conquista do território brasileiro, tudo convergia para um único e previsível ponto de chegada prefixado: a nação brasileira fora fundada em solo paulista. A Independência brasileira aí proclamada vinha apenas confirmar esse fato.

Diferentemente da história nacional contada no Museu Histórico Nacional, no Museu Paulista, a possibilidade de uma nacionalidade brasileira começava ainda no período colonial, com o processo de (re)conhecimento e posse do território brasileiro principiado pelos primeiros paulistas. A proclamação da Independência em solo paulista não foi valorizada como episódio exemplar que precisaria ser rememorado por seu valor ético para o presente, mas por seu conteúdo histórico verdadeiro. O essencial era o ponto de chegada e somente ele, pois o que lhe precedia pertencia a uma cadeia de causalidade e de sucessão que se dirigia irremediavelmente para o desfecho.

A história da civilização professada por Taunay tem ainda outros aspectos importantes a serem assinalados no que se refere à história do Brasil, que, segundo ele, começavam apenas timidamente a ser explorados pelos autores contemporâneos. A questão central é a mudança de enfoque, pois

> já não são a história militar e a administrativa as únicas que interessam aos autores e ao público. Incumbem-se os monografistas de apresentar entre aqueles assuntos os da história econômica, e da religiosa, os da

história literária, artística e científica e sobretudo os da história dos costumes. (Taunay, 1934-1935, p.123)[35]

Em seguida, ele descrevia os trabalhos recentes que fizeram os primeiros ensaios nesses "novos" aspectos pouco explorados da história, mas notava a ausência de um trabalho completo de "história geral", que abrangesse todos esses múltiplos aspectos da história. A maior dificuldade para realizar esses trabalhos estaria, no entanto, na carência de documentação, "imensa e espalhada, a fragmentariedade desta, a ausência de estudos anteriores, representa enormes óbices a vencer" (ibidem).

Por isso, em seu trabalho como historiador e à frente da direção do Museu Paulista, uma de suas obsessões foi a busca e a catalogação de novas fontes sobre a história do Brasil, buscando-as nos arquivos nacionais e internacionais. Nessa empreitada, a instituição do Ipiranga funcionou como lugar em que ele reunia, classificava e expunha esses documentos, ordenando-os em séries temáticas e cronológicas, em conjunto com outros objetos e, principalmente, em conjunto com séries pictóricas que mandou produzir. Aqui também segue os passos de Capistrano, responsável pela publicação de várias coleções de documentos sobre a história do Brasil, já no século XIX.

Vale lembrar que num de seus primeiros trabalhos sobre São Paulo – *São Paulo nos primeiros annos (1554-1601)* (1920), *São Paulo no século XVI* (1921) e *Piratininga, aspectos sociais de São Paulo seiscentista* (1923) –, Taunay procurou fazer uma história dos costumes e dos antigos modos de vida dos primeiros paulistas na São Paulo colonial. Boa parte do material de pesquisa usado na escrita dessas obras – essencialmente as *Atas e o Registro Geral da Câmara de São Paulo* – também informou nosso historiador na composição das primeiras salas do museu voltadas para a exposição do passado paulista.

Não houve com efeito, nas nossas letras históricas quem empreendesse uma reconstituição no gênero de que procuramos realizar: ressuscitar grande cópia de fatos inteiramente inéditos, salvo quanto a este ou

---

35 Essa ideia já está enunciada no seu texto de 1912, conforme ressaltado anteriormente. Aqui ela é retomada e enfatizada.

aquele pormenor escasso, aqui e ali colhido, como o fez Azevedo Marques. (Taunay, 1920b, p.VIII)

Na sua trilogia paulistana, bem como no museu, ele procurou mostrar a evolução da Vila Piratininga, de pequeno arraial desprovido de qualquer progresso material até a "capital opulenta hodierna, cheia da convicção da magnitude do porvir que se lhe antolha, e orgulhosa da progressão geométrica de sua grandeza" (ibidem, p.IX).

O ponto de chegada de sua narrativa é anunciado de antemão, como também nas reconstituições feitas no Museu Paulista. A condição de São Paulo como metrópole em pleno desenvolvimento no momento presente é o que organizava a narrativa, construída em sentido linear, numa linha evolutiva em que as diferentes etapas do passado vêm apenas provar o seu estado atual de progresso e de prosperidade.

No seu afã de reconstituir os quadros sociais do passado, a iconografia desempenha um papel essencial na composição da Seção de História do Museu Paulista. Na sua aula inaugural, Taunay ressaltou, ainda, a importância da iconografia para a realização dessa "história da civilização" em que estava empenhado, apesar de constatar a escassez desse tipo de fonte, sobretudo a respeito do Brasil colonial. Como será possível ver mais adiante, a iconografia é um dos elementos centrais da decoração histórica do Museu Paulista prevista por Taunay. Em vários momentos de sua obra historiográfica, sobretudo a partir da década de 1940, quando escreveu inúmeros artigos sobre a carência de elementos iconográficos sobre a história de São Paulo, Taunay pretendia preencher essa brecha documental produzindo séries picturais sobre diversos aspectos da história paulista e brasileira, especialmente do ponto de vista dos costumes e do antigo modo de vida paulistas. Por isso, assinalava a importância dos relatos de viajantes que estiveram no Brasil desde o século XVII, cujas obras se empenhou em traduzir para o português e as aquarelas reproduzir em dimensões compatíveis com o espaço monumental do museu.

A importância da iconografia se funda principalmente "no poder de evocação e celebração da imagem" do que numa "concepção visual da História *magistra vitae*" (Meneses, 1994b, p.576), pois, na concepção de história de Taunay, a pintura tinha valor de documento histórico e não se voltava para a exposição do exemplar e do fato único.

> A análise dos argumentos implícitos na eleição da pintura como suporte das exposições e, simultaneamente, no uso da fotografia como documento histórico de apoio permite perceber os vínculos das noções de documento e de iconografia em Taunay com os usos socialmente estabelecidos para o suporte pictórico na sociedade dos anos 20, em São Paulo. (Carvalho & Lima, 1993, p.152)

A iconografia permite, assim, expor aspectos dos costumes, dos modos de vida da sociedade do passado, de maneira que a exposição funciona como um desdobramento visual de uma narrativa histórica produzida de antemão. No universo do discurso, bem como no da pintura, "a perspectiva é teleológica, pois a preservação histórica não significa que o passado deva ser tomado como modelo, mas que é a partir dele que se percebe e justifica o caráter imutável dos pontos de chegada" (ibidem, p.165).

A questão da visualidade da história também se funda no valor pedagógico que a imagem adquire, sobretudo ao longo do século XIX, como um dos meios mais eficazes de formar o imaginário popular, particularmente em momentos de mudança política e social e de redefinição de identidades coletivas. A Revolução Francesa é um exemplo clássico dessa utilização da imagem (cf. Carvalho, 1990; Pommier, 1991; Poulot, 1997). Taunay, por sua vez, "ao constituir séries documentais temáticas e tipológicas, pretendendo sintetizar uma versão histórica no espaço sacralizador do museu, estende a função celebrativa, inerente às exposições, à função pedagógica" (Carvalho & Lima, 1993, p.165).

O Museu Paulista parece, portanto, estar em sintonia com os padrões de seu tempo, em que o caráter pedagógico, aliado ao comemorativo, são os dois elementos básicos que definem o papel social do museu e sua utilização política.

A composição dessas séries pode ser claramente percebida no inventário do acervo da Seção de História, realizado em 1925,[36] no qual

---

36 *Inventário revisto de 15 a 30 de janeiro de 1925 pelo Diretor e Chefe da Secção Affonso de E. Taunay – Secção de Historia Nacional, especialmente de São Paulo*, APMP/FMP, P214.

Taunay faz uma descrição das coleções históricas dispostas em cada sala, bem como do material conservado nos arquivos da secretaria do museu. A iconografia ocupa lugar de destaque em várias salas, bem como na área nobre do edifício – peristilo, escadaria monumental, sanca e salão de honra –, o que só confirma o valor que lhe foi investido no espaço de exposição. Mas encontramos ainda séries de documentos textuais expostos em vitrines, que seriam, em geral, a contrapartida teórica do universo pictórico, funcionando também como prova irrefutável de sua veracidade: séries cartográficas, mobiliário e retratos antigos, arte religiosa, armas, indumentária, entre outros. A organização dessas coleções era essencialmente temática, tipológica e cronológica, o que as distingue das coleções de história natural, ordenadas segundo os princípios vigentes nas ciências naturais que, essencialmente, dialogam com uma taxinomia da natureza.

A constituição das coleções históricas se fez segundo categorias provenientes do campo da disciplina histórica, o que mostra que a história adquiriu pouco a pouco, no âmbito do museu, um caráter epistemológico, como consequência do trabalho científico de Taunay, desde os primeiros anos de sua gestão, como será apresentado no próximo capítulo. A renovação de seu estatuto no âmbito do museu veio com a lei n.1911, de 29.12.1922, que criou a Seção de História Nacional, especialmente de São Paulo, e de etnografia, e com o decreto n.3871, de 3.7.1925, que regulamentou a seção, definindo-lhe as competências. A necessidade desse novo regulamento já havia sido apontada por Taunay em 1920, em carta ao diretor da Secretaria do Interior, dizendo que

> vivendo ainda sob o primitivo regime de 1893, sem que desta data em diante jamais haja sido reformado, está hoje o Museu muito desaparelhado para corresponder ao seu desenvolvimento material, à sua situação no local histórico do Ipiranga, às exigências da ciência moderna como já por muitas vezes o assinalaram diversas mensagens presidenciais.[37]

---

37 Carta de Taunay ao diretor da Secretaria do Interior, de 19.6.1920, APMP/FMP, P111.

Em 1923, após a criação oficial da Seção de História, Taunay apresentou ao secretário do Interior um projeto de reforma do regulamento do museu, e é certamente a partir daí que foi criado o seu novo regulamento, sancionado em 1925.[38] Esse novo regulamento, que permaneceu em vigor até 1963, "propiciou maior especialização das áreas científicas abrigadas na instituição, bem como a ampliação do quadro de funcionários".[39]

Como no caso das instituições descritas no item anterior, o que permite definir o Museu Paulista como um museu histórico (apesar de seu acervo ainda enciclopédico) é, de um lado, seu papel de memorial da nação e, de outro, sua orientação segundo os métodos da moderna concepção de história que, de resto, orientaram Taunay em seu trabalho como historiador. No século XIX e em boa parte do XX, os museus históricos deram materialidade, se assim podemos dizer, a um discurso produzido no campo historiográfico, de modo que a retórica escrita se transformou em retórica espacial e visual. O museu era, naquele momento, lugar de difusão do conhecimento histórico não porque aí se fazia história por meio de objetos (que seria hoje o grande desafio para os museus históricos), mas porque ele expunha e narrava versões da história produzidas de acordo com os moldes, métodos, temas e concepções da "ciência histórica" daquela época.

O espaço do Museu Paulista é, ao mesmo tempo, um lugar de sacralização da nação e de entendimento histórico do seu processo de evolução, fortemente guiado pela iniciativa paulista rumo à sua constituição como unidade nacional.

Definidos os principais pressupostos teóricos da empresa de Taunay, cabe agora apresentar sua materialização nos espaços ainda vazios do Palácio de Bezzi e a transformação operada no antigo espaço *museal* organizado por Hermann von Ihering.

---

38 Cf. carta de Taunay ao secretário do Interior, José Manoel Lobo, de 20.7.1923, APMP/FMP, P119.

39 *Projeto de Organização nos Fundos de Arquivo e das Coleções de Documentos Pertencentes ao Setor de Documentação do Museu Paulista da USP*. São Paulo, 1992, p.115. (Mimeo.)

2
Montando o cenário

> Taunay vai não somente instalar uma Seção de História ... em 1922, monta, com o edifício, uma alegoria histórica, dando-lhe eficácia enquanto memorial. No entanto, se o *leitmotiv* permanece a Independência, o Museu, agora, é verdadeiramente paulista. Crucial, nesse processo é o mito do bandeirante, que o Museu Paulista vai topicamente definir e cristalizar ideológica e visualmente. O Museu já conta, enfim, com estereótipos, clichês, fetiches, tradições, com que operar.
>
> (Ana Cristina Guilhotti, Solange Ferraz de Lima, Ulpiano Bezerra de Meneses. *As margens do Ipiranga,* 1990)

A investidura de Affonso d'Escragnolle Taunay na direção do Museu Paulista significou de imediato uma alteração nos seus direcionamentos que levou, ao longo do tempo, a uma mudança no seu perfil. Apesar de Taunay ter conservado o "espírito enciclopédico" da instituição, mantendo todas as coleções de ciências naturais do Museu em perfeito estado de conservação, bem como incrementando-as por meio do trabalho de especialistas e dos viajantes que continuamente forneciam espécimes novos, a transformação pela qual a instituição passaria já pôde ser notada nos primeiros meses da nova administração. Tal como Hermann von Ihering, que imprimiu sua marca pessoal na organização e apresentação do museu durante os mais de vinte anos que esteve à sua frente, Taunay também pintou a instituição do Ipiranga com suas cores prediletas. Desde os primeiros momentos de sua gestão, Taunay fez questão de não apenas mostrar as orientações que pretendia seguir, como também apontou os problemas acarretados pela administração de Ihering, suas falhas e seus encaminhamentos equivocados, sinalizando que suas prioridades seriam bastante distintas.

Assim, Taunay não poupou críticas a Ihering, que incidiam sobre vários aspectos da sua gestão: má conservação dos móveis das salas de exposição e dos materiais nelas expostos; desfalque nas obras da biblioteca, ocasionados não apenas pela retirada de milhares de volumes no momento de sua saída do museu, mas também pela ênfase dada a alguns assuntos de seu maior interesse, a zoologia, e a ausência de exemplares básicos para o estudo das diferentes áreas às quais o museu se dedicava: *Revista do Museu Paulista* essencialmente voltada para artigos na área de zoologia,[1] o que refletia os direcionamentos dos trabalhos e pesquisas desenvolvidos por Ihering. No entanto, o mais grave de todos os equívocos de Ihering aos olhos de Taunay foi, sem dúvida, o abandono à própria sorte das coleções de história originais do museu, além do completo desinteresse em aumentá-las, esquecendo-se de que o Palácio do Ipiranga fora construído e concebido como um memorial da Independência brasileira e, nesse sentido, voltado para a exaltação de fatos memoráveis da tradição nacional.

Essas críticas foram sempre reafirmadas por Taunay (1937, p.45, 47) em vários momentos de sua administração e, sempre que possível – talvez para marcar a diferença em relação ao trabalho que começava a empreender –, ele disparava contra Ihering:

> Obedecendo às tendências e preferências de seu espírito de especialista entendeu o Dr. Ihering criar um instituto por assim dizer exclusiva-

---

1 Ao analisar a *Revista do Museu Paulista* durante a gestão de Ihering, Lilia Schwarcz (1993, p.53) constata que, dos 250 artigos publicados, "180 (70%) têm como tema central questões de zoologia – área de atuação de Von Ihering. Com grande utilização de estampas coloridas, os estudos de zoologia mereciam sempre os espaços de maior evidência da revista. A frequência para as demais disciplinas: antropologia (10%), botânica (5%), biografias (5%), geologia e arqueologia (4%)".

mente consagrado ao estudo da ciência que já, aliás, lhe valera elevado renome de zoólogo,

acrescentando, ainda, que durante os anos em que esteve na sua direção

> vegetou a coleção chamada histórica do Museu Paulista, amontoada em duas das menores salas do Palácio do Ipiranga, semivazio. Ou antes, praticamente não existiu. Não realizou aquisições senão insignificantes, neste largo lapso de anos.[2]

Ao percorrer os relatórios da gestão Ihering, fica claro que essas afirmações de Taunay, apesar de um pouco exageradas,[3] têm um fundamento verdadeiro, pois as coleções históricas não cresceram na mesma proporção que as coleções de ciências naturais, e a maior parte das aquisições na época de Ihering foram feitas por meio de doações. Nos relatórios referentes aos anos de 1901 e 1902, Ihering mencionou que a coleção que mais se desenvolveu, nesse período, foi a galeria artística, sendo adquiridas várias telas de caráter histórico, como *A partida da monção*, de Almeida Junior; *A descoberta do Brasil*, de Oscar Pereira da Silva; e os retratos, feitos sob encomenda para o museu por Benedito Calixto, de *José Bonifácio*, *Padre Bartholomeu de Gusmão*, *D. Pedro* e *Padre José de Anchieta*.

No entanto, apesar dessas aquisições bastante significativas, o próprio Ihering (1904, p.6) constatava que

> as condições em que se acha a galeria artística são cada vez mais penosas pela falta de espaço com a qual estou lutando atualmente nesta Repartição, não só para a colocação da referida galeria como também para as demais coleções.

---

2 É importante salientar que essas mesmas ideias, sintetizadas no *Guia*, apareceram por várias vezes em seus relatórios à Secretaria do Interior, esporadicamente na correspondência do museu e, também, em artigos publicados em jornais e revistas em que Taunay falava do Museu Paulista.

3 As duas salas dedicadas às coleções de quadros e objetos antigos, chamadas "Objetos Históricos", durante o período Ihering, não eram as menores salas do museu, mas eram, sem dúvida, as que estavam mais mal localizadas no seio do museu. O acesso a elas não se fazia pela escadaria monumental, mas pela escada que se encontra no corpo central do edifício, nos fundos. Eram elas a B8 e a B9. Para suas localizações, ver Anexo.

Em razão dessa escassez de espaço, as telas não foram dispostas de maneira adequada para serem contempladas, o que também evidencia um descaso quanto à galeria histórica.

> Estando todas as salas ocupadas pelas coleções expostas acontece que os quadros que vão entrando são colocados, conforme o espaço permite, nas salas onde se acham as coleções de História Natural, o que sobre ser inconveniente e pouco decente, tem provocado da parte dos visitantes comentários desagradáveis. (ibidem, p.7)[4]

A solução que Ihering via para essa situação seria a construção "de um pavilhão completamente independente do Monumento, de um só andar, com luz de cima e em condições de ser aumentado no caso de assim tornar-se necessário" (p.6).

Ihering salientava ainda que as instalações do Museu Paulista não eram convenientes para abrigar uma galeria artística e que, portanto, suas condições, nessa instituição, eram absolutamente provisórias.

No entanto, o que verdadeiramente chocava Taunay em relação às coleções de história no período Ihering era o aspecto das salas, que demonstrava uma completa falta de critérios estéticos e, sobretudo, científicos na disposição dos "objetos históricos". Ao percorrer a descrição das salas B8 e B9 de "objetos históricos", presente no *Guia pelas collecções*, publicado por Ihering em 1907, é possível entender por que Taunay as definia como um belchior, um *bric à brac*. A sala B8, além de vários retratos, era composta:

> Do mobiliário exposto, salientamos a cadeirinha, móvel em que as damas de outrora se faziam transportar pelos escravos como em carro, carregado aos ombros pelos varais; a peça exposta pertenceu à Marquesa de Santos; várias cadeiras, mesinhas, sofá etc., bem como cama (lado opos-

---

4 É o caso, por exemplo, da tela *Fundação de São Vicente*, de Benedito Calixto, que foi disposta na sala B11, dedicada à mineralogia e à paleontologia. Além de pedras e fósseis, a tela ainda dividia o espaço com pequenos quadros representando gêiseres e paisagens de antigas épocas geológicas (!), como pode ser constatado pela descrição da sala presente no *Guia pelas collecções. Museu Paulista* (Ihering, 1907), que pode ser consultado na biblioteca do Museu, na seção de obras raras.

to) que pertenceram ao Regente Feijó. Um grande armário contém a "Colleção Campos Salles", constituída por cinquenta peças, sendo muitas delas joias de elevado valor. São mimos oferecidos ao Dr. M. F. de Campos Salles durante seu quatriênio de presidência da república e depois por ele doados ao Museu Paulista. [Ver figuras 1 e 2. As duas ilustrações dos cartões-postais da época dão uma ideia clara desse conjunto.]

A esse despropositado conjunto, juntava-se ainda um outro armário que expunha a mais "absurda" coleção, uma cópia do *Thesouro de Boscoreale*,

> cujo original está no Museu do Louvre em Paris. É uma coleção de peças artísticas de prata que foram encontradas em uma Quinta na localidade do Bosco Reale próximo ao Vesúvio e que fora soterrada pela célebre erupção desse vulcão no ano de 79 antes de Cristo. Supõe-se datarem do tempo do primeiro Império romano. O Barão de Rothschild pagou 500.000 francos pela coleção. (Ihering, 1907)

A pergunta que fica aqui é como tais objetos chegaram ao Museu Paulista e qual o interesse em expô-los aí, pois não tinham nenhuma relação com a história nacional ou paulista! Sua presença nessa sala permite compreender por que Taunay dizia que aí se encontravam objetos "ridículos",[5] que causavam a "risota" dos visitantes cultos.

A sala B9 apresenta a mesma mistura de objetos díspares. Em dois armários, encontrava-se uma coleção de armamentos antigos, diversos tipos de espingardas e carabinas usadas no Brasil colonial pelo Exército, espadas, espadins usados pelos senadores e ministros do Império e, ainda, as "bolas rio-grandenses"

> com que o gaúcho caça o gado bravio, para isto segura a bola menor (mammica) e faz circular sobre sua cabeça as duas outras, soltando-as depois em determinada direção; as cordas emaranham-se nas pernas do animal que assim cai no chão. (ibidem)

No outro armário, a miscelânea igualmente se repete:

> Bandeiras de voluntários paulistas, a couraça de Martim Affonso de Souza, o célebre fidalgo português que no ano de 1532 fundou a cidade de

---

5 Ver citação da página 59.

São Vicente, medalhas e condecorações brasileiras; desta as mais importantes são as da Ordem de Cristo (hábito) e da Ordem da Rosa. Interessante são os *Trepa-moleques*, pentes imensos usados outrora pelas damas. Um interessante livro – talvez a primeira monografia sobre o café – impresso em latim em 1671, em Roma. (ibidem)

A má impressão que essas salas pareciam causar no visitante, segundo conta Taunay, devia-se, sem dúvida, ao contraste existente entre as coleções de história natural, rigorosamente classificadas e expostas segundo os critérios vigentes na disciplina científica, e as coleções de história, que mais pareciam um depósito de coisas antigas e disparatadas, um velho *gabinete de curiosidades*, bem ao gosto dos colecionadores dos séculos anteriores. Os objetos pareciam aleatoriamente expostos, sem nenhum tipo de classificação temática, tipológica, cronológica, ou outra que fosse. Foi esse aspecto que, certamente, incomodou profundamente Taunay ao chegar à direção do museu, e que o levou, como será visto ao longo deste livro, a transformá-lo por completo, concedendo novo valor e, sobretudo, nova organização às coleções históricas.

Essas condições das coleções de história não eram, entretanto, apenas resultantes da negligência, da falta de tato e do direcionamento específico que Ihering imprimiu à sua administração, mas, em primeiro lugar, procederam do aval concedido pelo decreto n. 249, de 26.7.1894, que regulamentou o funcionamento do Museu Paulista. O artigo 1° estabelecia que a sua finalidade era "estudar a História Natural da América do Sul e em particular do Brasil, cujas produções naturais deverá coligir, classificando-as pelos métodos científicos mais aceitos nos museus científicos modernos" (ibidem), devendo ainda conservá-las e expô-las ao público, sempre que possível, com legendas explicativas que as façam inteligíveis. Em parágrafo único, determinava que fossem colecionados, mas em menor quantidade, produtos de outras regiões para realização de estudos comparados.[6] O artigo 2° esclarecia as características e os objetivos da instituição então criada ao afirmar que o seu caráter

---

6 Decreto n. 249, de 26 de julho de 1894. *Coleção de Leis e Decretos do Estado de São Paulo de 1894*, São Paulo, p.203, 1918.

será o de um museu Sul-Americano, destinado ao estudo do reino animal, de sua história zoológica e da História Natural e cultural do homem. Serve o Museu de meio de instrução pública e também de instrumento científico para o estudo da natureza do Brasil e do Estado de São Paulo em particular. (Ihering, 1907)

Porque o Palácio de Bezzi fora pensado sobretudo como memorial da Independência brasileira, a história não podia ser esquecida, apesar de ter sido relegada a um plano inferior em relação às coleções de ciências naturais. Assim, o artigo 3° especificava que, além das diversas coleções de ciências naturais, o museu deveria contar com uma seção "destinada à História Nacional e especialmente dedicada a colecionar e arquivar documentos relativos ao período de nossa independência política".

Além desses documentos, o museu deveria criar uma galeria de vultos proeminentes da história brasileira, já falecidos, com o objetivo de perpetuar a memória dos cidadãos brasileiros que tenham "prestado incontestáveis serviços à Pátria e mereçam do Estado a consagração de suas obras ou feitos" (ibidem).

Por fim, o artigo 4° lembrava que no prédio haveria, é claro, espaço para a tela de Pedro Américo – *Independência ou morte!* – e para outras telas de caráter histórico e de costumes brasileiros que fossem adquiridas pelo Estado.

Essa regulamentação deixa claro que o museu se constituiu como um centro de instrução pública e de pesquisa no campo das ciências naturais.[7] Em relação à história, ele funcionaria apenas como um memorial ou, mais especificamente, como um panteão em homenagem a acontecimentos e homens que não deveriam ser esquecidos. Como veremos adiante, Taunay procurou mudar essa orientação e, sem abandonar as coleções de história natural, desenvolveu enormemente as coleções históricas, dando-lhes dinamismo e transformando-as em objeto de pesquisa e instrução pública. Inicialmente, vamos nos ater ainda em alguns aspectos do período Ihering, tentando esclarecer que não foi apenas a indicação de Affonso de Taunay que mudou os rumos

---

7 Sobre a constituição do Museu Paulista como um museu de ciências naturais, cf. Lopes & Figueirôa (2002-2003).

do Museu Paulista, mas que essa mudança também (e talvez primeira-mente) se explica em um contexto mais amplo, para além da análise da instituição isolada.

Ancorado na lei que regulamentava o funcionamento do Museu Paulista, Ihering encontrou o espaço necessário para pôr em prática suas ideias e direcionamentos salientando, no discurso que proferiu em 7 de setembro de 1895, durante a inauguração do museu, que "o fim destas coleções é dar uma boa e instrutiva ideia da rica e interessante natureza da América do Sul e do Brasil em especial, como do homem sul-americano e de sua história" (Ihering, 1895, p.20).

Pretendendo superar o atraso causado pela inexistência, no Brasil, de universidades ou escolas que formassem professores de ciências naturais, bem como de produções científicas nessa área, Ihering deixava claro que as coleções já acumuladas pela instituição, bem como a publicação de uma revista anual, objetivavam colocar o Brasil em pé de igualdade com a produção científica estrangeira nessa área e em constante intercâmbio de informações e de objetos colecionados.

Quanto à organização interna do museu, Ihering demonstrou estar inteiramente a par das discussões internacionais em voga em sua época. Desse modo, no mesmo discurso citado anteriormente, ele afirma que:

> O que mais me está satisfazendo na atual instalação do Museu é a separação das coleções expostas e das coleções de estudo: as experiências feitas neste sentido nos grandes Museus da Europa e dos Estados Unidos demonstram a inconveniência de cansar o público com a exposição de objetos em demasia. É esta a razão por que os grandes Museus como os de Londres e Berlim começaram a separar as coleções expostas e que são escolhidas com todo o critério, e as coleções de estudo que, armazenadas, menos lugar ocupam. Este sistema razoável e prático já temos aqui seguido desde o princípio. (ibidem, p.20-1)

No segundo volume da *Revista do Museu Paulista*, ele esclarecia que esse modelo adotado na classificação e ordenação das coleções foi esta-belecido pelo norte-americano Brown-Goode (1895), que ressaltava a necessidade de uma "política agressiva" na administração dos museus, tanto em termos de instrução pública como para a investigação científi-ca. Dessa forma, ressaltando que os museus deveriam cumprir um duplo papel, isto é, como "meio de educação e de progresso da ciência", salientava a necessidade de haver uma separação entre as coleções expostas ao público e as coleções de estudo (Ihering, 1897, p.6).

Ihering, naturalista apaixonado pelo estudo dos moluscos, seguiu essas diretrizes ao longo de toda a sua direção, dando sempre maior destaque às coleções de estudo, já que estas eram instrumentos de produção de conhecimento científico. Apesar de um sensível direcionamento das pesquisas e publicações do museu na área de zoologia, Ihering procurou colecionar, classificar e estudar espécimes de todas as áreas das ciências naturais, mediante a permuta ou a compra de coleções e os trabalhos de campo realizados pelos naturalistas-viajantes. Nesse sentido, durante boa parte do período em que o naturalista alemão esteve à frente do museu, este funcionou como um importante centro de pesquisas em ciências naturais para estudiosos estrangeiros e brasileiros, além de manter amplas relações com instituições similares em todo o mundo, ocupando posição de destaque (Lopes, 1997, p.265-91).

Além de receber visitas de pesquisadores de outras instituições, Ihering também costumava viajar para participar de congressos científicos e visitar outros museus do mesmo tipo, a fim de conhecer o funcionamento e a dinâmica de trabalho. Dessa prática, bastante comum no seu meio, Ihering foi mais além. Sempre com o modelo de organização museológica de Brown-Goode em mente, ao visitar outros museus, ele

> faria sua análise tendo como pano de fundo esses princípios gerais que considerava também seus. Sua preocupação principal seria questionar a inexistência de tais planos nos antigos museus europeus e seguindo um a um os princípios de Goode, traçar-lhes novos planos, a serem seguidos por todos os museus que pretendessem acompanhar os avanços da ciência de seu tempo. (ibidem, p.286)

Para além dessa preocupação em discutir e fixar um modelo exemplar para o funcionamento de um museu de ciências naturais, Ihering (1897, p.7) pretendia atingir outra máxima definida por Goode: "É dever de cada Museu ter materiais sobre salientes ao menos em uma especialidade, embora seja ela limitada".

Isso significa que o futuro dos museus de ciências naturais deveria ser a especialização, mesmo porque era essa a tendência das ciências em sua época. Assim, advogando em causa própria, Ihering chegou ao extremo de defender a necessidade de criação de um museu de moluscos, para que essa especialidade (a sua, aliás) pudesse se desenvolver amplamente.

> Por mais bom senso que houvesse em São Paulo, o seu trabalho não era reconhecido a esse ponto e esses seus planos não se realizariam exatamente. O seu Museu Latino-Americano iria sim em um futuro próximo ser completamente desarticulado. (Lopes, 1997, p.286)

Esse movimento rumo à especialização, que se intensificaria a partir de meados da década de 1910, não apenas no Brasil, mas mundialmente, demonstra uma inflexão no rumo das ciências naturais que afetou diretamente o funcionamento dos museus de história natural e particularmente o Museu Paulista. Nesse processo, ganharam espaço novas formas de experimentação, de modo que os institutos de pesquisa e os laboratórios tornaram-se o novo lugar de abrigo das ciências no século XX, cuja prática se tornou mais restrita e quase absolutamente distante dos olhos do grande público.

Nesse cenário, os museus de história natural, que no Brasil tiveram seu auge nas últimas décadas do século XIX, graças à difusão do pensamento cientificista, cumpriram seu papel de mapear, coletar, separar, classificar, ordenar, catalogar, definindo, por fim, as especificidades e as similitudes da fauna, da flora e do homem brasileiros em relação ao restante do globo, bem como funcionaram como "casas de exposição" desse universo científico ordenado, tão caro ao século XIX.

Inserido nesse panorama geral de queda de prestígio dos museus de história natural, um novo diretor foi nomeado para o Museu Paulista; não mais um naturalista, mas um historiador. Essa indicação foi, sem dúvida, estrategicamente avaliada, não apenas num âmbito geral, pela percepção da mudança no campo das ciências naturais, como sobretudo pela aproximação do centenário da Independência brasileira, em 1922, quando então o Museu Paulista, situado na simbólica colina do "grito do Ipiranga", seria uma das grandes vedetes das comemorações centenárias em São Paulo.

Taunay e o Museu Paulista: agindo como demiurgo

Affonso de Taunay assume a direção do Museu Paulista em fevereiro de 1917 como diretor em Comissão, substituindo Armando Prado, nomeado diretor em agosto do ano anterior, após o afastamento de Ihering, em decorrência das investigações realizadas pela Comissão de Sindicância, que iniciara seus trabalhos em janeiro de 1916, a fim de instaurar um inquérito administrativo e um inventário das coleções da instituição do Ipiranga.[8] Graças ao conjunto de informações levantadas por essa Comissão, Taunay, até então alheio à esfera dos museus, pôde ter uma noção geral das coleções pertencentes ao Monumento do Ipiranga, das lacunas que estas apresentavam, bem como dos problemas enfrentados e criados pelas administrações anteriores, o que lhe permitiu traçar suas primeiras metas e prioridades administrativas e institucionais.

A primeira medida adotada por Taunay foi a contratação de um naturalista para cuidar das coleções de botânica e de um fotógrafo desenhista, especializado em desenhos científicos e em cópias de mapas e cartas coloniais, que logo ficaria responsável pela reprodução, em versão fac-símile, de uma vasta coleção cartográfica especialmente centrada nos aspectos antigos de São Paulo. A contratação desses funcionários tencionava, de imediato, dar uma nova dinâmica ao museu, que, com seus ofícios técnicos, viabilizariam o incremento de algumas coleções e a abertura de novas salas de exposição ao público. Desse modo, em 7 de

---

8 A comissão, composta por Antônio de Barros Barreto, Reynaldo Ribeiro da Silva e Sebastião Félix de Abreu e Castro, realizou verdadeira devassa nas coleções e nas finanças do museu, constatando inúmeras irregularidades. Vários livros e coleções de história natural adquiridos com verbas públicas durante a gestão de Ihering nunca chegaram ao Museu Paulista, sendo encontrados pela comissão na casa do ex-diretor (cf. Elias, 1996, p.203-12). No entanto, outras razões parecem ter se somado para o afastamento de Ihering da direção do museu, como as declarações de cunho racista que ele teria feito a respeito dos indígenas brasileiros em publicação científica na *Revista do Museu Paulista* em 1911. Ele teria então declarado que os índios do Estado de São Paulo, bem como de outros estados do Brasil, não representavam um elemento de trabalho e de progresso, mas um empecilho para a colonização de regiões do sertão onde habitavam, e, por isso, a única solução seria exterminá-los (cf. Schwarcz, 1993).

setembro de 1917, graças ao trabalho sistemático do novo botânico, Taunay inaugurou uma nova sala de exposição – a sala A7 –, cuja disposição das coleções, organizadas segundo rigorosos princípios científicos orientadores das ciências naturais, pretendia compor um painel demonstrativo da teoria da evolução (*Relatório de atividades*, 1917).

Ainda no final desse mesmo ano, Taunay imprimiu a primeira marca significativa em sua direção abrindo mais uma sala de exposição – a sala A10 (ver Anexo) – inteiramente dedicada à história, em especial ao passado paulista. Ele assinalou que a abertura dessa sala

> correspondia a uma verdadeira necessidade. No Monumento do Ipiranga, construído para a celebração do nosso magno acontecimento nacional, como solenemente declara sua grande placa inaugural da escadaria, com todo o seu destaque, quase nada havia que lembrasse a tradição brasileira e paulista.

Acrescentou que, até então, os objetos históricos encontravam-se em total abandono, como se percebia pela disposição dada a eles na gestão de Ihering:

> Em dois acanhados cômodos, se espalhavam objetos heterogêneos em arrumação defeituosa, quadros históricos, de envolta com móveis e objetos velhos, documentos sem valor algum históricos ou arqueológico, ali tendo ido parar ao acaso da boa vontade de seus doadores. (ibidem)

Para compor e organizar essa nova sala, Taunay estabeleceu contato com vários arquivos e bibliotecas, no Brasil e no exterior, como o Arquivo do Estado-Maior das Forças Armadas, a Biblioteca Nacional do Rio de Janeiro, a Biblioteca Nacional de Lisboa e os Arquivos das Índias, em Sevilha, com o objetivo de obter informações sobre documentos referentes ao passado paulista, pertencentes a esses acervos, indagando também sobre a possibilidade de obter, ou mandar fazer, cópias absolutamente fiéis aos originais. A todos eles, escrevia explicando que estava organizando, no Museu Paulista, uma exposição permanente de documentos antigos referentes à história e à tradição paulistas e brasileiras e, por isso, pretendia colecionar todos os exemplares que pudessem contribuir para o avanço das pesquisas nessa área.

Os primeiros documentos que procurou e adquiriu para as coleções do Ipiranga foram mapas e cartas territoriais, brasileiras e paulistas, do período colonial – entre elas algumas absolutamente significativas para estudar os contornos originais do Brasil e de algumas antigas capitanias, bem como as primeiras investidas rumo aos interiores desconhecidos do território brasileiro.[9] Esse interesse em colecionar a cartografia colonial demonstra uma preocupação em conhecer o traçado original do território brasileiro e paulista, bem como sua transformação ao longo do tempo até a delimitação do território nacional, com suas fronteiras definitivas.

Além da cartografia, ele também colecionou outros documentos coloniais, como expôs no relatório à Secretaria do Interior:

> Além das coleções já citadas estão reunidos inventários de bandeirantes ilustres, uma carta de sesmaria assinada por Martim Afonso de Souza, contas de negócios, dos séculos XVII e XVIII, róis de remessas de ouro tirado do sertão, roteiro de minas, cartas setecentistas trocadas entre parentes e amigos, registro de cartas régias e atos oficiais, livros de notas tabelionais, autógrafos de personalidades notáveis – bandeirantes, escritores, homens de governo. Enfim, diversos documentos referentes às diversas fases da vida paulista, num período que vai de 1550 a 1822. (*Relatório de Atividades*, 1917)

É importante assinalar dois pontos. Em primeiro lugar, a preocupação de Taunay em obter cópias absolutamente fiéis aos originais – fac-símiles –, o que não poderia ser diferente, tendo em vista a forma pela qual ele concebia o documento histórico, isto é, como um testemunho do passado e, nesse sentido, como matéria-prima indispensável para reconstruí-lo tal como ele aconteceu.[10] O segundo ponto é que essa do-

---

9 Algumas dessas cartas são: o *Mapa de Juan de Las Casas*, de 1500; o *Mapa de D. Luis de Cespedes Xeria*, datado de 1628, que é, possivelmente, o mais antigo mapa de penetração do Brasil; o *Mapa das cortes*, de 1750, que demarca, respectivamente, os territórios das coroas de Portugal e Espanha após o Tratado de Madri; o *Mapa do capitão general Morgado Matheus*, de 1766, que demarca os limites entre São Paulo e Minas Gerais, entre outras.

10 Em uma das cartas que Taunay enviou ao Arquivo do Estado-Maior das Forças Armadas pedindo reproduções de alguns mapas, ele deixa claro essa preocupação com a fidelidade aos originais, dizendo: "Peço-lhe me diga quanto toma pelas cópias

cumentação colecionada não constituiu apenas um vasto painel de exposição do passado paulista a ser admirado pelo público que frequentava o museu. O interesse de Taunay foi mais além, pois esse material foi amplamente utilizado por ele para compor seu trabalho historiográfico sobre São Paulo – especialmente sobre bandeirantismo. Esse dado pode ser constatado por sua ampla produção nos jornais e revistas da época, nos quais publicou seus primeiros estudos sobre São Paulo de Piratininga que, no início da década de 1920, apareceram em forma de trilogia a respeito da pequena vila colonial (cf. Taunay, 1920b, 1921b, 1923a).

Nessas obras, ele põe em destaque a documentação que utilizou – especialmente as *Atas e Registro Geral da Câmara de São Paulo*, desde o período quinhentista, e os *Inventários e Testamentos*, ambos publicados pelo Arquivo Municipal de São Paulo graças à iniciativa do prefeito Washington Luís –, fornecendo preciosos elementos sobre a forma pela qual ele pensava o documento (que apenas reforça aquilo que já expôs em sua "Moderna crítica"), como iria abordá-lo e o que era possível *reconstruir* a partir dele. Pelo caráter de raridade e por conta da riqueza dessa documentação, Taunay pediu ao governo municipal que parte do material original, pertencente ao Arquivo Municipal, fosse emprestada ao Museu Paulista para ser exposta em uma das salas relativas ao passado paulista, durante as festas centenárias.

Esses três livros referentes à São Paulo colonial compõem, sem dúvida, uma sistematização das inúmeras informações contidas nos diversos materiais expostos na sala inaugurada em fins de 1917 no Museu Paulista e, posteriormente, nas outras salas que Taunay preparava para o ano de 1922. É pertinente ressaltar, como bem lembra seu biógrafo Odilon Nogueira de Matos, que Taunay sempre demonstrou à testa do Museu Paulista uma consciência verdadeiramente "museológica", pois

---

em fac-símile *exato, sem redução das dimensões e divergência de cores* de algumas peças do Arquivo Militar" (grifos meus) (cf. Carta de Taunay a Eugênio Dillermand, de 27.9.1917, APMP/FMP, P104). Além dessa, existem outras cartas em que ele também demonstra seu cuidado em obter reproduções absolutamente fiéis, como a carta de 3.12.1917 a Aureliano Lopes de Souza, diretor-geral da Biblioteca Nacional do Rio de Janeiro; as cartas trocadas com Santiago Montero, do Arquivo Geral das Índias em Sevilha, especialmente as de 13.8.1917 e 1º.10.1917, APMP/FMP, P104.

fez dessa instituição mais que um lugar de exposição ou um mero mostruário destinado à evocação de personagens e à reconstituição de épocas. Ele pensou e constituiu o museu como um centro de estudos e de pesquisa, dotado não apenas de coleções a serem expostas ao público comum, mas também de arquivo e de biblioteca, os quais não cansou de incrementar e utilizar como inesgotável fonte de pesquisa (Matos, 1977).

Além das duas salas inauguradas em 1917, Taunay, procurando cada vez mais desenvolver as coleções de história do museu, começou a formar o que ele chamava de uma *Brasiliana* para a biblioteca, a maior parte por meio de doações ou permutas com outras instituições, como o Arquivo e a Biblioteca Nacional do Rio de Janeiro, o Arquivo do Ministério das Relações Exteriores, o IHGB, entre outras. Na gestão de Ihering, o Museu Paulista fazia permuta de publicações e obras com instituições afins e, neste caso, somente com institutos relacionados às ciências naturais. Taunay mantém esse intercâmbio estabelecendo também relações com vários outros institutos voltados para o estudo da história. Assim, com o intuito de compor um acervo de obras voltadas para a história do Brasil, ele escreveu, entre outros, ao ministro das Relações Exteriores, Nilo Peçanha, em 19 de junho de 1917, dizendo que:

> Pondo o máximo empenho em organizar uma Brasiliana completa quanto possível, na Biblioteca do Museu tomo a liberdade de pedir a V. Excia. – cujo espírito de esclarecido patriotismo e tão vivido – se digne ordenar que ao Museu Paulista sejam remetidas as monumentais publicações, graças às quais o imortal Barão do Rio Branco, defendeu os nossos direitos nos litígios das Missões e do Amapá.[11]

A ação dinâmica de Taunay ainda avança nesse ano, apesar do exíguo orçamento que lhe fora fornecido.[12] Desse modo, outra área em que se empenhou foi a aquisição de retratos de grandes vultos da história do Brasil. Visto que, nesses primeiros meses de sua gestão, não haviam

---

11 Carta de Taunay a Nilo Peçanha, de 19.6.1917, APMP/FMP, P103.

12 Em 12 de junho de 1917, Taunay enviou uma carta ao secretário do Interior pedindo um aumento de verba para o museu, no ano de 1918, de 42 contos para 72 contos de réis (cf. carta de Taunay a Oscar Rodrigues Alves, de 12.6.1917, APMP/ FMP, P103).

sido traçados os planos de decoração do museu para as festas centenárias, Taunay, com os olhos especialmente voltados para a São Paulo colonial, procurou colecionar os retratos dos capitães-generais dessa antiga capitania, fazendo, para isso, contato com a Biblioteca Nacional do Rio de Janeiro e de Lisboa, e com descendentes desses personagens coloniais. Escreveu, então, ao conde de Villa Real, em Lisboa, explicando que:

> No Museu do Estado de São Paulo que atualmente dirijo, desejo instalar uma galeria de ilustres personalidades cujos nomes se prendem ao passado paulista. Entre elas, lugar de grande destaque cabe ao ilustre avoengo de V. Ex., D. Luiz Antonio de Souza Botelho e Mourão, Morgado Matheus, que foi capitão general da Capitania de São Paulo, de 1765 a 1775 e neste cargo prestou os mais relevantes serviços, deixando a reputação de tão esclarecido quanto íntegro administrador. Assim pois, lhe pediria que fizesse fotografia com a indicação das cores da tela, a fim de que o pintor que o copie possa dar-lhe o colorido natural.[13]

Desse modo, pouco a pouco, Taunay começaria a adquirir elementos fundamentais para a composição iconográfica do museu que, como veremos, foi um dos pilares para a composição da Seção de História, oficialmente criada em 1922, e um dos elementos básicos da decoração do museu para as festas centenárias. Sem dúvida alguma, a construção de um novo universo estético foi o grande suporte de Taunay na composição histórica do museu, pois foi, sobretudo no rearranjo estético de todas as salas, galerias, peristilo, escadaria, salão de honra que a inflexão imposta pelo novo diretor, em relação à gestão anterior, se materializou e pôde ser amplamente notada até mesmo pelo espectador mais desatento. São as imagens e a forma pela qual elas foram dispostas que reconstruíram o espaço e o dotaram de sentido. No conjunto que foi

---

13 Carta de Taunay ao Ex. Sr. conde de Villa Real, de 15.10.1917, APMP/FMP, P104. Sobre a procura desses retratos, encontramos ainda as seguintes correspondências: carta de Taunay ao Ex. Sr. conde de Sabugosa, de 15.10.1917, APMP/FMP, P104; carta de Taunay a D. M. E. Gomes de Carvalho, da Biblioteca Nacional de Lisboa, de 7.8.1917, APMP/FMP, P104; carta de Mário Cardoso, da Biblioteca Nacional do Rio de Janeiro, a Taunay, de 2.7.1917 e 31.8.1917, APMP/FMP, P104; carta de Taunay a Mário Cardoso, da Biblioteca Nacional do Rio de Janeiro, de 7.8.1917, APMP/FMP, P104.

sendo construído até 1922 e, mesmo posteriormente, a história foi instituída de maneira crescente, inclusive espacialmente, culminando e dotando de sentido integral o quadro de Pedro Américo, *Independência ou morte!*. Como nota Ulpiano Bezerra de Meneses, a vinculação dos museus históricos ao domínio estético não é meramente ocasional. Muitos desses museus, na Europa por exemplo, derivaram de museus de arte antiga, indicando que "o papel nobilitante das artes, para comunicar valores cívicos, sempre foi eficaz" (cf. Meneses, s.d.(c)).

Outro aspecto importante a ser lembrado sobre o ano de 1917 são as "dádivas", como Taunay as chamava, recebidas pelo museu. Durante a gestão de Ihering, muitas doações eram feitas ao museu, mas a maior parte eram espécimes e exemplares para as coleções de ciências naturais. Com a posse de Taunay, passaram a ser feitas ofertas bastante significativas às coleções de história, o que também demonstra uma nova percepção da instituição, então profundamente sensível aos elementos históricos e disposta a dar-lhes o merecido destaque. Com isso, além de várias telas, documentos e mapas referentes ao passado colonial,[14] medalhas e moedas antigas, a instituição do Ipiranga recebeu duas "preciosas dádivas".

A primeira, encaminhada pela Câmara Municipal de São Vicente, foi uma lápide onde se encontra gravada a mais velha inscrição conhecida no Estado de São Paulo, datando de 1559, e os restos do antigo pelourinho da Vila. Segundo a carta de Taunay em agradecimento ao presidente da Câmara, os vereadores daquela cidade chegaram à conclusão de que "deve, com efeito, o Museu Paulista ser o depositário máximo dos valiosos vestígios do nosso grande passado" e, por isso, "declaro receber em nome do Museu Paulista, e com o maior acatamento, as tão preciosas relíquias simbólicas das tradições Vicentinas".[15]

---

14 Cf. carta enviada à redação do *Jornal do Commercio, Estado de S.Paulo* e *Correio*, de 11.10.1917, em que ele pedia para ser publicada uma nota a respeito dos documentos e mapas ofertados ao museu. Entre eles estão as publicações do barão de Rio Branco e os documentos raríssimos doados por Washington Luís: uma sesmaria de 1553, com autógrafo de Martim Afonso de Souza, e uma série de folhas do livro de notas de um tabelião de São Vicente, de meados do século XVI (APMP/FMP, P104).

15 Carta de Taunay ao Ex. Sr. Cel. José Meirelles, Pres. da Câmara Municipal de São Vicente, de 31.6.1917, APMP/FMP, P103.

Essas transações com a prefeitura de São Vicente foram feitas, na sua maior parte, por intermédio de Benedito Calixto, que, além de renomado pintor, era um estudioso do passado paulista, sobretudo daquela região do estado e membro do IHGSP. A correspondência trocada com esse pintor é bastante volumosa nos primeiros anos da direção de Taunay, quando eles permutaram inúmeras "figurinhas históricas", além de Calixto ter sido um os pintores a quem Taunay encomendou várias telas para a série "São Paulo Antigo".

A outra dádiva foi oferecida pela prefeitura de Porto Feliz: uma âncora de canoão de monção que "vem recordar aos bons paulistas as intrépidas bandeiras porque se revelou o gênio expansionista da nossa raça".[16]

Além da âncora, o prefeito de Porto Feliz pretendia também doar uma das canoas de monção usadas pelos bandeirantes nas descidas pelo Tietê, considerada uma verdadeira relíquia que permitiria dar

> perfeita ideia do arrojo dos intrépidos e aguerridos sertanejos que não recuavam perante a visão dos perigos ao confiarem a vida a tão bisonhas, toscas e mal seguras canoas; também causará assombro aos entendidos que conseguissem os corajosos pioneiros "varar" com tamanhas moles as inúmeras corredeiras que cortam os cursos de água que lhes serviam de caminho para as arriscadas bandeiras.[17]

Apesar do interesse em ceder a referida canoa para o Museu Paulista, as dificuldades de transporte impediram a sua transferência, obrigando a Prefeitura de Porto Feliz a construir um abrigo para o precioso objeto.[18]

A doação de objetos para as coleções históricas do Museu Paulista avolumaram-se cada vez mais após a investidura de Taunay na sua direção, e tenderam a crescer com a difusão, feita via imprensa da época, do novo perfil que a instituição do Ipiranga adquiria. Observa-se que a maior parte das doações tinha como interesse – consciente ou não – retirar os objetos doados do seu circuito comum e dotá-los de valores e

---

16 Carta de Eugênio Motta, prefeito de Porto Feliz, a Taunay, de 17.12.1917, APMP/ FMP, P104.

17 Carta de Eugênio Motta, prefeito de Porto Feliz, a Taunay, de 27.12.1917, APMP/ FMP, P104.

18 Carta de Eugênio Motta, prefeito de Porto Feliz a Taunay, de 23.7.1918, APMP/ FMP, P107.

significados novos, tornando-os "preciosidades". Em um movimento inverso, percebe-se que certos objetos foram doados ao museu justamente por serem considerados raros ou preciosos – como foi o caso das "relíquias" doadas pelas prefeituras de São Vicente e Porto Feliz – e, neste caso, já comportando significados que, ao serem inseridos no contexto museológico, foram certamente reforçados.

Contudo, em ambos os casos, nas coleções *museais*, os objetos adquirem outros significados não apenas no novo conjunto em que são ordenados, como também para além daquilo que são materialmente e da utilidade prática que um dia tiveram. Nas coleções, os objetos encontram-se deslocados da vida cotidiana e descontextualizados em relação aos usos e funções que tinham no passado, inseridos que estão em outros contextos, tornando-se, essencialmente, objetos de contemplação e, por isso mesmo, investidos de sentidos que os convertem em relíquias e símbolos. O valor que eles ganham advém, em geral, do somatório de vários fatores: por fornecerem conhecimentos históricos e científicos, por serem considerados fontes de prazer estético e por darem prestígio aos seus possuidores. Assim, os objetos que compõem as coleções dos museus se tornam intermediários entre o mundo visível – exposto ao olhar – e o mundo invisível – de significados e sentidos sabiamente elaborados –, e, desse modo, são elementos determinantes na elaboração da tradição, funcionando como suportes da memória na reelaboração dos fatos passados (Pomian, 1985). Há ainda uma outra visão aberta à Revolução Francesa que vê a entrada dos objetos nos museus como um ato de dessacralização destes, porque eles passam a ser vistos como bens culturais, perdendo seu antigo caráter de relíquia (como no caso dos objetos anteriormente pertencentes à monarquia que passaram a fazer parte dos museus durante a Revolução).[19]

Sem dúvida alguma, Taunay tinha consciência de que, apesar de o Museu Paulista ter iniciado suas atividades como um museu de história natural, ele fora pensado como um depositário e um tabernáculo de "objetos históricos" – sobretudo retratos e estátuas que rememorassem os

---

19 Sobre os objetos de museus entendidos como bens culturais, cf. Pommier (1991) e Guillaume (1980).

grandes homens e os grandes feitos referentes à constituição da pátria brasileira – e, neste caso, seria um lugar privilegiado para a celebração e perpetuação da memória nacional. Por isso, ao assumir a direção do Museu Paulista, ele demonstra um comprometimento em restaurá-lo plenamente à sua condição original, ou seja, fazer dessa instituição um verdadeiro memorial da nação brasileira, indo ainda muito além, criando um verdadeiro museu histórico nos moldes das instituições novecentistas, narrando e expondo então uma dada versão da história nacional. Tinha, para isso, em mãos, o mais importante instrumento, isto é, o próprio espaço do museu, que, fincado na "sagrada" colina do Ipiranga,[20] era a própria materialização do gesto fundador[21] da nação brasileira.

É justamente no sentido de explicitar os procedimentos de Taunay para resgatar e reelaborar o caráter histórico do Palácio de Bezzi que este livro se encaminha. Assim, é preciso percorrer *pari passu* cada uma das suas intervenções, que vão se desdobrando, cada vez mais minuciosamente, a partir de 1917. O seu primeiro ano como diretor demarca a clara inflexão em relação aos 23 anos da gestão de Ihering, mas ela é apenas o começo de uma vasta série de profundas mudanças.

Seguindo o propósito de incrementar as coleções históricas do museu e procurando aumentar o espaço que ocupavam, em 1918 Taunay continuou a enriquecer o material exposto na sala A10 (ver Figura 3), aberta ao público no ano anterior, graças à aquisição de outros mapas e cartas representativas da antiga cartografia paulista, e em 12 de outubro desse mesmo ano inaugurou uma nova sala (A11) (ver Anexo), especialmente dedicada ao passado da cidade de São Paulo.

No relatório enviado à Secretaria do Interior referente às atividades daquele ano, ele explicou que essa nova sala fora composta por docu-

---

20 Cecília Helena de Salles de Oliveira (1997, p.213) mostra como a colina do Ipiranga e o 7 de Setembro se associam como referências sobrepostas na representação da Independência brasileira, salientando que "a delimitação no tempo e no espaço do ato que teria originado a nação resultou de conflitos políticos e de circunstâncias históricas particulares" que ultrapassam os "estreitos limites da separação de Portugal".

21 Sobre os episódios que definiram o 7 de Setembro como o marco fundador da nacionalidade brasileira, cf. Lyra (1995).

mentos históricos, plantas topográficas e quadros que reproduziam antigos aspectos da capital no período colonial. A coleção de documentos, formada de "47 códices relembradores dos grandes feitos da história de São Paulo, desde 1562 até meados do século XVIII", fora emprestada pelo Arquivo Municipal e representava, segundo Taunay, "uma série de alto valor evocativo, absolutamente insubstituível".

Acrescentava, ainda, que por meio desses documentos, os visitantes poderiam ter uma ideia dos mais importantes acontecimentos passados na pequena vila colonial, e dos feitos de destaque realizados pelos "intrépidos paulistas", vendo

> desfilar ante seus olhos os termos de veneração e os registros de atos que se prendem ao assalto da nascente Piratininga, pelos tamoios confederados, em 1562, as lutas com os índios do planalto no século XVI, nos primeiros passos para a devassa do sertão sob D. Francisco de Souza, as contendas com os jesuítas, a sua expulsão e reintegração no século XVII, a destruição das reduções hispano-jesuíticas do Guaira, as expedições de escravização dos índios, as dissensões dos Pires e Camargos, as primeiras grandes entradas do Ciclo do Ouro, com Fernão Dias Paes Leme e seus êmulos, os motins seiscentistas contra a prepotência dos delegados reais, as lutas com os emboabas, a elevação de São Paulo à categoria de cidade, a descoberta de Mato Grosso e Goiás, etc. (Taunay, 1919, p.10)

Além desses documentos coloniais, Taunay procurou colecionar as mais importantes plantas topográficas da cidade, desde 1810, quando São Paulo tinha menos de dez mil habitantes, até aquelas do final do século XIX, a fim de perceber as transformações pelas quais passou até tornar-se "a grande metrópole hodierna, a abrigar 500 mil almas" (ibidem).

A exposição montada nessa sala – no seu aspecto museográfico bastante semelhante à sala A10 – completava-se com numerosos quadros a óleo, aquarelas e penas – num total de 26 –, que representavam antigos aspectos de São Paulo. Entre os pintores figuravam Benedito Calixto, Wasth Rodrigues, A. Norfini, cujas telas recriam trechos da antiga cidade de São Paulo, "muitos dos quais hoje absolutamente irreconhecíveis pela transformação arquitetônica por que passaram" (ibidem).

Nessa primeira série exposta, tinha grande destaque o quadro *A grande inundação da Várzea do Carmo em 1892*, considerado um verdadeiro "documento de época", justamente por registrar com precisão, por meio de uma composição panorâmica, o imenso território vazio que se estendia entre o centro histórico paulistano e o bairro do Brás, procurando compor detalhadamente cada fragmento da paisagem urbana, ainda pouco habitada naquela época.[22]

Essas pinturas expostas nessa nova sala foram as primeiras de uma série sobre São Paulo antigo – não apenas acerca da cidade, mas também sobre os antigos aspectos paulistas – que Taunay encomendou para figurarem nas coleções históricas do Museu do Ipiranga e funcionarem como um vasto e múltiplo painel representativo da história paulista. As encomendas aos pintores foram intensas, sobretudo até o ano de 1920, quando Taunay completou a série sobre a cidade de São Paulo e pretendeu terminar a outra relativa aos antigos costumes e modos de vida paulistas.[23]

Com o intuito de conseguir a verba necessária para concluir essa parcela da decoração do museu para as festas centenárias, Taunay escreveu ao secretário do Interior, em junho de 1920, tentando convencê-lo da necessidade de incrementar as coleções referentes ao passado de São Paulo, que eram então incipientes se comparadas às coleções de botânica e zoologia. Justificava dizendo que

> anuncia-se para breve a visita do Rei dos Belgas que seria certamente uma ocasião excelente para inaugurar nossa sala dando-lhe uma ideia do nosso antigo modo de viver, completar-se aquela coleção onde há cenas de monções, de cavalhadas, aspectos da primitiva lavoura de cana e café, de costumes hoje inteiramente modificados, enfim uma sucessão de episódios que traduzem com verdadeiro realce a vida dos antigos paulistas. Estou certo que esta coleção e a que reconstitui a antiga cidade de São Paulo, já completa, vivamente interessarão o nosso augusto visitante.[24]

Para mandar realizar essas pinturas, Taunay utilizou-se, essencialmente, de duas fontes: as fotografias de Militão de Azevedo da cidade

---

22 Sobre essa tela, cf. Toledo (1990).

23 Para um estudo mais aprofundado dessa série de pinturas, cf. Carvalho & Lima (1993).

24 Cartas de Taunay a Alarico Silveira, secretário do Interior, de 4.6.1920 e 16.6.1920, APMP/FMP, P111.

de São Paulo, sobretudo as realizadas em 1862, e as aquarelas e os desenhos de Hercules Florence, naturalista francês que participou da expedição Langsdorff em 1826, que percorreu os despovoados e desconhecidos sertões brasileiros, realizando, entre outros, vários desenhos, esboços e aquarelas relativos aos costumes e aspectos diversos da vida e da paisagem do interior do estado de São Paulo. As duas fontes, fotografia e pintura *d'après nature*, eram vistas como documentos autênticos, servindo, portanto, de matrizes exemplares para as pinturas encomendadas para o museu. Nesse sentido, essas cópias pictóricas, muitas vezes feitas em grandes formatos, foram consideradas documentos históricos, postos em pé de igualdade com as fontes textuais "devido ao fato de terem sido 'confeccionadas' com base em fontes consideradas autênticas pelo historiador e graças à habilidade de seus executores" (Carvalho & Lima, 1993, p.149).

Sobre o valor documental incontestável da fotografia naquele momento, é pertinente lembrar que, desde meados do século XIX, ela é tomada como um registro fiel da realidade e, por isso, passa a ser utilizada como meio seguro de preservar o passado, sendo amplamente usada por instituições e sociedades voltadas para a conservação, bem como em museus. No Museu Paulista, por exemplo, observa-se, a partir da gestão de Taunay, um acúmulo crescente de material fotográfico, por meio do qual ele procurava colecionar toda sorte de documentos cujos originais não podiam ser adquiridos, inclusive documentos iconográficos que pretendia mandar reproduzir posteriormente em dimensões maiores. Na correspondência do museu, é bastante comum encontrar pedidos de Taunay, às mais variadas instituições e pessoas, de reproduções fotográficas de documentos que ele desejava colecionar ou mandar copiar em versão fac-símile. Sem dúvida, fica clara a ideia de que, se não fosse possível adquirir o documento autêntico, a fotografia permitiria a posse de uma cópia fiel e de autenticidade indiscutível. No entanto, para a exposição no espaço *museal*, a fotografia não tinha a mesma dignidade nem a mesma presença que a pintura.

Esse empenho de Taunay em relação à composição iconográfica do Museu Paulista faz crer que ele estava absolutamente consciente do poder evocativo das imagens na formação do quadro histórico que pretendia delinear e instaurar. Diretamente imbricada nessa preocupação em compor a história paulista e nacional de maneira lógica, abrangente e explicativa, está a sua intenção pedagógica em relação ao museu. Por intermédio da série pictórica que mandou produzir sobre São Paulo antigo, a ênfase foi posta no passado colonial paulista, mesmo que para isso as imagens fotográficas – matrizes das pinturas encomendadas – fossem "levemente distorcidas". Os aspectos ressaltados eram os opostos da fotografia: tudo o que pudesse indicar modernidade e movimento fora deixado de lado em proveito de imagens que trouxessem à tona o mais remoto passado paulista. Assim, a figura do tropeiro foi privilegiada, já que ele era definido como elemento que sucedera o bandeirante na marcha civilizadora em direção ao interior do país.

Sem dúvida, por meio desse investimento direcionado sobre as imagens relativas ao passado paulista, Taunay foi um dos responsáveis pela difusão e fixação da ideia de um nacionalismo paulista, já esboçada pela produção historiográfica do IHGSP, que vê o paulista, em suas várias gerações – bandeirante, tropeiro, cafeicultor –, como o responsável pelo progresso não só do estado de São Paulo, mas de todo o país. O espírito aventureiro e desbravador aparecia como a marca de um povo que, desde suas origens, esteve comprometido com o futuro e o progresso ininterrupto da nação brasileira. E essa versão histórica consagrada pela instituição do Ipiranga faz parte, num contexto mais amplo, das investidas da elite social paulista no sentido de se legitimar como força motriz dos destinos nacionais.

A nova sala que pretendia inaugurar em 1920 (A12), e que consegue fazê-lo apenas em 1922, "é consagrada à reprodução dos mais antigos documentos iconográficos conhecidos, traduzindo aspectos da vida na Província de São Paulo" (Taunay, 1923b, p.10).

Esses documentos iconográficos de que fala aí eram, como já foi assinalado, aquarelas e desenhos de Hercules Florence[25] – na sua maior

---

25 Algumas das obras de Hercules Florence reproduzidas para o museu foram emprestadas pelos seus herdeiros e outras foram tiradas de um álbum da expedição Langsdorff, pertencente à Biblioteca Nacional de Paris, do qual Taunay mandou fotografar algumas aquarelas por intermédio de seu amigo, Alberto Rangel, tam-

parte – e de outros naturalistas que estiveram em São Paulo entre 1839 e 1852. Eram considerados documentos históricos justamente por terem sido produzidos *d'après nature*, ou seja, a partir da observação direta, o que lhes concedia autenticidade e verossimilhança, elementos fundamentais para classificar um documento como verdadeiro – ou não –, segundo o método histórico seguido por Taunay. Aliás, é

> à autenticidade, entendida enquanto testemunho remanescente do passado, que se acoplam novos significados quase sempre legitimadores da ordem social vigente. Através da pintura, Taunay reforça o sentido de documento histórico conferido a uma produção contemporânea. (Carvalho & Lima, 1993, p.152)

Justamente pela precisão de seu registro e pelo vazio que preenche na iconografia paulista, Taunay denominou Hercules Florence "patriarca da iconografia regional", concedendo-lhe o privilégio de ter "seus documentos rigorosamente reproduzidos pelos diversos artistas incumbidos de os transportarem à pintura a óleo" (Taunay, 1923b, p.12).

É evidente que esses documentos foram tomados como testemunhos incontestáveis das cenas que representavam. Para reforçar-lhes ainda mais o valor documental, Taunay salientou, no relatório de 1920, que apenas duas telas "deixam de ser cópias de documentos".

O primeiro era um quadro de Benedito Calixto, *Cavalhada em Campinas, por ocasião da visita de D. Pedro II (1846)*, que foi executado segundo minuciosa pesquisa feita pelo pintor sobre essa festividade popular nos Anais da Câmara de Campinas. Em correspondência enviada a Taunay em 31 de agosto de 1920, ele deixou claro que realizaria a tela para o museu a partir de alguns croquis que foram esboçados, alguns anos antes, para um quadro que seria pintado para a Câmara Municipal de Campinas, que acabou não sendo encomendado. A cena a ser figurada na tela, seguindo as descrições do memorial da Câmara de Campinas, mostrava

> a parte mais notável da festa que foi uma "luzida Cavalhada" na qual tomaram parte as principais pessoas da época, figurando entre esta o

---

bém membro do IHGSP, que se encontrava em Paris, entre meados de 1920 e início de 1921 (cf. correspondências entre eles de 13.9.1920, APMP/FMP, P112; 10.2.1921, 5.5.1921, 10.5.1921, 31.5.1921, APMP/FMP, P113).

Marquês de Três Rios, que era muito moço e "bom cavaleiro". Foi quem tirou a primeira "argolinha". O quadro (croqui) representa o ato da entrega, "na ponta da lança", do dito "Troféu" à Majestade que retribuiu com a entrega de um relógio de Ouro – na ponta da mesma lança. Essa cavalhada, que foi decerto a última ali realizada, efetuou-se no largo do Rosário, a 20 de março do dito ano, conforme se lê no frontão do "pavilhão Imperial", onde se nota nos respectivos lugares, ao lado do Imperador – o luzido séquito que o acompanhava.

Apesar de não ter sido feito a partir de um documento iconográfico como a maior parte da série, o quadro fora composto segundo pesquisa documental rigorosa e precisa, o que o tornava, indubitavelmente para Taunay, um documento iconográfico tão significativo quanto as outras telas feitas com base nos registros de Florence e de outros viajantes.[26]

A outra tela é *O Carretão*, de Alfredo Norfini, pintada "do natural da velha máquina existente em Campinas, e cujos proprietários, Srs. Coronel Elisiário Penteado & Irmãos, acabam de oferecer ao Museu" (Taunay, 1923b, p.12). Composto *d'après nature*, seu valor documental era também, sem dúvida, incontestável para Taunay.

Essas diversas séries pictóricas encomendadas por Taunay, especialmente voltadas para os costumes e os mais variados aspectos da vida paulista no interior do estado – monções, cenas de estradas, lavouras de cana em Campinas, feiras de Sorocaba, primeiras lavouras de café no Oeste, cavalhadas em Sorocaba, indumentárias, entre outros –, são demonstrativos do tipo de história que Taunay professava e estava empenhado em fazer e que, posteriormente, teorizou na sua aula inaugural em 1934, na cadeira de "História da Civilização Brasileira" na USP, e que foi anteriormente abordada. Nota-se uma primeira preocupação em colecionar documentos históricos referentes ao passado paulista, traba-

---

26 Sobre as "Cavalhadas brasileiras", Taunay escreveu um artigo no *Mensário do Jornal do Commercio*, muitos anos depois, explicando como eram realizadas essas festas no Brasil colonial e no século XIX, e sobre a documentação disponível a esse respeito. Taunay (1944a) mostrou quando esse tipo de festividade popular teve origem e como se manteve ao longo do tempo. Os registros iconográficos são mais raros que aqueles escritos, existindo apenas dez desenhos de Hercules Florence das cavalhadas de Sorocaba, em 1830, e um desenho anônimo da referida festa realizada em Campinas, em 1850.

lho que começou a ser realizado pelo IHGSP e que Taunay pretendia dar continuidade no Museu Paulista.[27] Em segundo lugar, sua trilogia sobre a vila de São Paulo de Piratininga já nos permite conhecer seu interesse pela história dos costumes e pela minuciosa reconstituição de épocas passadas, que se aliava, na sua prática museológica, à busca de fontes relativas à "vida cotidiana" desde o século XVI, tais como as Atas da Câmara de São Paulo que, segundo ele, eram "apenas o reflexo da vida imediata da vila, e sob este ponto de vista constituem um repositório de dados e elementos psicológicos de insubstituível valor" (Taunay, 1921b, p.83),[28] e, mais recentemente, as crônicas de viajantes e integrantes de expedições científicas, vistos como um rico manancial de informações precisas relativas à vida paulista no século XIX.

O objetivo de Taunay ao reproduzir algumas imagens precisamente escolhidas era não apenas dar-lhes o merecido destaque, condizente com o espaço monumental do museu, mas também, por intermédio e a partir delas, contar a história de São Paulo e, posteriormente, da constituição da nação brasileira, de maneira lógica e linear e, sobretudo, de fácil assimilação para o público espectador, em razão do caráter didático que a iconografia comporta quando disposta e articulada ao espaço na produção de significados. Como bem salienta Meneses (s.d.(b), p.5), a

---

27 Essa prática regrada de colecionar documentos reforça o já dito anteriormente sobre a importância das fontes primárias para a geração de historiadores à qual Taunay pertence; aquilo que não deixou "rastros" está irremediavelmente perdido para a história, da mesma forma que a descoberta de novos documentos pode alterar a interpretação de um evento já dado. Em suas próprias palavras, Taunay explicava em uma carta a um consócio do IHGSP, que "bem sabe o Sr. que a História não é imutável, o aparecimento de documentação nova pode e deve levar o historiador a modos de ver frequentemente em inteira discordância, a tal seja a natureza dos papéis descobertos" (carta de 17.3.1930, APMP/FMP, P138).

28 Ressaltando a preocupação de Taunay em fazer uma história dos costumes e do cotidiano, Tristão de Atayde, ao escrever a resenha desse livro para *O Jornal* (9.10.1921), salienta que: "Essa é a verdadeira história da civilização; não se veem nela grandes acontecimentos consagrados, que estão em todos os compêndios, não se vê o desejo de engrandecer artificialmente as coisas ou de defender teses, não estamos nessa atmosfera peculiar da história, em que a vida parece desaparecer, para dar lugar a áridas dissertações ou copiosas descrições de batalhas ou de intrigas dinásticas. Tudo é nela, tudo é vivo, tudo é escrupulosamente notado".

iconografia tem uma importância crucial, "pois um museu histórico, para exercer sua função celebrativa, precisa, antes de mais nada de figuras, de imagens".

Como já foi anteriormente notado, depois da Revolução Francesa, os museus tornaram-se poderosos aliados dos nacionalismos emergentes e, nesse sentido, meios privilegiados de legitimação do poder vigente por meio da invenção de uma identidade nacional capaz de legitimar as estratégias políticas do presente. Por isso, certas camadas sociais vislumbraram, desde o século XIX, a possibilidade de afirmar seus valores por intermédio dessas instituições e do universo simbólico ao qual elas remetem. Esse é também o caso do Museu Paulista naquele momento em que, ao se aproximar o centenário da Independência brasileira, ele se torna o foco das atenções das camadas dirigentes do estado de São Paulo, que o viam como o *lugar certo no momento exato* para reforçar o papel hegemônico de São Paulo na República Velha.

O cenário de 1922

No ano de 1919, a Secretaria do Interior do Estado de São Paulo, à qual o Museu do Ipiranga estava subordinado, solicitou a Taunay um plano detalhado sobre o que poderia ser feito para o preparo do Monumento do Ipiranga para as festas centenárias de 1922. Assim, em meados daquele ano, Taunay enviou uma carta a Oscar Rodrigues Alves, então secretário do Interior, esboçando algumas de suas ideias iniciais para a decoração do museu e qual seria o orçamento aproximado necessário a essas primeiras intervenções. Destacou que Tommaso Gaudenzio Bezzi, arquiteto responsável pela construção do palácio na década de 1880, deixou 24 lugares situados no alto das paredes, onde deveriam ser postos retratos dos "pró-homens da Independência", estando quatro no peristilo, quinze em torno da escadaria e cinco no salão de honra, em cima do quadro de Pedro Américo. Assim, Taunay sugeria que a confecção dos retratos fosse o ponto de partida das obras, segundo o próprio desejo do presidente do estado, manifestado e em visita ao museu quando que, além dos retratos dos vultos da Independência, pretendia mandar pintar a série de chefes de Estado do Brasil e com eles compor a galeria de presidentes brasileiros[29] (ver Figura 4).

Além dos retratos, havia ainda lugares reservados para estátuas – por volta de quatorze – e grandes painéis, mas Taunay salientava que daria mais detalhes sobre eles posteriormente, pois naquele ano a execução dos retratos assinalados já consumiria o orçamento extraordinário de trinta contos de réis. Nessa mesma correspondência, deixava também claro que o presidente do estado – naquele ano, Altino Arantes, e logo em seguida, Washington Luís – intervinha diretamente nas obras do museu, não apenas na concessão do orçamento, mas também a respeito da escolha daquilo que deveria ser feito.

Além da intervenção direta do governo do estado de São Paulo na composição do museu para as festas centenárias, Taunay também discutia suas ideias para decoração interna do monumento com seus consócios do IHGB e IHGSP, trocando opiniões sobre quais homens da Independência deveriam ser retratados e que acontecimentos históricos mais significativos no processo de constituição da nação brasileira mereceriam ser "transpostos" para telas, a fim de figurarem nos grandes painéis deixados pelo arquiteto.[30] Três cartas são bastante significativas naquele momento, pois permitem-nos entrever, pelas aproximações e divergências de posições, quais as primeiras ideias de Taunay para a composição do grande quadro histórico da nação brasileira que o Monumento do Ipiranga, no conjunto, representaria.

Em 18 de julho de 1919, Basílio de Magalhães, membro do IHGB, escreveu a Taunay em resposta à sua carta enviada ao instituto no início daquele mês, solicitando aos consócios cariocas "algumas lembranças de nomes para retratos que devem figurar no salão de honra e nas salas do Museu Paulista, quando se festejar o centenário da Independência do Brasil".[31]

Entre eles existiam algumas divergências quanto aos personagens a serem representados, apesar de a maioria das indicações ser similar.

---

29 Carta de Taunay ao secretário do Interior, de 9.6.1919, APMP/FMP, P108.

30 Sobre o intercâmbio de Taunay com outros intelectuais da época, cf. Anhezini (2002-2003).

31 Carta de Basílio de Magalhães a Taunay, de 18.7.1919, APMP/FMP, P109.

Assim, no salão de honra, Basílio de Magalhães sugeria que os cinco grandes medalhões a encimar o quadro *Independência ou morte!* fossem de D. Pedro I, José Bonifácio, Gonçalves Ledo, José Clemente Pereira e Hippolyto Costa, todos considerados figuras de destaque nos acontecimentos imediatamente anteriores e posteriores ao famoso grito do Ipiranga. Taunay discordava quanto à presença de Hippolyto Costa no salão de honra e, apesar de considerá-lo personagem de destaque entre os próceres da Independência, a efígie do Regente Feijó lhe parecia mais importante, pois, "sendo o Monumento do Ipiranga aqui [em São Paulo] não possa deixar, sob pena de sofrer ataques graves, de render homenagens a Feijó...".[32]

Para Basílio de Magalhães, o papel de Hippolyto Costa, como fundador e redator do *Correio Braziliense*, que circulou tanto no Brasil como em Portugal e ficou conhecido pela severa crítica que fazia aos atos régios, foi um "dos mais eficientes dentre os que trabalharam para contar cerce o cordão placentário que nos vinculava a Portugal".[33]

Eles também divergiam quanto a alguns personagens que iriam figurar na sanca em torno da escadaria, e quanto ao retrato da imperatriz Leopoldina, no salão de honra, que Taunay pretendia fazer figurar em um dos quatro grandes painéis deste, de frente para a imagem de outra mulher, que considerava heroína da Independência: D. Quitéria Maria de Jesus. A justificativa era de que "estas duas figuras femininas farão excelente efeito estético na galeria de homens",[34] apesar de Basílio considerá-la uma figura de valor meramente moral no processo de Independência brasileira.

Nessa mesma carta a Basílio de Magalhães, Taunay falava ainda de outros detalhes da decoração. Na escadaria, sobre os consoles deixados por Bezzi, intencionava colocar as estátuas, em mármore, dos principais bandeirantes, responsáveis pela incorporação de várias regiões ao território brasileiro: Fernão Dias Paes Leme, representando a conquista de Minas Gerais; Bartolomeu Bueno da Silva, de Goiás; Paschoal Moreira

---

32 Carta de Taunay a Basílio de Magalhães, de 30.7.1919, APMP/FMP, P109.
33 Carta de Basílio de Magalhães a Taunay, de 18.7.1919, APMP/FMP, P109.
34 Carta de Taunay a Basílio de Magalhães, de 30.7.1919, APMP/FMP, P109.

Cabral, do Mato Grosso; Antonio Raposo Tavares, representando a expulsão dos jesuítas e a incorporação do Paraná; Francisco de Brito Peixoto, de Santa Catarina; e Gaspar de Godoy Collaço, do Rio Grande do Sul: "Assim representarão estas seis figuras as seis circunspecções que se destacaram de São Paulo na conquista do nosso território".

No relatório referente ao ano de 1919 enviado ao secretário do Interior, ele reforçava essa ideia deixando claro que "estas seis estátuas representarão a incorporação de três e meio milhões de kms quadradros feita pelos Paulistas ao patrimônio nacional".[35]

Sobre os acontecimentos históricos que pretendia representar em grandes painéis, suas ideias eram ainda bastante vagas em 1919, mas sua tendência era escolher fatos que, de seu ponto de vista, já manifestassem no período colonial brasileiro um desejo de separação da metrópole portuguesa e de constituição de uma nação independente. Enumerava, assim, alguns, como a "Proclamação de Amador Bueno", a "Guerra dos Emboabas", a "Guerra dos Mascates", a "Inconfidência Mineira", a "Revolução Pernambucana".[36]

Em busca de informações precisas sobre esses fatos históricos a serem pintados para o Monumento do Ipiranga, Taunay escreveu a Theodoro Sampaio, um dos fundadores do IHGSP e estudioso das lutas travadas na Bahia entre 1822 e 1823, quando se deu a derrota definitiva dos portugueses contrários à Independência brasileira, pretendendo obter informações quanto à representação baiana entre os vultos eminentes e os acontecimentos memoráveis diretamente ligados à proclamação da Independência do Brasil. Theodoro Sampaio julgava que eram "figuras obrigatórias" o coronel Pedro Labatut, o visconde de Cajahiba, José Lino Coutinho, Cayru, Cypriano Barata e Quitéria de Jesus. Entre os fatos importantes ocorridos em solo baiano em luta pela causa nacional, Sampaio salientava que vários episódios eram "dignos da tela", como

> o ataque e a tomada por abordagem da charrua de guerra portuguesa na vila de Cachocina quando os patriotas metem-se n'água e tomam de as-

---

35 Taunay, Affonso de. "Relatório referente ao ano de 1919", op. cit., p.39.
36 Carta de Taunay a Basílio de Magalhães, de 30.7.1919, APMP/FMP, P109.

salto, numa abordagem que ficou lendária. Não estavam ainda militarizados os patriotas e muitos deles se apresentam encoirados e outros trazendo chapéus de palha de grandes abas muito em uso naquele tempo.[37]

Além desse, três outros episódios lhe pareciam importantes, o "combate de Pirajá", a "morte de Soror Joanna Angélica" e o "combate de 7 de janeiro de 1923 na ilha de Itaparica". Terminava a correspondência afirmando que "o assunto oferece ao pintor de História os mais variados aspectos com referência à população brasileira ... Bem haja São Paulo com seus nobilíssimos ideais".

Pela correspondência do museu de 1919, nota-se que o incremento das coleções históricas, encetado na modesta sala A10 voltada para a representação do passado paulista, tornava-se cada vez mais a preocupação central de Taunay, que se voltava para múltiplas direções na busca de homens e episódios ideais capazes de representar, no conjunto harmoniosamente composto, o fato maior figurado no quadro de Pedro Américo: "A nação foi fundada" (Meneses, 1990, p.21). Há vários anos adormecido no salão de honra do museu, especialmente projetado para abrigá-lo, o quadro *Independência ou morte!*[38] (ver Figura 5) só vai adquirir seu sentido pleno quando ladeado por todos os símbolos que, um a um, Taunay acrescentou à museografia ao longo dos anos, com o intuito de produzir uma alegoria da nação brasileira recém-fundada que, então, emergia como ponto de culminação de uma história que se desenrolou linearmente rumo à constituição da unidade nacional.

A invenção do passado nacional, com uma origem determinada, marcos históricos precisos, heróis e símbolos memoráveis, apresenta-

---

37 Carta de Theodoro Sampaio a Taunay, de 30.9.1919, APMP/FMP, P109.

38 Sobre a confecção do quadro, cf. Figueredo (1888). Vale mencionar aqui que o quadro *Independência ou morte!* foi inaugurado em 8 de abril de 1888, na Academia Real de Belas-Artes de Florença, na presença do imperador e imperatriz do Brasil, da rainha da Sérbia, da rainha da Inglaterra, do príncipe D. Pedro I e da princesa Beatriz. O livro original de Pedro Américo pode ser encontrado no acervo da biblioteca do Museu Paulista, mas foi recentemente republicado por Cecília Helena Sales de Oliveira e Claudia Valladão de Mattos. Além do texto do pintor, as autoras realizam uma análise histórica e iconográfica da pintura (cf. Oliveira & Mattos, 1999).

va-se naquele momento da história de São Paulo como poderoso instrumento pedagógico capaz de forjar uma identidade nacional intrinsecamente comprometida com os interesses das elites políticas e intelectuais paulistas. As camadas dirigentes de São Paulo certamente vislumbraram, no universo cultural a ser representado no Monumento do Ipiranga, a possibilidade de se autoafirmarem por meio da construção de um campo simbólico. Segundo Taunay, todo o aparato pictórico a ser composto no salão de honra lhe parecia absolutamente indispensável "para que os menos sabedores da nossa história fiquem tendo conhecimento de que a nossa libertação não se fez por meio de conchavos e foi adquirida graças à efusão de sangue brasileiro".[39]

Isso confirma, portanto, as intenções pedagógicas de Taunay, que, apesar de se referirem aqui, exclusivamente, ao salão de honra, desdobravam-se, como se verá adiante, em todas as coleções históricas organizadas para as festas centenárias.

Pouco a pouco, adquirindo as feições de um verdadeiro "memorial da Independência" brasileira, no Museu Paulista a história conquista o lugar primordial, anteriormente ocupado pelas ciências naturais. Por isso, no relatório referente ao ano de 1919, ao expor seu plano de decoração do museu para as festas centenárias à Secretaria do Interior, Taunay ressaltava que, entre todas as coleções,

> a verdadeira riqueza do Museu consiste no seu herbário e nas suas coleções zoológicas em depósito. A natureza das festas de 1922 coloca porém a História Natural em segundo plano para pôr em vivo destaque a necessidade da glorificação das tradições brasileiras e paulistas sobretudo o que se prende de perto aos dias de 7 de Setembro.

Informava que a esse respeito quase nada fora feito, e para fazê-lo, seria indispensável o alargamento do edifício do museu ou a construção de um prédio anexo, para que um maior número de salas pudesse ser reservado às exposições públicas e ao abrigo das coleções históricas que ele começava a adquirir.

---

39 Taunay, Afonso de. *Relatório referente ao ano de 1919*, op. cit., p.38.

Taunay sugeria então, à Secretaria do Interior, que fosse construído um novo edifício, nas imediações do Palácio de Bezzi, a fim de abrigar não apenas todas as coleções de ciências naturais – em exposição e em série, conservadas em álcool para estudo –, mas como também a biblioteca, a secretaria e o arquivo. Descrevia detalhadamente como deveria ser a nova construção, quais as suas dimensões adequadas, acrescentando que, de seu ponto de vista, "a disposição idealizada pelo Sr. Dr. Ramos de Azevedo para o edifício central da Escola Politécnica iria muito bem para o novo edifício a se fazer para o Museu" (p.35).

Restariam assim inúmeras salas no Monumento do Ipiranga que poderiam ser inteiramente dedicadas a abrigar exposições públicas, sendo a maior parte delas voltada para as coleções históricas que, além de documentos antigos, cartografia colonial, iconografia, seriam enriquecidas com mobiliário e indumentárias coloniais, bem como acrescidas de uma maquete em gesso, feita em alto-relevo, representando a cidade de São Paulo na primeira metade do século XIX.

É fundamental salientar que, naquele momento, as mudanças introduzidas por Taunay em relação à gestão Ihering tornavam-se ainda mais evidentes. Enquanto Ihering, por volta de 1901, ressaltava a necessidade de construir um pavilhão adequado ao abrigo da galeria histórica do museu, que então ocupava um lugar inadequado, misturando-se aleatoriamente às coleções de ciências naturais, Taunay, num sentido diametralmente oposto, mostra que no Monumento do Ipiranga, como lugar histórico e memorável da Independência brasileira, as coleções de história natural seriam relegadas a um plano inferior, devendo mesmo ser transferidas para um outro prédio. Esse fato foi ressaltado por Taunay, cada vez mais enfaticamente, em todos os relatórios e cartas que enviou à Secretaria do Interior nos anos seguintes, tentando de todas as maneiras persuadir as autoridades do estado da necessidade de dedicar o Palácio Bezzi inteiramente à exaltação das tradições nacionais, pretendendo transformá-lo, efetivamente, num museu histórico e num memorial da história nacional.[40] Contudo, Taunay teve que conviver ainda por um

---

40 É importante lembrar que os museus históricos, como foi visto no Capítulo 1, adquirem no século XIX a função de memorial dos nacionalismos em gestação, a exemplo do Museu de Versalhes sob Luís-Filipe.

longo tempo com as coleções de história natural. A "batalha" pela construção de um edifício anexo ao Museu Paulista para a transferência das coleções de ciências naturais só foi vencida em 1939.

Ainda no ano de 1919, Taunay estabeleceu contato com alguns dos principais artistas que seriam encarregados da execução das telas históricas, dos retratos dos vultos da Independência e das estátuas que iriam compor a decoração histórica do museu. Entre aqueles que foram contatados, além de nomes de destaque em São Paulo, como Oscar Pereira da Silva, Domenico Failutti, Benedito Calixto e Wasth Rodrigues, Taunay fez questão de convidar renomados pintores e escultores da Escola Nacional de Belas-Artes para realizarem importantes trabalhos para o museu, como Fernandes Machado, Rodolfo Amoedo e os irmãos Henrique e Rodolfo Bernardelli.[41] A partir de 1920, a correspondência entre eles e Taunay se tornou corrente, com o intuito de estabelecer detalhes sobre a confecção das telas, os prazos de entrega e a negociação dos preços dos serviços.

Nesse mesmo ano, Taunay intensificou seus contatos com várias instituições, no Brasil e no exterior, bem como com particulares, a fim de obter cópias fotográficas dos retratos dos vultos da Independência que pretendia mandar pintar. Algumas delas foram facilmente obtidas, ao passo que, para conseguir outras, teve que tecer uma vasta e emaranhada rede de contatos. As primeiras reproduções que adquiriu foram as de Frei Sampaio, Hippolyto Costa, Cypriano Barata e do visconde de Cajahiba, todos relacionados a algum dos inúmeros acontecimentos que antecederam ou sucederam a Independência, para serem possivelmente dispostos nos medalhões da sanca sobre a escadaria interna do museu.[42] Mas a busca de retratos e de informações detalhadas sobre os episódios que pretendia reproduzir em tela foi, ainda, bastante intensa até 1921.

---

41 Cf. carta de Fernandes Machado a Taunay, de 2.8.1919; carta de Rodolfo Amôedo a Taunay, de 7.8.1919; carta de Henrique Bernardelli a Taunay, de 14.8.1919, APMP/FMP, P109.

42 Cf. carta de Manuel Cícero, da Biblioteca Nacional do Rio de Janeiro, a Taunay, de 27.9.1919; carta de Francisco de Paula Argollo a Taunay, de 10.12.1919 e 19.12.1919, APMP/FMP, P109.

Além desse contato intenso com os artistas, a maior parte das atividades de Taunay no museu, no ano de 1920, girou em torno da procura dos retratos ainda não encontrados e das intermináveis negociações com a Secretaria do Interior para obter orçamentos extraordinários e para tentar convencê-la da necessidade de alargamento do prédio. Efetivamente, a partir deste momento, a composição histórica para as festas centenárias começou a se materializar nos espaços do museu. Demonstrando sempre uma preocupação pedagógica com as exposições a serem organizadas e um rigor científico na seleção dos documentos que serviriam de base para os trabalhos dos artistas contratados, algumas cartas e os relatórios encaminhados à Secretaria do Interior são especialmente significativos.

Em março de 1920 foram contratados os serviços do hábil modelador holandês, Henrique Bakkenist, para fazer a maquete da São Paulo de 1840 com a dimensão de 5,1 x 6 m. Para a realização desse trabalho com a maior precisão possível, Taunay (1923b, p.13) reuniu várias plantas da capital paulista da primeira metade do século XIX, de modo que

> do cotejo destes elementos com os atuais, fornecidos pela Câmara Municipal, fiz proceder à confecção rigorosa de uma planta em grande escala, que vai sendo reproduzida fielmente sobre o terreno da maquete, conservando--se também a escala do relevo do terreno ... Quanto ao aspecto das casas, muitos elementos reuni para que também seja a reprodução fiel.

Atento ao vasto público que visitaria o museu nas festas centenárias, Taunay dizia que "esta reconstituição do velho São Paulo, a primeira no gênero que se faz em nosso país, será uma das maiores atrações do nosso Museu" (ibidem).

Começaram a ser pintadas, também, as efígies de alguns dos próceres da Independência brasileira já escolhidos, cujas reproduções dos retratos foi possível obter, várias delas por meio de apelos feitos perante a imprensa. Desse modo, ao final de 1920, encimando o quadro de Pedro Américo, o salão de honra foi decorado com quatro grandes medalhões dos principais homens ligados ao movimento da Independência: D. Pedro I, José Bonifácio, José Clemente Pereira e Diogo Antônio Feijó, faltando apenas o retrato de Joaquim Gonçalves Ledo para completar essa série. A busca da imagem de Ledo consumiu muitas e muitas páginas da correspondência de Taunay para as mais diversas instituições e pessoas até 1922, além de vários artigos publicados em jornais e revistas da época explicando a importância desse ilustre personagem brasileiro no contexto da Independência e, consequentemente, a necessidade impreterível de conseguir seu retrato fiel. Taunay nunca conseguiu confirmar a autenticidade do retrato que acabou por mandar reproduzir para o museu, pois ele foi copiado pelo pintor Oscar Pereira da Silva de uma pequena estatueta, talhada por um artista norte-americano, para uma das maquetes concorrentes ao Monumento à Independência, em 1911. Segundo informações bastante imprecisas e pouco esclarecedoras, esse artista teria se baseado num único retrato de Ledo que, de alguma forma, fora levado aos Estados Unidos. Taunay, incansavelmente à procura desse único retrato, estabeleceu contato com o cônsul brasileiro nos Estados Unidos, com o cônsul norte-americano no Brasil, e com uma infinidade de galerias norte-americanas com o objetivo de localizar o paradeiro da tela, a fim de confirmar a autenticidade da imagem reproduzida na maquete do artista Charles Kek. Numa das cartas a Hélio Lobo, cônsul-geral do Brasil em Nova York, explicava que:

> Na necessidade imperiosa em que me acho para documentar a veracidade do projeto do Sr. Kek, recorro instantaneamente e de novo ao meu ilustre consócio aceitando o seu oferecimento de se informar junto do diretor da Public Library of New York, o Sr. Anderson, e da Livraria do Congresso de Washington se possível for.[43]

Apesar do esforço de Taunay e das várias pessoas que moveu na busca do retrato de Ledo, ele não conseguiu obtê-lo. Taunay, cujo rigor para com o documento histórico era indiscutível, fez questão de comunicar, via imprensa, que pairavam muitas dúvidas sobre a autenticidade da efígie de Ledo reproduzida no Museu Paulista, as quais ele, apesar de sua persistência, não fora capaz de remover. Num artigo publicado em jornal em 1922, ele deixava o caso em aberto, dizendo que "continua o problema à espera de solução", acrescentando adiante:

---

43 Carta de Taunay a Hélio Lobo, cônsul-geral do Brasil em Nova York, de 30.5.1921, APMP/FMP, P113.

A impressão que me resta é que realmente ainda existe o retrato de Joaquim Gonçalves Ledo. Há, contudo, alguém que, por capricho, despeito, inservilismo, mania, seja o que for, se recusa a esclarecer o pitoresco e intrincado caso, para tanto invocando motivos subordinados a sentimentos cuja razão de ser persistência me parecem inexplicáveis.[44]

Entretanto, apesar de todas as incertezas, no salão de honra não poderia faltar uma imagem, mesmo que fantasiosa, de Ledo, pois Taunay salientava que esse personagem histórico foi o principal "arauto da Independência brasileira", por sua participação intensa no "movimento do Fico", e também graças à redação do "Manifesto dos Brasileiros", escrito em 1º de agosto de 1822, num "rasgo de eloquência" em que convocava todos os brasileiros a se unirem e a lutarem pela Independência do Brasil de Portugal:

> Não ouça entre vós, outro grito que não seja União! Do Amazonas ao Prata não retumbe outro eco que não seja – Independência! Formem todas as nossas províncias o feixe misterioso, que nenhuma força pode quebrar. (apud Taunay, 1922a, p.45)[45]

A composição iconográfica do salão de honra foi a prioridade no projeto de decoração do Museu Paulista para as festas centenárias. Assim, começou a ser negociada, ainda em fins de 1920, a execução do quadro de D. Leopoldina de Habsburgo ladeada por seus filhos, a partir do *bozzetto* do pintor Domenico Failutti, aprovado por Taunay e pela Secretaria do Interior. Vale lembrar que, nesse mesmo ano, o pintor já havia pintado outro grande painel para o referido salão do museu, representando a heroína da campanha da Independência na Bahia, Maria Quitéria de Jesus. Para que o retrato da imperatriz fosse absolutamente

---

44 Esse trecho foi retirado de um recorte de jornal da época, colado em um dos cadernos de recortes de Taunay, sem data e procedência: Caderno XVI, referente ao ano de 1922, APMP/FMP. O outro artigo sobre o quadro de Ledo também foi encontrado em outro desses cadernos de recortes, mas sobre ele sabemos que é um artigo denominado "O retrato de Joaquim Gonçalves Ledo", publicado na revista *Brasil Ilustrado*, jun./jul. 1921.

45 Sobre Ledo, cf. Oliveira (1992).

fiel, Taunay procurou estabelecer contato com os descendentes da família imperial brasileira, a fim de conseguir subsídios iconográficos para a composição da tela e, nesse mesmo ano, foram-lhe enviados, pela princesa Isabel, várias reproduções de quadros e retratos dos personagens a serem representados no painel do Museu Paulista, finalizado em meados de 1921.[46]

Na confecção de toda a iconografia do museu, percebe-se a intervenção direta de Taunay no trabalho dos artistas, fornecendo dados históricos precisos por meio dos documentos que arregimentava e dos contatos que fazia, opinando sobre as cores a serem empregadas, a disposição dos personagens na tela, não hesitando em pedir alterações sempre que julgasse necessário, o que algumas vezes lhe rendeu desavenças com os pintores. O ponto de partida de todas as telas e esculturas, sem exceção, foi sempre a pesquisa histórica realizada por Taunay a respeito dos personagens retratados e dos episódios a serem narrados nos quadros, além das discussões constantemente abertas com o secretário do Interior e com o próprio presidente do estado de São Paulo, Washington Luís, um homem profundamente culto que, antes de enveredar pelos caminhos da política, teve participação ativa nas atividades do IHGSP, realizando pesquisas sobre o passado paulista e demonstrando-se, também, profundamente penhorado em exaltar certos fatos e feitos da história brasileira. Como presidente do estado de São Paulo, justamente no período em que a decoração histórica do museu estava sendo amplamente realizada, ele contribuiu com a dotação de verbas extraordinárias, inúmeras doações feitas às coleções históricas e, também, opinando sobre os elementos que deveriam (ou eram dignos de) pertencer ao acervo do Museu Paulista. A leitura dos relatórios e da correspondência do museu permite observar que é justamente quando Washington Luís tomou posse da presidência do estado de São Paulo, em 1920, que Taunay encontrou realmente espaço – e dinheiro – para realizar a composição histórica do museu, algo que ansiava por fazer desde que assumiu sua direção em

---

46 Cf. carta de Taunay ao barão de Muritiba, de 19.7.1920, APMP/FMP, P112; carta de Taunay à princesa Isabel, de 25.11.1920, 10.2.1921, 13.4.1921, APMP/FMP, P113; carta de Taunay ao príncipe D. Pedro II, de 10.6.1921, APMP/FMP, P113.

1917.[47] E é precisamente nesse momento que a decoração histórica começou a ganhar corpo nas paredes, salas e galerias anteriormente despedidas do Palácio de Bezzi.

Graças às boas relações que mantinha com as autoridades competentes do estado, Taunay quase sempre tinha seus pedidos atendidos. Assim, no final de 1920, em razão das obras de abertura da Avenida da Independência, ele conseguiu autorização da Secretaria do Interior para o fechamento do museu por tempo indeterminado.[48] Essa medida lhe permitiu preparar com maior tranquilidade o monumento para as festas centenárias, longe dos olhos do público, o que também criou um certo "tom de mistério", e expectativas em relação àquilo que estava realizando, inclusive porque sua reabertura só se fez no dia 7 de setembro de 1922.

As boas relações com o governo do estado não excluíam o fato de que seu trabalho quase sempre deveria ser submetido à aprovação da Secretaria do Interior e, em alguns casos, ao próprio presidente do estado. Por isso, em 18 de maio de 1921, em correspondência enviada ao secretário do Interior, Taunay expôs seu plano de decoração do museu, quase todo definido, a fim de que fosse aprovado para que pudesse tomar as medidas necessárias para dar continuidade às obras.

Nesse sentido, começou dizendo que iria expor, como lhe fora pedido, as razões que o levaram a escolher os dezoito personagens cujos retratos seriam colocados nos medalhões da sanca da escadaria monumental do museu, todos eles vultos "da história nacional cuja memória se refira a fatos da Independência de que foram grandes fatores" (APMP/FMP, P13).

Lembrava que onze retratos da galeria de grandes homens da Independência já estavam prontos, sendo eles: D. Pedro I, José Bonifácio,

---

47 No prefácio do primeiro tomo de sua obra *História geral das bandeiras paulistas*, publicado em 1924, Taunay deixa claro esse fato ao declarar: "Pudemos, em 1922, auxiliados pela grandeza de vistas, e o amor intenso à tradição de nossa terra, do então Presidente de São Paulo e de seu digno Secretário do Interior, promover as primeiras homenagens realizadas no Brasil, por intermédio da Arte, à memória dos grandes bandeirantes".

48 Cf. carta de Taunay ao redator do *Jornal do Commercio*, de 9.12.1921, APMP/FMP, P115.

Antonio Feijó, Joaquim Gonçalves Ledo, José Clemente Pereira, Antônio Carlos e Martim Afonso de Andrade, cônego Januário Barboza, J. J. Rocha, a imperatriz Leopoldina e a heroína baiana Maria Quitéria de Jesus. Em seguida, passou a enumerar os nomes que, de seu ponto de vista e em relação aos feitos aos quais estavam ligados, deveriam compor os dezoito retratos, salientando ainda que já possuía as reproduções de todos aqueles que seriam as matrizes para a confecção das telas.

Destaca inicialmente os mártires da Independência, tendo à frente Tiradentes, depois Domingos José Martins e José Luiz de Mendonça. A esses nomes seguiam os "Deputados às Cortes e de propagandistas e agitadores que se bateram em prol da Independência nacional, na imprensa, maçonaria, na tribuna popular, etc.", que poderiam ser representados por Vergueiro, Hippolyto Costa, frei Sampaio, Paula Souza, Cypriano Barata e José Lino Coutinho. Depois, lembra dos chefes militares, Joaquim de Oliveira Álvares e Joaquim Xavier Curado,

> comandantes das forças brasileiras que forçaram a divisão de Jorge de Avilez a abandonar o Rio de Janeiro em janeiro de 1822; Lord Conchrane e Labatut e J. J. de Lima e Silva (Visconde de Magé), comandantes das forças de terra e mar na Bahia que forçaram os portugueses à capitulação de 02 de junho de 1823.

A lista lembrava-se também "dos próceres da insurreição baiana contra o domínio português, chefes militares arregimentados da resistência nacional na Campanha da Independência: Visconde de Cajahiba (Argollo Ferrão), Visconde de Pirajá (Pires de Carvalho e Albuquerque)", terminando pelos nomes de Estevam Rezende e pelo marquês de Maricá.

Na mesma carta acrescentava que, de muitos dos "patriotas" que participaram ativamente de todos os acontecimentos relacionados à Independência brasileira, não foi possível obter retratos, sugerindo que seus nomes fossem gravados em uma placa de mármore, a fim de que sua memória pudesse ser preservada. Entretanto, ainda restaria espaço suficiente no museu para abrigar a imagem daqueles que ainda conseguisse os retratos. Finalizava afirmando: "Quer-me parecer, porém que os dezoito retratos acima indicados sintetizam em si com os onze já executados, os mais notáveis próceres graças aos quais se libertou o Brasil".

Suas justificativas, no entanto, não se encerram aí, pois, ao final daquele mesmo mês, Taunay escreveria ao presidente do estado, Washington Luís, dizendo que:

> Deu-me o Dr. Alarico Silveira a impressão que ambos tiveram da lista por mim proposta para os retratáveis da escadaria do Museu. Estou plenamente de acordo com esta opinião: há nomes fracos. A questão porém é do número de retratos e da ausência de conhecimento que existe acerca das efígies de alguns vultos eminentes que ali mereceriam figurar.[49]

Taunay continua falando de sua dificuldade em obter as reproduções dos retratos e que, nesse sentido, poucas opções lhe restaram, tendo que escolher entre aqueles que estavam à "sua disposição". Assim, numa tentativa de contornar a situação embaraçosa em que se encontrava, reafirmou a importância de alguns nomes, já citados na carta anterior, cuja relevância era indiscutível, deixando em aberto alguns espaços, "dando tempo ainda a que se descubram outros retratos talvez aproveitáveis".[50]

Nesse ano, as negociações com o governo do estado são correntes, de modo que, no início do mês de junho, Taunay contataria novamente a Secretaria do Interior, mas, dessa vez, para enumerar todas as coisas que precisariam ser feitas para que o museu pudesse ser reaberto condignamente com a monumentalidade do evento em que ele seria palco de destaque no ano de 1922. Em primeiro lugar, ressaltava a necessidade de reforma do edifício e da instalação de melhoramentos indispensáveis, como redes de esgoto, luz elétrica, limpeza e pintura geral, reparo dos telhados, conserto de paredes, reformas das esquadrias. O segundo ponto dizia respeito à decoração interna do edifício, isto é, à sua com-

---

49 Carta de Taunay ao presidente Washington Luís, de 30.5.1921, APMP/FMP, P113.

50 Em 1922, Taunay lança, pela Cia. Melhoramentos de São Paulo, o volume *Grandes vultos da Independência brasileira*, publicação comemorativa do primeiro centenário da Independência nacional. Nesse trabalho, reproduz os retratos pintados para o Museu Paulista, acompanhados de uma biografia detalhada de cada um dos personagens representados. Essa publicação pode ser entendida como uma forma de legitimação do trabalho que ele vinha realizando no museu e das escolhas que fez (ou teve que fazer).

posição histórica. Nesse aspecto, muito ainda restava por fazer: uma estátua de D. Pedro I para ser posta no nicho central, no centro da escadaria monumental; seis estátuas menores dos bandeirantes, acompanhando a caixa da escadaria; oito vasos sobre pilares monumentais, na mesma escadaria. Para a execução dessas estátuas, alguns escultores apresentaram propostas e maquetes que aguardavam a aprovação de Taunay e da Secretaria do Interior, entre elas as de Nicollo Rollo, Amadeu Zani e Henrique von Emelen, para os bandeirantes, e a de Rodolfo Bernardelli para a estátua de D. Pedro I, apresentando uma antiga maquete encomendada em 1889 pela Comissão Promotora do Monumento do Ipiranga.[51] Lembrou, também, que na parte escultural havia duas maquetes, oferecidas pelo escultor italiano Luiz Brizzolara, para a confecção de duas estátuas, de proporções grandiosas, dos dois mais importantes bandeirantes, Fernão Dias Paes Leme e Antônio Raposo Tavares, para serem dispostas no saguão do museu.

Além das esculturas, havia também as pinturas, cujos temas e personagens vinham sendo longamente discutidos com o governo do estado. O mínimo a fazer era terminar as efígies dos grandes vultos da Independência para figurarem na sanca da escadaria e confeccionar sete grandes painéis históricos. Todas essas obras exigiriam, segundo Taunay, a dotação de um orçamento extraordinário de 254 mil contos de réis, quantia bastante vultosa para a época.[52]

A partir desse "relatório", Taunay consegue autorização para encomendar os serviços para o museu, mas era ainda obrigado, de um lado, a negociar reduções de preços com os pintores e escultores, e, de outro, a ter que pressionar o governo do estado a liberar rapidamente as verbas prometidas, pois restava apenas pouco mais de um ano para a comemoração do centenário da Independência, ocasião em que a decoração do museu deveria estar acabada.

---

51 Cf. carta de Rodolfo Bernardelli a Taunay, de 29.9.1921, em que o escultor fala: "É verdade que o arquiteto Bezzi em 1889 entre os trabalhos que tencionava confiar-me estava a estátua de D. Pedro I e dela tenho ainda a primeira maquete; mas há tanto tempo!", (APMP/FMP, P114).

52 Carta de Taunay ao secretário do Interior, de 6.7.1921, APMP/FMP, P114.

Contrataram-se os serviços de todos os artistas aqui citados, com os quais Taunay estabeleceu contato direto e passou a acompanhar de perto a execução das obras. Os artistas com os quais teve maior dificuldade para negociar, e também para conseguir cumprimento dos prazos, foram os profissionais da Escola Nacional de Belas-Artes do Rio de Janeiro, responsáveis pela escultura de D. Pedro I e pelos painéis da escadaria monumental. Enquanto Oscar Pereira da Silva e Domenico Failutti entregaram 22 telas prontas, no final do ano de 1921,[53] os artistas cariocas começaram apenas nesse momento a negociar a feitura de suas obras.

Dessa maneira, em fins de outubro daquele ano, Taunay fez uma viagem ao Rio de Janeiro para acertar pessoalmente os detalhes da confecção dos quatro painéis da escadaria que iriam representar cenas do bandeirismo, sendo dispostos na caixa da escadaria, ao lado das estátuas dos bandeirantes. Além disso, nessa mesma viagem, Taunay pretendia ouvir os artistas cariocas sobre a decoração a ser feita no saguão, na escadaria e na sanca, ao redor da claraboia.[54] A partir das sugestões dadas, ficou definido que a escadaria receberia revestimento de mármore branco, e nos quatro ângulos que formam a sanca, seriam postos pequenos medalhões esculturais, "cercados de ramos de louro e carvalho, trazendo os quatro milésimos dos movimentos libertadores do Brasil 1720, 1789, 1817, 1822" (Taunay, 1926b).

Assim, no mês de novembro de 1921, Taunay contratou os serviços dos prestigiados artistas cariocas, estabelecendo os temas e a composição geral dos episódios a serem representados nas telas. As cartas trocadas entre esses pintores e Taunay são bastante significativas para perceber como Taunay manipulava as imagens destinadas à composição histórica do museu, daí a importância de se ater a algumas delas.

Em carta endereçada a Taunay, o pintor Fernandes Machado agradece a escolha de seu nome e exalta a administração do museu:

> Sinto-me bem satisfeito de poder dizer-lhe que estou pronto a tomar a incumbência de executar o painel que desejar para o Museu Paulista,

---

53 Cf. carta de Taunay ao diretor da Secretaria do Interior, de 21.11.1921, APMP/FMP, P115.

54 Cf. carta de Taunay ao secretário do Interior, de 29.10.1921, APMP/FMP, P115.

atendendo às seguintes circunstâncias: – poder pela presente forma concorrer para que a sua fecunda administração seja coroada de todos os esforços que vem demonstrando desde sua investidura nesse espinhoso encargo, e por minha parte, na qualidade de artista nacional, gozar da honra de ver um trabalho meu, mais uma vez, decorando edifícios públicos da cidade de São Paulo.[55]

Mais adiante fala sobre o preço que pretende cobrar pelo trabalho encomendado e que aguarda, de Taunay, o envio de dados históricos precisos para a sua confecção:

> Assim aceito o trabalho pela quantia de cinco contos de réis e fio da sua bondade para que me informe as dimensões exatas do painel e uma descrição do assunto – Pedro Teixeira o principal bandeirante do Amazonas – de forma que lhe parecer melhor de acordo com a verdade histórica.

Alguns dias depois, Taunay lhe forneceria os elementos históricos necessários para a composição do quadro:

> Há um retrato de Pedro Teixeira na Revista do Instituto Histórico do Pará, n° de outubro de 1920, creio que n° 3 da série ... No quadro poderá vir o ilustre apossador de terras amazônicas, corpo inteiro, no fundo uma paisagem amazônica, com índias, soldados portugueses ... A questão principal é a da figura de corpo inteiro, do conquistador do Amazonas. Os demais painéis deverão trazer uma figura só.[56]

Esse fato, nada isolado, mostra, novamente, que a intervenção de Taunay na execução dos quadros e esculturas históricos para o museu, sempre atento às referências documentais precisas, era regra em seu trabalho.

O pintor Amoedo também escreveu a Taunay, em fins de 1921, para agradecer sua contratação:

> Conforme o plano por V. Ex. combinado, cabe-me declarar que aceito com prazer essa encomenda, prazer tanto maior quanto por esse meio terei a honra de figurar entre os mais notáveis artistas patrícios, a quem

---

55 Carta de Fernandes Machado a Taunay, de 12.11.1921, APMP/FMP, P115.

56 Carta de Taunay a Fernandes Machado, de 19.11.1921, APMP/FMP, P115.

coube a distinção de concorrer para o embelezamento do mais belo edifício da América do Sul.[57]

No início de 1922, começaram a discutir detalhes sobre a composição da tela, e, como sempre, Taunay participava ativamente da escolha do assunto e do tratamento que lhe deveria ser dado. Para o quadro de Amoedo, sugeria a representação das formas primitivas de mineração, enviando-lhe um decalque dos croquis da obra do barão de Elochvenge sobre o tema. Desse modo, o pintor carioca informava que

> comecei ambos os esbocetos isto é, o da Varação – e o da Mineração, sendo que para o último utilizei o seu precioso calqui, sobre a paisagem agreste, representando um Vale Mineiro; do qual se descortina a característica pedra do Itacolomy. Não me foi possível até hoje, achar um momento para agradecer sua esclarecida amabilidade sobre o assunto.[58]

Comentando os esbocetos enviados, Taunay sugeriria algumas alterações:

> Recebi esbocetos que me agradaram muito ... Muito boa a concepção do grupo; em lugar da picareta é bom pôr o almocafre às mãos dos índios; neste quadro peço-lhe que ponha índios e negros. Varação: colocar só índio e tirar o toldo da canoa. Conjunto excelente.[59]

Apesar da aprovação do projeto do pintor e da insistência de Taunay, a tela feita por ele não ficaria pronta para as festas centenárias, sendo entregue somente em meados de 1924.

Os elementos e as ideias sugeridos para a execução do quadro de Henrique Bernardelli, também sobre o bandeirantismo, merecem igualmente destaque. Taunay explicava que o quadro

> deve representar Mathias Cardoso de Almeida, personagem que me parece deve ter sido um homem de face gravibunda e assim pediria ao ilustre amigo que o pusesse com barbas e já de certa idade na época em que este famoso sobrinho de Fernão Dias Paes Leme andou a bater-se com os índios

---

57 Carta de Amoedo a Taunay, de 9.11.1921, APMP/FMP, P115.
58 Carta de Amoedo a Taunay, de 12.2.1922, APMP/FMP, P116.
59 Carta de Taunay a Amoedo, de 20.3.1922, APMP/FMP, P116.

do Ceará do Rio Grande do Norte, do Piauí, de 1689 a 1694. E como este quadro vai figurar numa galeria em que todos têm atitudes heroicas, não será de recear que ele venha representando um homem numa situação despreocupada como quem está a fumar? Receio que daí nasça uma certa heterogeneidade com os demais quadros e estátuas.[60]

Atento, portanto, aos aspectos estéticos e sobretudo simbólicos da cena representada, e à sua inserção no contexto das outras obras onde seria disposta, Taunay acrescentava:

> Assim, pediria que suprimisse o cachimbo. O seu quadro deve ir ao lado da estátua do seu irmão que representa Pedro I a arrancar o tópico português. Ora, poderá causar estranheza ver-se um homem figura principal da tela, a fumar entre o Imperador nesta atitude heroica e o conquistador de Goiás, estátua de Zani, apoiado no seu arcabuz em posição de combate; não pensa assim?

A feitura das telas dos bandeirantes, tal como a execução das séries iconográficas sobre São Paulo antigo, permitem perceber claramente os procedimentos de Taunay em relação à composição histórica do museu – e também a forma como pretendia construir a história. Taunay, é pertinente dizê-lo, age como demiurgo, arregimentando todos os elementos do passado paulista, anteriormente dispersos no território das tradições e da memória coletiva, concedendo-lhes um espaço próprio e um significado único: São Paulo, sintetizado no Monumento do Ipiranga, era o solo da pátria brasileira, e o paulista, o responsável pelo transbordamento do território nacional por todos os pontos do mapa e, ao mesmo tempo, o elemento unificador desses pontos dispersos. A decoração histórica do museu buscava um tom nacional – especialmente no salão de honra –, mas o solo da Independência e, portanto, da origem da nação, era paulista. Nesse sentido, é possível entender a atenção especial dada por Taunay à execução dessas telas, pois o seu poder de irradiação simbólica não poderia ser descartado na composição do conjunto.

No final de 1921, um fato veio reforçar ainda mais o simbolismo e a aura mítica que o Monumento do Ipiranga vinha adquirindo com a

---

60 Carta de Taunay a Henrique Bernardelli, de 20.7.1922, APMP/FMP, P117.

intervenção de Taunay. Durante as obras de escavação para a abertura da Avenida da Independência, os operários acharam "um notável documento histórico", como se noticiou nos jornais da época. Era a caixa de ferro, na qual em 1875 fora encerrada a pedra comemorativa da Independência do Brasil, enterrada em 1825, no local exato em que D. Pedro I proclamara o famoso "grito do Ipiranga", sendo sua autenticidade confirmada pela convocação de algumas testemunhas que participaram do famoso acontecimento na colina do Ipiranga. Era a pedra fundamental do monumento à Independência que durante anos o governo imperial teve a intenção de construir, de modo que o lugar onde ela foi enterrada tornou-se, a partir de 1825, ponto de romaria popular, e veio a ser tradição o povo paulista conservar ali, constantemente, mastros comemorativos. Em 1872 ela foi desenterrada, permanecendo no palácio do presidente da província de São Paulo até 1875, pois, naquele ano, haviam sido lançados os alicerces de um monumento à Independência que, no entanto, não foi erigido. João Teodoro Xavier, então presidente da província de São Paulo, temendo que os alicerces do tal monumento fossem destruídos e o local do "grito" se perdesse para sempre, mandou enterrar novamente a referida pedra numa caixa de ferro com inscrições explicativas: "Essa caixa encerra a pedra comemorativa da Independência do Brasil". Esse episódio foi realizado em solenidade pública, lavrando-se ata pela Câmara Municipal de São Paulo. Entretanto, com o passar dos anos, o local exato onde a caixa havia sido posta perdeu-se por completo, de forma que a determinação do lugar exato do grito tornou-se, durante anos, objeto de pesquisa de vários estudiosos do IHGSP. Um dos jornais de 1921 desfechava o assunto, reforçando a aura mítica que pairava sobre o objeto em questão:

> Em vésperas de celebrar o centenário desse episódio máximo da nossa história, é uma alegria para todos os brasileiros, na romaria cívica em que irão render homenagem aos fatores da nossa emancipação política, poder lançar um olhar para o local onde, como uma figura de lenda, ereto no seu cavalo, D. Pedro ergueu o seu grito imorredouro, com o qual fez nascer uma pátria livre. (*Folha da Noite*, 24.9.1921)[61]

---

61 Cf. também Taunay (1937).

Sem dúvida, a pedra com contornos de relíquia sagrada contribuiu para enriquecer ainda mais as coleções históricas do museu e seu caráter altamente simbólico. Suas feições de documento histórico, aliadas a seu alto valor evocativo, confirmavam a veracidade do acontecimento histórico narrado no quadro de Pedro Américo, e a autenticidade do solo paulista, representado pelo monumento erigido na colina do Ipiranga, como nascedouro da nação brasileira. A referida caixa, com a pedra, foi posteriormente exposta na sala A6, no andar térreo do museu, ao lado da maquete de Bezzi do monumento do Ipiranga, doada pela Escola Politécnica de São Paulo em 1932. Sua exposição no salão de honra do museu, bastante posterior, não data da gestão de Taunay, apesar de esse tipo de composição museográfica ser bem ao gosto do memorável diretor.

No ano de 1922, todos os esforços de Taunay concentraram-se em tentar finalizar as obras começadas no museu. Ele instalou, então, todos os objetos históricos que vinha colecionando desde 1917 em seus devidos lugares, bem como organizou as exposições iconográfica e escultural representando, num conjunto harmoniosamente disposto, a história da nação brasileira de um novo ponto de vista. Entretanto, apesar de ter transformado por completo o cenário interno do museu, Taunay não conseguiu realizar tudo aquilo que havia idealizado para as festas centenárias. Por isso, em meados de 1922, escreveu ao secretário do Interior, ressaltando que, embora tenha sido concedido vultoso orçamento extraordinário ao museu, ele fora insuficiente, restando muitas coisas a serem feitas: "Atualmente nas novas salas inauguradas largos espaços ficaram em branco porque a verba não chegou para mandar fazer as pinturas completadoras das séries de quadros encetadas por mim...".[62]

Continuava salientando que as ausências e todos os aspectos incompletos poderiam comprometer a percepção geral do museu por parte do público visitante: "Ora, receio que cause má impressão a todos estes visitantes brasileiros e estrangeiros o aspecto de nossas salas com todos estes claros lamentáveis".

---

62 Carta de Taunay ao secretário do Interior, de 27.7.1921, APMP/FMP, P117.

Contudo, consciente de que a situação seria, naquele momento, irremediável, pela proximidade das festas centenárias, finalizava:

> A descrição pormenorizada que nos jornais farei publicar das inaugurações a se realizar no Museu Paulista servirá de frisante prova de quanto a 7 de setembro de 1922, na colina do Ipiranga, com elementos antigos acumulados no Museu e os novos adquiridos pelo Governo do Estado, se fez um conjunto digno de atenção pela evocatividade brasileira e paulista.

Além do orçamento insuficiente, Taunay teve que contornar outras situações difíceis, como a não entrega de algumas obras fundamentais para a decoração histórica do museu. A ausência mais grave, e quase irreparável, foi a estátua de D. Pedro I, cuja previsão era colocá-la no ponto central do museu – no nicho da escadaria monumental –, funcionando como um dos elementos convergentes de toda a composição histórica feita por Taunay. Bastante decepcionado, ele escreveu ao escultor carioca falando da má impressão que causou tal ausência no conjunto da decoração histórica do museu, no dia de sua reabertura, em 7 de setembro de 1922:

> Faltava a peça central de toda a decoração do Museu, quando o resto se achava entregue ... Se é verdade que o meu pedido o magoou, creia também com toda a sinceridade que a ausência de seu gesso nas festas de 7 de setembro no Museu do Ipiranga me fez passar momentos muito penosos e ouvir pilhérias sobremodo desagradáveis.[63]

Nessa mesma carta, Taunay ainda contava que foi obrigado a ouvir reprovações do próprio presidente do estado, Washington Luís: "Está bonito, vai o Sr. fazer a festa de Pedro I sem Pedro I!".

A fim de remediar irreparável ausência, Taunay tomou emprestado um busto de D. Pedro I pertencente à Escola Nacional de Belas-Artes do Rio de Janeiro, instalando-o no lugar da estátua de Bernadelli.

> Foi aí que me lembrei de ver se no Rio havia quem me emprestasse um busto do Imperador, cousa que em S. Paulo não a obtenho; então da amabilidade do Prof. Baptista da Costa o empréstimo do belo busto de

---

63 Carta de Taunay a Rodolpho Bernardelli, de 16.12.1922, APMP/FMP, P118.

Marcos Ferrez. Mas como colocá-lo só naquele enorme nicho que o ilustre Am° bem conhece? Precisei recorrer a decoradores, mandar fazer enfeites com bandeiras, escudos, flores, de modo a mascarar quanto possível o lastimável vácuo causado pela ausência de sua estátua. Tudo isto às pressas e custou caro![64]

Naquele momento, o Museu Paulista, embora sem a estátua de D. Pedro I, e na célebre atitude "laços fora", já possuía o perfil de um lugar de memória da nação brasileira que, transcendendo seu aspecto meramente arquitetônico, tornava-se "a reencarnação figurada de um gesto gerador de nacionalidade e que, pela evocação, permitia a celebração, com seus efeitos pedagógicos" (Meneses, s.d.(a), p.29). Os elementos essenciais já estavam dispostos nos principais espaços do museu, de modo que a partir deles era possível perceber o ponto de vista pelo qual a história da nação brasileira fora concebida e seria narrada. O relatório referente ao ano de 1922, que traz uma minuciosa descrição de todos os novos aspectos do museu, fornece os elementos necessários para entender essa exposição.

O enredo começava a ser tramado no peristilo do museu: nele foram dispostas à direita e à esquerda, uma de frente para a outra, as duas majestosas estátuas dos dois principais bandeirantes, Antônio Raposo Tavares e Fernão Dias Paes Leme, simbolizando os dois grandes ciclos bandeirantes: a caça ao índio e a devassa do sertão, e a busca de ouro e de pedras preciosas. É justamente a partir desses dois personagens, responsáveis pelas primeiras conquistas e expansão do território brasileiro, que a narrativa principia, demonstrando quais foram os primeiros fatores que possibilitaram a formação de um solo nacional. Dessa forma, Taunay pretendia também chamar a atenção para a importância do estudo do bandeirantismo no Brasil, tema pouco estudado pela história até aquele momento, apesar de ter sido, segundo ele, um fator fundamental para a formação da unidade nacional. Em um artigo publicado em 1922, salientava:

---

[64] Cf. também texto de Taunay no *Jornal do Commercio* de 7.9.1922, em que ele explica publicamente a ausência da estátua de D. Pedro I e sua substituição provisória pelo busto do imperador, de autoria do escultor francês.

De uns trinta anos para cá começou a assentar-se a visão dos historiadores sobre a importância colossal do movimento das entradas. Que seria
sem ele o Brasil? estrangulado pelo meridiano de Tordesilhas? reduzido
a menos de um terço do que é? E fixada a atenção sobre o surto nacional
por excelência, principiou a revestir-se de intensa luz a personalidade dos
grandes chefes do afuramento da selva ignota. (Taunay, 1922c, p.4)

Continuando a trama histórica na escadaria interna do museu,
que conduz ao salão de honra, foram dispostos inúmeros elementos
que também contribuíram para estabelecer as bases para a construção
da unidade nacional. Ao redor do nicho, onde seria disposta a grande
estátua de D. Pedro I, estavam seis estátuas de "bandeirantes célebres
como a montar guarda ao proclamador da Independência brasileira"
(Taunay, 1926b, p.49).

Taunay (ibidem) explicava que

cada uma delas simboliza uma das unidades da Federação que foram território de São Paulo. Assim, escolhi as seguintes figuras: capitais e simbólicas
do bandeirantismo de São Paulo: Manoel de Borba Gato (Minas Gerais);
Paschoal Moreira Cabral (Mato Grosso), Bartholomeu Bueno da Silva, o
Anhanguera (Goiás); Manoel Preto (Paraná); Francisco Domingos Velho
(Santa Catarina) e Francisco de Brito Peixoto (Rio Grande do Sul). Em
cada pedestal se inscrevem o nome do Estado e a data de sua separação
de São Paulo.

No mesmo nível das estátuas, seriam postos os quatro grandes painéis representando o ciclo do bandeirantismo, que não ficaram prontos em
1922. Por esse conjunto, somado às duas grandes estátuas do peristilo –
e a outros elementos que seriam posteriormente somados –, estaria
alegoricamente representada a conquista do território nacional, como
uma ação eminentemente paulista.

Foram aproveitados para recordar o bandeirantismo, episódio culminante da história nacional, e por assim dizer singular na História Universal.
Recorda a expansão brasileira para Oeste, sem a qual seria o nosso território
um terço do que é. (Taunay, 1937, p.60)

Assim, foram fortemente estabelecidas as bases para a fixação do
nacionalismo paulista, que há alguns anos começou a ser traçado pela

produção teórica do IHGSP e por parte da intelectualidade paulista, fortemente interessada pelos temas regionais.

Ainda na caixa da escadaria, mas num nível superior aos das estátuas, foram postos os retratos de "dois mártires da liberdade brasileira: sintetizando um a Inconfidência Mineira, outro a revolução pernambucana de 1817 – Tiradentes e Domingos José Martins" (Taunay, 1926b, p.49).

De frente para esses dois retratos, na galeria do primeiro andar, estavam os quatro grandes vultos de 1822, Antônio Carlos e Martim Francisco de Andrada, José Joaquim da Rocha e Januário da Cunha Barbosa, que se somavam às dezoito efígies dispostas nos medalhões da sanca da escadaria, ao redor da claraboia.[65] Alegoricamente, brilhando no céu da pátria brasileira, suas atividades, individuais ou coletivas, contribuíram de alguma forma para o movimento de Independência do Brasil. Nos quatro cantos da sanca, como constelações, foram representadas as quatro efemérides que rememoram os principais movimentos pela liberdade do país: 1720, lembrando a rebelião de Vila Rica e o suplício de Filipe dos Santos; 1789, a Inconfidência Mineira; 1817, a revolução pernambucana; e 1822, a Independência. A disposição ascendente dessas imagens, convergindo para o "fato maior" representado no salão de honra do museu, no primeiro andar, demonstrava que sua realização se fez num solo já conquistado pela audácia da empreitada paulista, o que novamente reforça a ideia do nacionalismo paulista, habilmente estabelecido pelas escolhas de Taunay na direção do museu, completadas nos anos subsequentes de sua gestão, como será visto no próximo capítulo.

---

65 "Assim, por exemplo, os de Vergueiro, Barata, Lino Coutinho, lembram os debates das Cortes de Lisboa em 1822 e a firmeza destes patriotas ante os recolonizadores; os de Pirajá, Lord Cochrane, Labatut, Lima e Silva, Joanna Angélica e Rebouças recordam a insurreição bahiana coroada pela vitória de Dous de Julho. Sampaio rememora o *Fico*; Curado, a reação nacional contra Avilez e a Divisão auxiliadora, a 12 de janeiro de 1822; Hyppolito da Costa e Paula Sousa, a agitação nacionalista na imprensa extrabrasileira e em São Paulo; Barbacena, a ação diplomática na Europa, em prol da liberdade; Valença, a famosa viagem do Príncipe Regente a Minas, em abril de 1822; Queluz, Cayrú e Maricá, o esforço em favor do advento das ideias novas do constitucionalismo e da civilização no Brasil, e os serviços prestados à organização do novo país livre" (cf. Taunay, 1937, p.61-2).

Finalmente, chegava-se ao salão de honra. A iconografia dessa sala, extraordinariamente grandiosa em relação aos espaços que lhe precedem, foi pensada e organizada para compor o cenário de 1822 de forma monumental. Como ponto culminante da decoração histórica para a Independência do Brasil, traçada em sentido sempre ascendente, ela é a alegoria da nação fundada. Como ressalta Meneses (s.d.(b), p.27), nesse salão, "a alegoria histórica se expande e atinge vitalidade e eficácia totais – o que, de certa forma, se faz em detrimento de conteúdos mais particularmente paulistas".

Todas as imagens convergiam para o grande feito de D. Pedro I, simbolicamente imortalizado no quadro *Independência ou morte!* (ver Figura 6). Nele foram representados os personagens que mais estritamente estiveram comprometidos com o destino do jovem país naquele momento, e também os feitos que diretamente significaram o rompimento do Brasil com Portugal, segundo, é claro, o ponto de vista de Taunay.

Além da tela de Pedro Américo, outros elementos iconográficos completavam a decoração do referido salão: cinco medalhões, dois painéis e dois quadros históricos. Nos medalhões arquitetonicamente esculpidos, foram instalados os retratos de D. Pedro I, dispostos logo acima da tela em que ele é o personagem central, ladeado por José Gonçalves Ledo (à esquerda), José Clemente Pereira (à direita), José Bonifácio (parede lateral esquerda) e Regente Feijó (parede lateral direita). Os dois painéis das paredes laterais rendem homenagem a duas figuras femininas de destaque no movimento de Independência, como já foi anteriormente mostrado. Em um dos painéis, a imperatriz Leopoldina de Habsburgo, representada segundo uma estampa de 1824, de Félix Emílio Taunay, em que se encontra sentada em uma sala do antigo Palácio de São Cristóvão, tendo D. Pedro II no colo com dez meses de idade, ladeado por suas quatro irmãs. No outro painel, Maria Quitéria de Jesus Medeiros, figura que teve importante participação no movimento de Independência na Bahia.

De frente para o quadro de Pedro Américo foram instalados dois quadros históricos representando acontecimentos diretamente ligados ao rompimento com Portugal. À esquerda, vê-se uma agitada sessão das cortes portuguesas, de 9 de maio de 1822, em que Antônio Carlos e os deputados brasileiros discutem com os membros do partido recolonizador, que queria votar medidas opressivas contra o Brasil. A tela da direita mostra uma cena de 8 de fevereiro de 1822, passada na fragata *União*, quando o príncipe D. Pedro I recebeu a bordo o general português Jorge Avilez e seu Estado-Maior, intimando-o a seguir para a Europa com sua tropa lusitana. Apontando para um canhão, brada-lhe: "Se não partirem logo faço-lhes fogo, e o primeiro tiro quem o dispara sou eu!" (Taunay, 1937, p.63-5) (ver Figura 7).

Em meados dos anos 30, essa sala foi acrescida de novos elementos "de alta importância evocativa", como é descrito em Taunay (1937). Três vitrines decorativas dispostas no salão expunham objetos diretamente ligados aos personagens ali figurados: originais de decretos e proclamações de 1821 e 1822, um capacete da Guarda de Honra de D. Pedro I, uma coleção de belas espadas, autógrafos da imperatriz e de José Bonifácio, madeixas de cabelos de D. Leopoldina, D. Amélia, D. Tereza Cristina e da princesa Isabel. Como explica Meneses (1990, p.21), "deixa-se o mundo visual para confronto com objetos materiais: já não se trata mais de representações".

O significado desse conjunto é sabiamente esmiuçado por esse autor, mostrando que a presença desses objetos aumentava a evocatividade da iconografia, ao mesmo tempo que afiançava o conteúdo das representações pictóricas. Meneses (1990) começa questionando se tais objetos seriam documentos históricos, pois

> ao menos são contemporâneos da Independência, embora não sincrônicos do "Grito". E também são coisas reais, elas próprias, não intermediações ou reelaborações. Os cabelos são até mesmo relíquias orgânicas, corporais. E os manuscritos? Não é, por acaso, em papéis que os historiadores costumam buscar, por excelência, sua matéria-prima? No entanto, nesta cenarização museológica, deve-se concluir que o caráter de documento está sobrepujado pelo de caução, aval. Estes objetos todos servem não propriamente para dar alguma informação, mas para caucionar, avalizar a informação basicamente já fornecida pelas imagens, para autenticar o que nelas aparece – e os valores decorrentes. Tudo aquilo que está nas pinturas, convergindo para a maior delas, é, pois, verdadeiro.

Do saguão ao salão de honra do museu, passando pelas inúmeras novas salas, a história é contada de maneira encadeada, como uma celebração de fatos significativos realizados por homens memoráveis. O desfilar de inúmeras alegorias históricas, sabiamente dispostas e articuladas no espaço, salientava o papel de São Paulo como lugar material e simbólico da Independência nacional, cujo passado deve ser conhecido porque é alicerce da história nacional. A importância pedagógica desse conjunto não pode ser negligenciada, bem como seu poder de impacto sob o público que visitou o museu naquele dia.

O 7 de Setembro de 1922 em São Paulo

Affonso de Taunay (1926b, p.71), no seu relatório de diretoria para o ano de 1922, enfatizou que o número de visitantes que compareceu ao museu no dia da comemoração do centenário foi enorme para as proporções da época:

> Houve quem calculasse em 50.000 pessoas. Os menos exagerados admitiram 35.000. Não foi possível fazer a contagem. De tal modo ficaram as nossas salas, galerias, vestíbulos, apinhados que a multidão não sabia mais como avançar ou recuar. Houve quem se sentisse carregado sem tocar com os pés no chão ... Às quatro e meia da tarde retirou-se a custo a enorme multidão, deixando o nosso edifício totalmente enlameado. Tivemos uma centena de mil réis em vidros quebrados este dia.

As impressões que a visita causou naqueles espectadores – e quem eram eles – são questões de difícil resposta, em razão da ausência quase completa de dados sobre o assunto. Sabemos, a partir do depoimento de Taunay e da imprensa da época, que o museu foi visitado pelo presidente do estado de São Paulo, Washington Luís, e pela comitiva que o acompanhava na série de comemorações, inaugurações e visitas oficiais daquele dia solene; logo após a visita, suas portas foram abertas para o público em geral. Sabemos também que o aspecto do museu estava bastante mudado, graças às reformas promovidas por Taunay sob os auspícios do governo do estado.

De um lado, a criação de inúmeras novas salas dedicadas à exposição histórica – nacional e paulista – e a decoração de boa parte dos espaços monumentais do palácio davam ao museu um perfil renovado e absolutamente consoante com a data que se celebrava no dia de sua reabertura. De outro, o edifício, já velho de trinta anos, havia passado por amplas reparações, internas e externas, entre elas pintura geral e instalação de rede de esgoto. Naquele dia, bem como durante todo o mês de setembro, Taunay mandou publicar, nos mais diferentes órgãos da imprensa paulista e carioca, um texto descritivo do Museu Paulista acompanhado de várias fotografias, dando ênfase às novas salas de exposição que eram então entregues ao público.

A reabertura do Museu Paulista em 7 de setembro de 1922, contudo, foi uma entre as várias comemorações do centenário da Independência em São Paulo. Desde a manhã até a noite, várias solenidades, inaugurações e visitas oficiais foram previstas em vários pontos da cidade e do estado, de modo que as autoridades governamentais realizaram uma verdadeira peregrinação ao longo daquele dia, como se verá adiante.

É preciso lembrar, todavia, que as discussões sobre a forma mais apropriada de comemorar o centenário, bem como sobre qual era o significado dessa data para o país, começaram, tanto em São Paulo como na capital federal, em meados da década de 1910, envolvendo diferentes setores da intelectualidade e dos governos estadual e federal. Na verdade, a celebração do centenário da Independência brasileira vai muito além do mero festejo de uma data solene, implicando um verdadeiro movimento de busca e de definição da identidade nacional. Nesse esforço, sobretudo por meio da produção literária, historiográfica e da imprensa da época, procurou-se definir o perfil da jovem nação, tentando demarcar seu lugar no século XX e em compasso com o mundo moderno.

> Em desacordo sobre os reais motivos do descompasso do país com a modernidade, divergindo em torno dos caminhos que deveriam conduzir até ela, a intelectualidade brasileira parecia convergir quanto à compreensão de que o centenário seria o momento-chave em que tais questões deveriam ser discutidas. (Motta, 1992, p.5)

Sem dúvida alguma, a memória é um dos ingredientes básicos para a construção da identidade nacional, e é justamente em torno de sua construção que pontos de vista divergentes se constituíram, sobretudo entre São Paulo e Rio de Janeiro. Para a intelectualidade paulista, especialmente representada no IHGSP e na *Revista do Brasil*,[66] era necessário buscar um novo *locus* produtor da identidade nacional. O Rio de Janeiro, palco privilegiado do Brasil imperial e de toda a história a ele ligada, foi então desqualificado em proveito da cidade bandeirante, tomada como matriz privilegiada para a construção da imagem daquilo que é (ou deve ser) a nação no início dos anos 20.

Assim, esse momento também é privilegiado para a legitimação do regime republicano, de modo que a construção do mito das origens, fundamental na estruturação de qualquer sociedade, teve lugar de destaque na produção intelectual da época. Os intelectuais paulistanos se serviram então do fato de São Paulo ter sido o palco da proclamação da Independência brasileira para unir 1922 a 1822, e ambos ao memorável passado paulista, em que a luta pela instauração do regime republicano no país também teve lugar de destaque.

Em termos da construção de uma memória monumental, visível e palpável, o Museu Paulista, a partir da gestão de Taunay, tomou a frente na reconstrução e narrativa do passado nacional de caráter paulista. Ele sintetizava, de maneira exemplar, as três grandes categorias comemorativas: a historiográfica, a monumental e a cerimonial,[67] que, todavia, não se restringiram apenas ao museu.

---

66 A *Revista do Brasil* foi fundada em 25.1.1916, dia do aniversário de São Paulo, por iniciativa de Júlio de Mesquita, presidente de *O Estado de S.Paulo*, jornal cuja tiragem em 1915 era de quarenta mil exemplares e que possuía aproximadamente cem mil leitores (São Paulo contava então com uma população calculada em torno de quinhentos mil habitantes). A revista tinha um caráter literário e cultural, de modo que o jornal se afirmou, a partir desse momento, como um informativo político e cotidiano, e a revista, como lugar de expressão literária e de projetos culturais. Configurou-se também como uma revista de variedades, usando e abusando da novidade da ilustração e de notícias com teor sociocultural. Lima Barreto lembra que a *Revista do Brasil* "trazia em seu bojo uma proposta de reconstrução nacional". Nesse sentido, ela teve papel determinante na forma como a comemoração do centenário foi contada e construída em São Paulo (cf. Martins, 2001). Sobre o papel da *Revista do Brasil* na comemoração do centenário da Independência em São Paulo, ver também Tânia Regina Luca (1997). No texto "O centenário da Independência em São Paulo", apresentado no XIX Encontro Nacional da Anpuh em 1997, a autora mostra como a comemoração do centenário se constrói nas páginas dessa revista, uma das mais prestigiadas da época.

67 São essas as três categorias comemorativas que Pascal Ory (1997) identifica na análise da comemoração do centenário da Revolução Francesa, em 1889.

A produção historiográfica que projetou São Paulo como eixo fundamental da história nacional, na qual Taunay também era figura em evidência, já foi abordada em parte no primeiro capítulo, quando se tratou do IHGSP, e será ainda tratada no próximo. As inúmeras consultas feitas à Seção de História do Museu, sobretudo a partir de 1922, indicam que ele funcionava como importante centro de documentação sobre a história nacional de cunho paulista, tornando-se um lugar de referência para as pesquisas e publicações sobre esse tema.[68] Projetado como monumento de celebração da Independência brasileira, o Museu Paulista teve esse caráter revigorado com a intervenção incisiva de Taunay, passando a constituir-se não somente em um monumento comemorativo, mas em um museu dedicado a narrar a história nacional do ponto de vista de São Paulo, colecionando e expondo documentos direta ou indiretamente a ela ligados. Para além de seu caráter de memorial da Independência, que comemorava o fato de que a nação fora fundada em solo paulista, os espaços de exposição e os temas ali tratados pretendiam mostrar que esse episódio não ocorrera ocasionalmente em São Paulo, mas era resultado do esforço paulista, desdobrado desde o Brasil colonial, de constituir a unidade nacional por meio do movimento das bandeiras. O Museu Paulista foi, enfim, o cenário privilegiado para a abertura do cerimonial de celebração do centenário da Independência em São Paulo, que buscaria integrar, sob a mesma rubrica *paulista*,

> uma "comunidade imaginária" tutelada numa mesma representação, dramatizando o ato fundador da nacionalidade como parte de um grande feito coletivo, para demonstrar, ainda, a presença nuclear de São Paulo na história brasileira. É assim que a solenidade da Independência, em sua vulgarização como espetáculo público, sintetiza com clareza o modelo épico que deu consistência à historiografia paulista de fins do século XIX e início do atual. (Ferreira, 1997, p.4)

Alguns aspectos preliminares da comemoração devem ainda ser ressaltados antes de abordarmos as cerimônias que se encadearam ao longo do dia 7 de setembro de 1922.

---

68 Tem destaque aqui a criação dos *Anais do Museu Paulista*, em 1922, no qual Taunay publicará grande parte de suas pesquisas sobre a história de São Paulo e das bandeiras paulistas, bem como documentos inéditos.

Antes mesmo da nomeação de Affonso de Taunay para a direção do Museu Paulista, o governo do estado já havia previsto, por meio de uma lei de 1912, a construção de um monumento em homenagem à Independência, a ser erguido no Ipiranga na linha de perspectiva do Palácio de Bezzi. Aberto concurso público que se desenrolou entre 1917 e 1920, concorrendo mais de vinte projetos de escultores de diversos países, o conjunto estatuário escolhido por unanimidade pela comissão julgadora[69] (da qual, aliás, Taunay também fazia parte)[70] foi aquele apresentado pelo escultor italiano Ettore Ximenes. Escolha profundamente controversa e especialmente criticada nas páginas da *Revista do Brasil*, que saiu claramente em defesa de outro projeto, o arco do triunfo proposto pelo

---

69 Além de Taunay, a comissão era composta por: Oscar Rodrigues Alves, secretário do Interior; Firmino de Moraes Pinto, prefeito de São Paulo; Carlos Campos, deputado federal; Ramos de Azevedo, diretor da Politécnica de São Paulo; Altino Arantes, presidente do estado de São Paulo. Na ata da primeira sessão realizada por essa comissão, foi lavrado o resultado da votação, sendo registrado que o prefeito de São Paulo congratulou-se "com a perfeita harmonia de orientação e a concordância de ideia entre os membros da comissão; é apartado pelo Dr. Carlos Campos que observa a mesma concordância desta decisão com a opinião da maioria do público que visitou esta exposição [das maquetes dos monumentos]" (*Ata da 1ª Sessão realizada pela Comissão encarregada pelo Exmo. Sr. Pres. do Estado de São Paulo de proceder ao julgamento dos projetos apresentados em concurso para a construção do monumento a erigir-se no Ypiranga e destinado a comemorar a passagem da 1ª efeméride centenária da Proclamação da Independência do Brasil, a Sete de Setembro de 1822*, 7.3.1920. APMP/FMP, P237, D24-1).

70 O parecer de Taunay a favor do projeto de Ximenes é o seguinte: "O Projeto que, a meu ver, indiscutivelmente sobressai em intensidade de evocação nacional, com o valor que dela requer, é o do Sr. Ximenes. Sua lembrança de transportar para a escultura a idealização do quadro de Pedro Américo parece-me um achado absolutamente feliz, sobretudo pelo fato de ter o seu alto relevo as dimensões em que concebeu e a mestria com que o executou. Popular como é – e merece sê-lo – a grande e bela tela do nosso ilustre artista, não haverá brasileiro algum que de longe deixe de reconhecer no monumento, que o projeto de Ximenes idealiza, uma representação da cena majestosa de sete de setembro de 1822, cara a todos os nossos corações. Dirá um ou outro que lhe falta certa originalidade, poder-se-á responder-lhes que ainda representa uma homenagem, e das mais vigorosamente executadas, e até hoje realizadas, a um documento incontestavelmente notável da arte brasileira" (APMP/FMP, P237, D23-1).

escultor italiano radicado em São Paulo, Nicolla Rollo (Luca, 1997). Um dos críticos mais ferozes ao projeto vencedor, Monteiro Lobato, acusa o uso e abuso de citações e recursos já desgastados, tão comuns ao estilo neoclássico, escolhido por Ximenes:

> É um presepe de gesso, vazio de ideia, frio, inexpressivo ... Além disso, está inçado de elementos incongruos ... enfeitam-no duas esfinges aladas. Por que? Qual a significação dessa nota egípcia? Lateralmente dois leões de asas. Por que? Qual a intenção desse toque assírio? Atrás figuram mais dois leões este sem assas. Por que? ... No grupo central há um carro de triunfo tirado por dois cavallicoques e guiado por uma mulher grega. Em redor dela, a pé, caminham figuras gregas ou romanas. Na rabada do troly, um índio ... Pery, visivelmente Pery dos mambembes líricos que escorcham o Carlos Gomes pelo interior ... (apud Ferreira, 1997, p.8)

Para além da crítica estética que dotava o conjunto de um caráter caricato, Monteiro Lobato criticava sobretudo os símbolos escolhidos para representar a fundação da nação brasileira que, sem dúvida alguma, convergiam para um repertório de imagens universais que poderiam representar a origem de qualquer outro Estado nacional. Ora, segundo artigo sobre o monumento à Independência de Ximenes, publicado no jornal *O Estado de S.Paulo* em 31 de agosto de 1922, argumenta-se em favor do simbolismo emanado pelo conjunto escultural principal, alcançado justamente por meio do recurso às representações iconográficas de caráter universal, vivamente criticadas por Monteiro Lobato:

> Ele simboliza o surgimento da nossa nacionalidade, a formação da nova pátria, de um povo novo. Assim, é que ali se veem o branco, o índio, o negro, os elementos que concorreram para a formação do povo brasileiro. E por fugir do caminho comum seguido pelos candidatos, em cujos monumentos D. Pedro I era sempre figura de maior realce, foi que o projeto de Ximenes mais ataques sofreu, porquanto o acusavam de haver posto em segundo plano o personagem de mais realce na história de nossa libertação. Tal porém não acontece. D. Pedro I, como todos os grandes fautores de nossa emancipação política, lá está no grande quadro a ser posto na parte anterior do monumento. O que o artista quis dizer no grupo principal não foi o fato, comum na história de todos os povos, de um personagem haver lançado um grito declarando livre um povo. Quis o

autor salientar nos grupos e nos grandes relevos do monumento todos os fatos verificados não em anos, mas em séculos de vida, propugnadores da nossa entrada para a comunhão dos povos livres, como é muito bem verificado nos grupos da Revolução Pernambucana, Inconfidência Mineira e no alto-relevo do "Independência ou morte", fatos esses que aparecia: uma nacionalidade nova que surge, no alto do grupo.[71]

Esses múltiplos elementos, comuns à historiografia, à literatura e às artes do período,

ao mesclarem formas do repertório acadêmico europeu e expressões de uma simbologia brasileira, patenteada desde o século XIX, criavam o efeito plástico e persuasivo da inserção da história brasileira (iluminada pelo foco paulista) na grande história da civilização. (Ferreira, 1997, p.9)[72]

---

71 É preciso esclarecer aqui que na base do conjunto escultural de Ximenes, no centro das escadas laterais, foram colocados dois grupos esculturais, um representando a Inconfidência Mineira, e outro, a Revolução Pernambucana; nos vértices dessa mesma base há quatro pilares em cujos extremos foram colocadas piras simbólicas, ao lado das quais estão sentados os principais personagens ligados à Independência: Regente Feijó, Gonçalves Ledo, José Bonifácio e José Clemente Pereira. Finalmente, na parte da frente da mesma base, está o alto relevo reproduzindo o quadro de Pedro Américo. Esses elementos, que segundo historiografia da época resumiam os principais movimentos que antecederam a Proclamação da Independência e que, de certo modo, prepararam os espíritos para esse acontecimento, personalizavam o monumento, mostrando sobre quais "bases" a nação fora fundada. A inserção desses elementos propriamente *nacionais* (com exceção do alto relevo do quadro de Pedro Américo) foi sugerida pela comissão julgadora, quando aprovou o projeto. Naquele momento, pediram ao artista que fizesse "modificações de detalhes que se referem apenas à substituição de alguns símbolos e alegorias, meramente ornamentais, por esculturas que relembrem figuras e fatos relativos à Independência do Brasil" (*Ata da 1ª Sessão...*).

72 Nas artes plásticas, o neoclássico; na literatura e na historiografia, a epopeia. O argumento desse autor é que essas formas de representação eloquentes do passado nacional caracterizam o gênero escolhido para escrever a história daquele período, na matriz paulista, isto é, o *épico*. Comum a vários autores e a diferentes discursos, esse gênero presente desde a Antiguidade até a Época Moderna, não apenas procura reconstruir o passado conferindo-lhe dramaticidade, mas preocupa-se em fixar episódios e personagens exemplares. Nos discursos pronunciados nas solenidades de 7.9.1922, é justamente o seu caráter épico que salta aos olhos, demonstrando mais uma vez (e graças à data perfeitamente adequada) a vontade de mitificar os feitos dos paulistas.

Além da edificação do Monumento à Independência e da reforma completa do Museu Paulista, o governo do estado precisava ainda resolver um problema urbanístico do bairro há muitos anos adiado, isto é, abrir uma avenida que interligasse o Cambuci ao Ipiranga. Apesar da criação de uma linha de bondes que desde 1902 permitia o acesso até a entrada do Palácio de Bezzi, o bairro do Ipiranga continuou sendo um lugar ermo, distante e pouco povoado, caminho de chegada e de saída da cidade. Entretanto, a comemoração do centenário na "sagrada colina", em 1922, tornava a urbanização do bairro – e especialmente das imediações do museu – medida de extrema urgência, permitindo assim a valorização do sítio histórico. Segundo Adolpho Augusto Pinto (1916, p.13),

> o complemento indispensável da grandiosa obra de arte que vai coroar a colina sagrada é uma avenida comunicando a cidade com o pitoresco subúrbio, em condições de largura, conforto e elegância, condignas de seu destino, ao menos no trecho ainda não edificado, do Cambuci ao Ipiranga, para o que é indispensável prolongar o aterrado.

As obras da nova avenida começaram em 1920 e implicaram o fechamento do museu por tempo indeterminado. Para o traçado da avenida, a ser batizada "Independência", era necessário o rebaixamento de toda a área em frente do museu, pois o objetivo dessa nova via urbana era não apenas melhorar o acesso à instituição – em linha reta a transpor o córrego e ir morrer na colina – mas colocá-la em evidência na paisagem urbana. O antigo jardim em estilo lenotriano, projetado pelo arquiteto belga Arsenius Puttemans e inaugurado em 1909, teve então que ser sacrificado para a realização do ajuste topográfico do terreno. O engenheiro-chefe dos trabalhos aí realizados na década de 1920, Mário Whately, explica que

> o estudo do perfil longitudinal foi, portanto, feito em condições de ter o observador, colocado em qualquer ponto da avenida, a vista completa dos dois monumentos, o comemorativo e aquele em que se acha o museu do Estado ... Ficou assim realçada extraordinariamente a bela e antiga construção, podendo-se já formar um juízo do aspecto grandioso que oferecerá a obra depois de concluída. (*O Estado de S.Paulo*, 18.8.1922)

Finalmente, o desaterro da esplanada do edifício implicou pequenas obras para facilitar o acesso direto ao prédio, destacando-se a construção de uma nova escadaria, "em cantaria de granito lavrado, cujas proporções a natureza nobre do material em que foi executada, dão-lhe um realce não comum" (ibidem).

E não apenas o bairro do Ipiranga foi alvo de reformas urbanísticas:

> A cidade ainda guardava muito do seu acanhamento colonial mas ansiava por mostrar-se moderna, progressista, em sintonia com os novos tempos. A prosperidade advinda do café refletia-se na preocupação, potencializada com a aproximação do centenário, de ornamentá-la com belos edifícios públicos, casas de espetáculos, amplos jardins, praças e avenidas. Para a escultura abriu-se um período particularmente fértil. (Luca, 1997, p.7)[73]

Apesar de todo o investimento feito em melhorias urbanas, sobretudo no Ipiranga, as obras previstas não puderam ser completamente concluídas, nem mesmo o monumento de Ximenes, inaugurado em estado inacabado.[74] A Avenida Independência também não foi completamente pavimentada, optando-se por terminar o calçamento de apenas uma das mãos da via pública, onde se reuniriam "as milhares de crianças dos estabelecimentos de ensino e os escoteiros, para cantarem os hinos patrióticos previamente escolhidos" (*O Estado de S.Paulo*, 18.8.1922).

O desfile das forças públicas, no entanto, foi transferido para o Parque D. Pedro II:

> Uma vez feitas as manobras naquele ponto, os diversos contingentes militares que tomaram parte na parada se dirigirão para a avenida Rangel Pestana indo prestar as continências às autoridades defronte da igreja matriz do Brás, onde será construído pavilhão para os membros do governo. (ibidem)

Segundo essa mesma fonte, o papel de São Paulo nas comemorações do centenário era fundamental, pois

> no solo paulista foi onde se ouviu o brado promulgador da liberdade, e em terra de São Paulo surgiram alguns dos mais eminentes coadjuvadores do

---

73 Sobre a difusão da prática de erguer estátuas no espaço urbano, a partir do século XIX, cf. Agulhon (1978).

74 Ele só foi concluído em 1926.

feito histórico. A maior comemoração, como se sabe, será feita no Rio, onde está sendo preparada, com assombrosa atividade, a grande exposição do Centenário. Em São Paulo, relativamente pouco será feito, pois a capital da República, talvez mesmo com alguma razão, monopolizou quase as comemorações do Centenário. Mas esse pouco que se verá aqui vai construir mais tarde o ponto de maior realce da capital paulista.[75]

Os depoimentos[76] sobre as comemorações realizadas no dia 7 de setembro de 1922 são bastante controversos. Segundo algumas fontes, choveu copiosamente naquele dia. Para alguns, a chuva ininterrupta foi um mero detalhe que não atrapalhou o desenrolar nem apagou o brilho da festa. Para outros, o dia chuvoso foi a lembrança mais forte que restou do centenário e do fracasso da festa. Dona Jovina e dona Brites, por exemplo, ao se recordarem daquele dia, constroem um retrato nada solene e bastante distinto daquele descrito em alguns jornais – especialmente na *Revista do IHGSP*:

> No Centenário da Independência uma prima nos pôs no carro para ver os festejos do Ipiranga. Não se fez nada, choveu, choveu a cântaros. A

---

75 No *Jornal do Commercio* (7.9.1922), edição de São Paulo, o mesmo discurso aparece enfatizando o papel primordial de São Paulo na celebração daquela data. "A São Paulo coube papel notável no drama da Independência ... Portanto, convinha que sua participação no rememorar do feito fosse imponente, dizendo que hoje, como outrora nós, os Paulistas conservam acesa e vivíssima a chama da dedicação ao berço natal ... Assim as festas do Centenário terão entre nós um realce excepcional: mais uma demonstração de que a indiferença não envolve o coração de nosso povo, como levianamente se apregoa".

76 Vários jornais, entre eles *O Estado de S.Paulo, Jornal do Commercio, Folha da Noite* e principalmente a *Revista do Instituto Histórico e Geográfico de São Paulo*, que, em número integralmente dedicado ao evento (v.XXI, 1924), não apenas descreveu todas as solenidades e inaugurações daquele dia, como publicou na íntegra os discursos proferidos pelos oradores oficiais. Antônio Celso Ferreira (1997), ao utilizar o texto da *Revista do IHGSP* como fonte principal para fazer uma reconstituição da festa cívica em São Paulo, afirma que a narrativa dessa revista é construída de forma épica (tal como boa parte da história praticada pelos membros desse instituto), procurando dar ao evento um caráter histórico. Além dessas fontes, as comemorações do centenário também aparecem nas memórias de dona Jovina e de dona Brites, entrevistadas por Ecléa Bosi e ainda descritas por Máximo de Barros e Roney Bacelli no livro *Ipiranga*, da série história do DPH sobre os bairros de São Paulo.

comemoração foi no Rio de Janeiro, com a Exposição Internacional, o primeiro parque de diversões com roda gigante que fui.

Em 1922, no Centenário da Independência disseram que iam aprontar o Museu do Ipiranga, que iam trazer fogos de artifício. Choveu a semana inteira, nós fomos pelo Cambuci afora de automóvel para alcançar o museu, não pudemos passar por causa da lama e fogos de artifício ninguém viu. Era só lama e breu. Os festejos foram no Rio de Janeiro. (Bosi, 1994, p.292-318)[77]

Entre a memória tranquilamente recordada e contada por aquele que mergulha nas águas sombrias do passado, na busca de (re)tramar os fios esgarçados de sua própria existência (Bosi, 1994, cap.1), e aquela claramente construída com o objetivo de estabelecer um fato memorável para transmiti-lo como tal à posteridade, um abismo se abre. Assim, aquilo que se lê na *Revista do IHGSP* ou nos jornais da época é de outra ordem e natureza. Percebe-se um vivo esforço de inserir o centenário da Independência numa longa tradição que vê São Paulo não como coadjuvante, mas como personagem principal nos grandes episódios da história nacional. É nesse sentido que a *Revista do IHGSP* começava a narrativa da *Passagem do 7 de setembro de 1922 em São Paulo*, referindo-se ao fato de o dia ter amanhecido chuvoso e úmido, mas que o mau tempo não fora suficiente para "empanar o brilho dos festejos" ou "arrefecer o entusiasmo dos paulistas". A grandeza do evento comemorado estava muito além das intempéries climáticas, sendo descrito de maneira absolutamente grandiosa, o que permitia incluí-lo no rol intemporal dos acontecimentos míticos:

Quando os clarins e as bandas militares anunciaram nas casernas a alvorada da grande data centenária, já o povo enchia as ruas da cidade em

---

77 Chuvoso é também o adjetivo que qualifica as descrições de Máximo de Barros e Roney Bacelli: "Durante a tarde do dia 7 de setembro, uma chuvinha intermitente acompanhou todas as festividades. À noite, os pavios molhados (dos fogos de artifício) negaram fogo. Pior foi a situação dos carros. Os jornais mancheteiam a procissão de automóveis que desde a manhã apinhavam as redondezas do festejo. As ruas, sem nenhuma pavimentação, o chuvisqueiro e o contínuo passar dos carros, transformaram em poucas horas todo o local num imenso atoleiro que somente permitiu a saída dos veículos no dia seguinte" (apud Ferreira, 1997, p.6).

demanda ao Ipiranga onde deveriam ter início as cerimônias oficiais comemorativas do acontecimento máximo na luta pela obtenção da nossa liberdade política. (*Revista do IHGSP*, 1924, p.43)

Na tribuna presidencial, erguida sobre as bases do monumento de Ximenes, estava a comitiva oficial, composta pelo presidente do estado e por demais autoridades, além de representantes da imprensa e numerosas personalidades do meio social paulista (ver Figura 14). Daí se avistava uma multidão, exageradamente calculada em mais de cem mil pessoas, que se acotovelavam nas fraldas da colina, em todas as adjacências do sítio histórico para assistir ao desenrolar das cerimônias (ver as figuras 8 e 9).[78]

Após a execução do Hino Nacional pela banda musical composta de quinhentos professores e a inauguração do alto-relevo do Monumento à Independência, reproduzindo o quadro de Pedro Américo, o orador oficial, Roberto Moreira, tomou a palavra. Ele começou dizendo que seu discurso era desnecessário, pois a grandeza do momento falaria por si mesma. Assinalou, contudo, que, diante da "imensa multidão" espraiada pelos "sítios predestinados" do Ipiranga, tal evento, nunca antes ali visto em tais proporções, merecia ser registrado:

> Não vos parece que esta hora entre todas solene não devia sumir-se na voragem incomensurável do tempo, sem que alguém tentasse definir, imperfeitamente embora, os sentimentos do povo paulista – o seu apreço, a sua gratidão, a sua reverência, a sua ternura pela pátria comum que nos viu nascer e que teve, por sua vez, nestes lugares, a declaração ostensiva e definitiva de sua própria independência? (ibidem, p.45)

Seu propósito era falar do nascimento da nação brasileira que então se comemorava, por isso seu discurso se encaminhava no sentido de mostrar que o feito de 7.9.1822 foi, na verdade, resultado de uma marcha e de um esforço coletivos: "Porque é isso o que vislumbro em nossos fastos, velhos já de quatro séculos, onde fulge, em lampejos de

---

78 Levando-se em conta os depoimentos de dona Jovina e de dona Brites, as dificuldades de acesso ao Ipiranga e a fotografia na Figura 9, o número de espectadores deve ter sido muito inferior ao anunciado pela revista do instituto paulista.

glória e alucinação de heroísmo, a epopeia de um povo intrépido que edificou por si a sua pátria" (ibidem).

Passa em seguida a fazer uma recapitulação desses "quatro séculos de lutas incessantes",[79] deixando bem claro, no início de sua narrativa, quem é esse "povo intrépido": "Primeiro foi a conquista da terra, a delimitação material da pátria. Porque, como sabeis, o Brasil foi feito pelos brasileiros, *ou melhor, pelos paulistas*" (p.47 – grifo meu).

O movimento das bandeiras teve, portanto, grande destaque no discurso de Roberto Moreira, pois ele punha em evidência a singularidade da raça paulista, seu papel ímpar na conquista do território brasileiro e, posteriormente, na sua ocupação.

> Senhorear um território grande como um continente e rude como um deserto, não é obra acessível a gente sem ideal e sem fibra. Nós, entretanto, o fizemos e, conquistada a terra, a desbravamos, a opulentamos, a defendemos. Sim, porque, ao norte como ao sul, não incruentas guerras contra o batavo tenaz ou contra a pirataria ocidental, guerras infrenes, prolongadas, insidiosas, com o espanhol, com o índio e com as mesmas autoridades da metrópole. (p.48)

A elegia aos feitos paulistas no contexto nacional prosseguia, enfatizando sua presença sempre marcante em todos os grandes momentos da história nacional, inclusive na Independência brasileira, que, certamente, não ocorrera por acaso às margens do Ipiranga, pois "foi em São Paulo que vicejou a corrente libertadora – liderada por personalidades marcantes, como os Andradas – que levou o príncipe regente estrangeiro a decidir-se pelo rompimento com Portugal" (Ferreira, 1997, p.11).

O texto de Moreira desfechava-se ressaltando o caráter predestinado da velha Piratininga a ser palco de grandes acontecimentos nacionais no passado e no futuro, futuro este já estampado no progresso material da cidade:

> quem destas paragens contemplasse o povoado de Piratininga só vislumbraria, atufados em névoas, à maneira de uma "esquadra ancorada nas

---

79 Antonio Celso Ferreira (1997, p.10) nota que essa reconstituição, "amparada pelo modelo da epopeia e pela noção da predestinação histórica, traduz, com a preocupação didática e zelo ornamental, as teses que a historiografia vinha construindo há várias décadas".

alturas", os perfis solitários das igrejas. Pois bem, olha agora. Que é que vedes? Tudo mudado. Mudada esta colina, que se cobriu de jardins, palácios e monumentos; mudado o vale próximo, que se transformou em cidade; mudada a cidade distante, que já não é apenas visível pelo branquejar algodoado dos seus templos esparsos, mas pela selva fantástica dessas torres atrevidas ... a atestar materialmente, na eloquência das suas linhas monumentais, o progresso de São Paulo, a civilização do Brasil, a grandeza da Pátria. (*Revista do IHGSP*, 1924, p.52)

Dava sequência à solenidade a execução do poema sinfônico e, como não poderia faltar, a visita ao Museu Paulista, pois "a evocação épica exigia ainda algo além da grandiloquência retórica, da monumentalidade e da sonoridade pungente. Clamava o documento, o atestado da verdade histórica" (Ferreira, 1997, p.12).

E, sem dúvida nenhuma, como foi anteriormente mostrado, o museu reunia, mesmo que ainda de forma bastante incompleta, inúmeros elementos que atestavam a importância decisiva de São Paulo na constituição da nação brasileira. Mais que isso, a museografia que aí se construía, em paralelo à reunião de um arquivo de documentos coloniais de São Paulo e do Brasil, e de uma biblioteca "brasiliana", pretendia dar materialidade à história brasileira de cunho paulista, reiterando por meio da exposição de fontes históricas – documentos e objetos – o gesto fundador de D. Pedro I.

As visitas daquele memorável dia, no entanto, estavam apenas começando. Depois do museu, a comitiva presidencial, sempre acompanhada pela imprensa, seguiu de carro para a Avenida Paulista, para a inauguração da estátua elevada à memória do poeta Olavo Bilac pela Liga Nacionalista e pelos estudantes da Faculdade de Direito. Ato sem nenhuma relação com as comemorações do centenário da Independência, a coincidência da data deu maior expressão à inauguração da estátua, forçando a interpretação do exaltado orador:

> Não vejamos, senhores, mera coincidência na glorificação de uma lira exatamente no dia em que se comemora o primeiro aniversário da nossa independência política. São os altos desígnios de Deus! Os cânticos do poeta abafam o rumor dos grilhões que se despedaçam... (*Revista do IHGSP*, 1924, p.54)

Da Avenida Paulista o grupo seguiu, em um trem especial da São Paulo Railway, para Santos, onde novas inaugurações dariam continuidade às celebrações do centenário. Ressaltando mais uma vez a presença de "numerosa massa popular", a *Revista do IHGSP* (1924, p.56) conta que a comitiva foi recebida às 14 horas pelas autoridades santistas, que a conduziu à Praça da Independência, onde seria inaugurado o Monumento aos Andradas, "três grandes fautores da nossa liberdade política e brilhantes expoentes do civismo e da energia paulista".

Depois da execução do Hino Nacional, tomou a palavra Roberto Simonsen, presidente da Companhia Construtora de Santos, responsável pela realização do projeto. Elogiou em primeiro lugar o trabalho da Comissão Executiva do Monumento, que, desde sua criação, em 1915, por Lei Federal, não economizou esforços para que o monumento fosse construído. Lembrou em seguida o papel determinante das três personalidades que desenvolveram e defenderam o projeto no concurso público internacional aberto em 1919: Affonso d'Escragnolle Taunay, mentor intelectual; Antônio Sartorio, escultor; e Gaston Castel, arquiteto, ambos franceses. Ressaltou, enfim, o caráter nacionalista do trabalho combinado dos três homens, fazendo do monumento uma iniciativa eminentemente brasileira, paulista e santista.[80]

A oração solene foi feita por Eugênio Egas, membro do IHGSP, que, além de traçar o perfil biográfico de cada um dos Andradas, José Bonifácio, Martim Francisco e Antônio Carlos, procurou destacar a participação condutora e determinante dos paulistas no processo da Independência brasileira. O papel de José Bonifácio é posto em evidência, mostrando sua participação decisiva no movimento de separação do Brasil de Portugal ao aconselhar veementemente o príncipe regente, D. Pedro I, a declarar o Brasil independente, proclamando-se imperador de um novo império. A retórica de Egas põe em pé de igualdade e dota do mesmo teor de heroísmo os ideais libertadores de José Bonifácio e o gesto de D. Pedro I:

> O príncipe era a mocidade intemerata, sequiosa de glória e altos feitos retumbantes, José Bonifácio, a velhice calma, refletida e prudente,

---

80 Sobre a história da construção do monumento santista, cf. Deledalle-Morel & Brefe (s.d.).

ambiciosa de ver o Brasil convertido em nação autônoma. D. Pedro é a ação, Bonifácio o critério; o príncipe é a espada, Bonifácio o livro. E assim, são eles os maiores e mais representativos dos homens da Independência. (ibidem, p.60)

"E assim, são eles os maiores e mais representativos dos homens da Independência." Eugênio Egas termina seu discurso enaltecendo o papel da cidade de Santos, berço de grandes homens que muito fizeram pela grandeza do Brasil no passado e que no presente ainda continuavam trabalhando pela causa nacional. Entrega, assim, o monumento à cidade.

O próximo ponto de parada da comitiva presidencial foi o palácio da Bolsa Official do Café, também inaugurado naquele dia solene, graças ao pagamento de uma taxa sobre cada saca de café vendida nos últimos anos pelo porto de Santos.

> Foi com a pequenina taxa de 20 réis ... que, sobre ruínas e destroços de prédios dos tempos coloniais se edificou, de cimento armado, granito róseo e mármore, este Palácio no valor de mais de cinco mil contos de réis. (p.65)

O soberbo palácio, construído de acordo com os avanços técnicos da arquitetura e da engenharia da época, recebeu um fino acabamento artístico, sendo decorado com um grande painel pintado pelo artista santista Benedito Calixto. O tema tratado é a cidade de Santos, da sua fundação ao seu aspecto atual, expressando seu amplo desenvolvimento ao longo dos anos. A retórica do novo orador vai ao encontro de todas as outras orações do dia, dotando mais uma vez episódios e personagens *paulistas* de um caráter mítico. No passado como no presente (e ainda no futuro), São Paulo veio à frente:

> Mas meus senhores, esta inauguração tem uma significação mais ampla. Não representa apenas a prosperidade material de uma civilização embrionária, como a de então. A inauguração deste edifício atesta a importância e a prosperidade do primeiro Estado da União, a grandeza de sua lavoura inteligentemente organizada, de suas bem distribuídas vias de comunicação, de suas indústrias e de seu comércio. (p.68)

Finalmente, a última inauguração em Santos, antes da volta a São Paulo pelo Caminho do Mar, onde também inúmeros monumentos seriam entregues ao público, é a da estátua de Bartholomeu de Gusmão, na praça homônima.

> Imaginação, visão, voo do espírito: que outra figura brasileira poderia expressar, com tamanha magnitude, tal capacidade de antecipação da História, se não Bartholomeu de Gusmão – *o padre voador*? Não ao acaso, a cidade completaria suas homenagens, na oportunidade de uma reanimação da vida nacional, com uma estátua desse santista do século XVI, esculpida por Lourenço Massa, da Academia de Belas Artes de Gênova. (Ferreira, 1997, p.15)

A oração em homenagem ao inventor santista colocava mais uma vez em relevo feitos paulistas e, dessa vez, inseria-os no rol das grandes descobertas científicas universais que contribuíram para o progresso da humanidade. Mais uma vez, naquele dia, era assinalada a capacidade paulista de enxergar à frente e de realizar grandes feitos, seja por meio de ações coletivas, como as bandeiras, seja pelo esforço individual, como no caso do padre santista. Graças à sua "largueza de vistas", ao seu "brilhante gênio inventivo" e a tantos outros adjetivos que poderiam ser atribuídos aos paulistas de todos os tempos, a elegia a Bartholomeu de Gusmão encerrava as comemorações em Santos, amarrando mais um dos fios da tradição paulista, tradição esta que logo em seguida seria revivida e registrada em cada um dos *Ranchos-monumentos* do Caminho do Mar. "Glória, senhores, ao ilustre Bartholomeu de Gusmão, homem de ciência, símbolo da tradição e autor de um feito, que perdurará sempre com justificado orgulho" (*Revista do IHGSP*, 1924, p.75).

No Caminho do Mar, os monumentos inaugurados pretendiam representar a própria evolução da história do Brasil do ponto de vista de São Paulo. Via de transporte emblemática tanto quanto o Rio Tietê no período das monções, pela dificuldade de travessia, pondo em destaque a bravura daqueles que conseguiam vencê-lo, ele foi caminho a ser trilhado nos grandes momentos da história de São Paulo, que se confundiam com aqueles da história do Brasil. Nas palavras do narrador da *Revista do IHGSP* (1924, p.91), ele mais parece um dos tantos caminhos atravessados por Ulisses na sua epopeia, não lhe faltando nenhum adjetivo para inseri-lo no reino do mito, onde feitos memoráveis são continuamente realizados por destemidos heróis:

Esta serra é o emblema da intrepidez, da coragem, do descortino dos paulistas. É o símbolo da altivez e da sobranceria de São Paulo. Por ela, se fez a primeira conquista, quando os seus cocorutos, embiocados de neblina, calafetavam o interior numa noite povoada de fantasmas; por ela, penetrou na América a civilização latina, quando, ao sol da cristandade, os seus cumes se aureolavam de arnezes de ouro e o céu, raiado de púrpura, refletia as planícies de além; por ela os patriarcas de nossa emancipação política conduziram D. Pedro I, e as trompas da liberdade retroaram na alvorada da nacionalidade, acordando a alma alvoroçada do Brasil ao grito da *Independência ou morte!*; por ela a escravidão fugindo ao cativeiro voltou à liberdade; por ela, São Paulo galvanizou o Brasil com os clarões de sua fé republicana, com a mesma segurança com que fez a democracia e com a mesma firmeza com que mantém o império da ordem e da legalidade.

Os monumentos do Caminho do Mar foram erguidos segundo o desejo de Washington Luís de homenagear as diferentes etapas de desenvolvimento de São Paulo, sempre trabalhando pelo progresso nacional, como o trecho ora transcrito deixa bem claro. Eles evocavam os antigos ranchos que existiam na estrada secular, para o repouso dos tropeiros que percorriam incessantemente esse caminho, "a pata de muar", mantendo vivo o comércio e fazendo a comunicação entre o litoral e as terras do interior de São Paulo. O narrador da *Revista do IHGSP* (1924), explicava:

> É a lembrança dessa luta épica pela riqueza de São Paulo e pela grandeza da Pátria, são as reminiscências desse viver tão típico e tão caracteristicamente pitoresco, é todo o progresso paulista em suas gradações perpassadas ao longo da estrada de Santos que os modernos "Ranchos" invocam à alma afetiva dos paulistas. (p.76)

O discurso de inauguração foi proferido por Júlio Prestes no quarto e último dos *ranchos*. Ele assinala que de todas as comemorações celebradas naquele dia em homenagem ao centenário da Independência, aquela feita naquele momento era a que melhor resumia o "evoluir dinâmico da nacionalidade". Isso porque os monumentos do Caminho do Mar

> representam a generalização de nossa história, por marcos que abrangem ciclos diversos e que tão estreitamente se ligam e se encadeiam, resumindo e explicando todos os períodos de nossa evolução. Cada um destes

monumentos rememora uma época, cada uma dessas épocas revela um estado de civilização, e todas elas, no seu conjunto, intimamente entrelaçadas como os elos de uma mesma corrente, representam a unidade, a sequência, a marcha ascensional de nossa vida, qual se nos mostrassem, em diversas idades, fotografias diferentes da mesma criatura. (ibidem)

As imagens utilizadas no discurso não deixam dúvidas sobre suas intenções explícitas: reatar os elos da tradição nacional em seu momento mais emblemático, sua festa centenária. Passado e presente em comunhão suprema, numa leitura teleológica da história: "Erguidos à margem desta estrada, como um culto ao passado, eles ligam entre si as ideias e a vida, o tempo e o espaço, explicando o presente".[81]

O primeiro monumento, o *Cruzeiro quinhentista de Cubatão*, remete às origens e aos fundadores, ao primeiro sonho plantado em terras sul-americanas que se concretizou ao longo dos séculos, tendo São Paulo sempre à frente: "Símbolo sagrado, a Cruz resume a época dos descobrimentos e concretiza os usos, os costumes, a crença, as lutas e os ideais que foram o germinal da nossa nacionalidade".

Refere-se, portanto, à época anterior a 1560, quando o primeiro caminho em direção ao planalto foi aberto não apenas para o abastecimento do litoral, mas como serviço necessário para a catequese e utilização do índio. Ele foi então denominado "caminho do Padre José".

Erguido na encruzilhada da estrada de rodagem do século XX com o antigo caminho de Anchieta, esse monumento é formado de uma cruz central, um chafariz e uma êxedra. Na base da cruz, três painéis representam a luta entre a civilização e os índios, a catequese de Anchieta e a abertura do primeiro caminho. Na outra face, voltada para a serra, outros três painéis representam a chegada das caravelas a São Vicente. O orador lembrava que, na história de São Paulo, "a abertura desse caminho assegura a conquista do planalto e esboça a missão social do paulista na formação da nacionalidade".

Fundada Piratininga, graças à conquista desse primeiro caminho, surgia também uma "nova raça para a humanidade", formada de mesti-

---

81 Todas as citações que se seguem, do discurso de Júlio Prestes, estão entre as p.70-92 da *Revista do IHGSP* (1924).

ços, os primeiros paulistas que, em breve, se forjariam bandeirantes. Um novo período se abria na história do Brasil quando a mineração tornara-se a atividade econômica primordial para a metrópole.

Abrangendo quase um século de história, de 1757 a 1839, o segundo monumento, *Abrigo dos marcos de Lorena*, referia-se aos oito quilômetros de estrada de três metros de largura que o governador Lorena mandou calçar no século XVIII para atender às necessidades de produção e do comércio em franca expansão de São Paulo de Piratininga. Nesse momento, aparecera outro personagem emblemático do passado paulista, o tropeiro, pertencente à mesma linhagem bandeirante, dando continuidade ao progresso paulista em uma outra esfera. Como aquele, o tropeiro, em suas idas e vindas, também colaborou de maneira decisiva para a constituição da unidade nacional:

> O tropeiro foi nessa época um dos mais fortes elementos de vida e de progresso de todos quantos trabalham para a grandeza e pela unidade do Brasil. Eram eles que recebiam mercadorias em pontos diversos e que as traziam para o comércio, entretidos com o seu lote, com a sua lida, com os seus cantares saudosos e nostálgicos e que iam, dessa maneira, inconscientemente, tecendo o elo da solidariedade nacional.

Do bandeirante ao tropeiro, da colônia ao Império, esse marco descortina todo o século XVIII e o início do XIX:

> O próprio alvorecer da cafeicultura, com a chegada das primeiras mudas da planta; a passagem dos naturalistas estrangeiros pela região, trazendo a ciência europeia; o trânsito das ideias de liberdade e, afinal, a independência. (Ferreira, 1997, p.19)

O próximo *rancho* referia-se a outro período da história, quando a estrada de Lorena tornou-se insuficiente, sendo completamente reformada em 1844 pelo governo provincial, para permitir o trânsito de outros veículos. Foi batizada "Estrada da Maioridade" justamente por comemorar a ascensão de D. Pedro II ao trono do Brasil.

Decorado com o escudo imperial e com painéis que reproduziam homens eminentes da época, o monumento representa o tempo em que

> a política é liderada por Antonio Carlos e Martim Francisco. A ordem legal é representada pelo Duque de Caxias e pelo brigadeiro Tobias; a

agricultura, pelo senador Vergueiro; a arte, por Gonçalvez Dias e Porto Alegre; a ciência por José Bonifácio e Saint-Hilaire; a indústria e o comércio, por Paes de Barros.

Enfim, o quarto monumento, o *Rancho de Paranapiacaba*, simbolizava a época dos homens do centenário, que alvoreceu em "pleno regime de liberdade republicana". Falando, portanto, da experiência próxima de todos aqueles que ali estavam, o narrador da *Revista do IHGSP* assinalava:

> Estamos no Rancho de Paranapiacaba, em plena sazão da democracia, colhendo os frutos da liberdade pregada pelos republicanos de 1870, e estamos na realidade daquele sonho, vendo a Pátria engrandecida e fortalecida, próspera e feliz, expandir-se sob o regime da República Federativa de 1889.

História contada segundo a marcha ininterrupta do progresso, tendo São Paulo sempre à sua frente, os monumentos e a retórica do narrador ecoavam no mesmo tom da museografia composta no Museu Paulista e da produção historiográfica paulista, que se desenvolveu amplamente na década de 1920. Um ideal comum atravessava todas essas iniciativas, orquestradas pelo governo do estado de São Paulo e, naquele momento, sintetizadas na pessoa de Washington Luís: o louvor à pátria e à pedagogia popular:

> O engenho patriótico que delineou estes monumentos revela o amor ao passado e a absoluta confiança no futuro. A sua execução foi ordenada, obedecendo a esse duplo fim: ensinar o povo a cultuar o passado e a confiar no futuro.

Inaugurado o último monumento, a comitiva retornaria a São Paulo para assistir à passagem do cortejo luminoso e à queima de fogos na Avenida Paulista. Segundo a imprensa da época, o espetáculo teve que ser transferido para o dia seguinte, pois a chuva ininterrupta que caiu sobre a cidade de São Paulo durante todo o dia molhou a pólvora e inutilizou os cartuchos dos fogos!

Na peregrinação pelos marcos históricos cuidadosamente preparados, pretendia-se fixar definitivamente o lugar de destaque ocupado por São Paulo na história nacional. Como se viu, os esforços foram múltiplos e desdobrados em inúmeras frentes. A empresa, no entanto, não se encerrava aí, adquirindo faces diversas a partir de então, como no movimento modernista. Neste, há um rompimento com a tradição, no sentido de que ela é abordada nas comemorações do centenário e na historiografia paulista, mas sua explosão em 1922 permite supor uma inquietude em relação às origens e à identidade nacional, mesmo se questionadas sob outras bases e de um ponto de vista então chamado de vanguardista.

Um cenário paralelo: o Museu Republicano Convenção de Itu

Outra importante inauguração realizada pelo governo do estado de São Paulo no início dos anos 20 é a do Museu Republicano Convenção de Itu, como um instituto anexo ao Museu Paulista. Taunay também foi incumbido da organização e direção dessa instituição, cuja criação coincidiu com a comemoração da efeméride cinquentenária da Convenção de Itu, em 18 de abril de 1923.

A convenção ituana deu origem ao Partido Republicano Paulista, o "mais forte e unido partido de oposição à Monarquia" (Casalecchi, 1987, p.47). Após o lançamento do Manifesto Republicano de 1870, publicado no jornal carioca *A República* em janeiro de 1871, começaram as adesões ao Clube Republicano da Corte. O objetivo desse manifesto era pôr fim ao regime monárquico, o que o distinguia qualitativamente dos partidos então existentes, o Liberal e o Conservador. No entanto, para atingir seus fins, a ideia de revolução estava completamente ausente de suas plataformas: o objetivo era chegar à República por uma lenta evolução eleitoral, pois, como previa a Constituição de 1824, a República poderia ser proclamada, pacífica e legalmente, pela maioria republicana no Parlamento:

> Como homens livres e essencialmente subordinados aos interesses da nossa pátria, não é nossa intenção convulsionar a sociedade em que vivemos. Nosso intuito é esclarecê-la. Em um regime de compressão e violência, conspirar seria o nosso direito. Mas no regime das ficções e da corrupção em que vivemos, discutir é o nosso dever. As armas da discus-

são, os instrumentos pacíficos de liberdade, a revolução moral, os amplos meios do direito, postos a serviço de uma convicção sincera, bastavam, no nosso entender, para a vitória da nossa causa, que é a causa do progresso e da grandeza da nossa pátria. (apud Casalecchi, 1987, p.39)[82]

Entre as questões levantadas pelo manifesto, uma das mais enfaticamente expostas foi aquela da centralização do governo imperial, que já dividia conservadores e liberais. Assim, defendia-se o federalismo como o regime ideal para o Brasil:

> É a voz de um partido a que se alça hoje para falar ao país. A nossa obra é a obra de um patriotismo e não de exclusivismo, e aceitando a comparticipação de todo o concurso leal, repudiamos a solidariedade de todos os interesses ilegítimos. O regime da federação, baseado na independência recíproca das províncias, elevando-as à categoria de estados próprios, unicamente ligados pelo vínculo da mesma nacionalidade e da solidariedade dos grandes interesses da representação e da defesa exterior, é aquele que adotamos no nosso programa, como sendo o único capaz de manter a comunhão da família brasileira. Somos da América e queremos ser americanos. (apud Taunay, 1913c, p.57)

Em São Paulo, o manifesto teve rapidamente importantes repercussões. A defesa do federalismo vinha de encontro com as aspirações paulistas, principalmente das suas elites econômicas, que se viam excluídas da esfera das decisões políticas, em razão do centralismo do governo imperial. Já na década de 1860, alguns jornais paulistas debatiam ideias republicanas procurando instigar o "espírito associativo dos paulistas":

> Estudar os negócios da província e prover as necessidades é um crime de contrabando que o governo da Corte nunca deixou impune. Em regra, o presidente não é senão um espião do governo na província. As províncias contribuem e a corte esbanja. Aí está o segredo dos famigerados economistas do Brasil ... São os encantos da centralização, dizem os áulicos. É a desgraça do Brasil, dirão um dia as províncias. (apud Casalecchi, 1987, p.48)

Alguns paulistas, encabeçados por Américo Brasiliense de Almeida e Mello, pretendendo dar impulso ao movimento republicano na pro-

---

82 Sobre essas questões, cf. Holanda (1976).

víncia de São Paulo, após a divulgação do manifesto, reuniram-se em 1872 a fim de estudar a criação do Partido Republicano em São Paulo, resolvendo então organizar uma convenção que reunisse os diversos membros de clubes e núcleos republicanos espalhados pela província. Várias cidades se ofereceram para sediar a reunião, mas Itu acabou sendo escolhida porque contava com o maior número de indicações entre as cidades republicanas da província (cf. Brasiliense, 1979). Nessa mesma reunião, prévia da futura convenção, lançaram-se as bases do partido que se assentavam em dois aspectos principais. Em primeiro lugar, a independência e a autonomia da província e dos municípios entre si e em relação ao clube republicano localizado na capital do Império, não aceitando, portanto, nenhuma subordinação hierárquica. Em segundo, defendia-se a proteção da imprensa republicana e a divulgação do partido e de suas ideias por esse meio.

A convenção foi então realizada em 18 de abril de 1873, dia em que se inaugurava a estrada de ferro ituana, permitindo o fácil acesso dos convencionais à reunião. A escolha da data, coincidente com aquela da inauguração do caminho de ferro de Itu, parece não ter sido aleatória, mas permite supor que os republicanos estavam preocupados em relacionar sua imagem e suas realizações ao progresso material da província de São Paulo.[83]

Reuniram-se assim, na casa de Carlos Vasconcellos de Almeida Prado, republicanos de diferentes municípios da província de São Paulo[84], com o intuito de discutir a estruturação do Partido Republicano Paulista de modo a facilitar as relações entre os diversos clubes republicanos da província. A ata da convenção, assinada por 133 participantes, registra as seguintes deliberações:

---

83 José Ênio Casalecchi (1987, p.23) nota que "as ferrovias tornavam economicamente acessíveis e valorizavam as terras virgens do interior, preservavam a melhor qualidade do café e viabilizavam o escoamento da produção total. Por outro lado, eram um setor nada desprezível e de garantida lucratividade para os investimentos dos fazendeiros. Das 20 ferrovias existentes em São Paulo, em 1910, 16 eram de capitais privados com destaque para a Paulista e a Mogiana, cujas receitas entre 1906 e 1910 representavam 14,5% do valor das exportações do café".

84 Itu, Jundiaí, Campinas, São Paulo, Amparo, Bragança, Moji-Mirim, Constituição, Botucatu, Tietê, Porto Feliz, Capivari, Sorocaba, Indaiatuba, Vila de Monte-Mor, Jaú (cf. Taunay, 1923c, p.72).

1º Será constituída na Capital da Província uma Assembleia de representantes de todos os municípios.

2º Funcionará, a primeira vez, em dia marcado pelos presentes cidadãos e posteriormente como e quando for determinado pelos adotados em sua Constituição.

3º Cada município elegerá um representante.

4º O sistema eleitoral será o sufrágio universal, i.é. a idade de 21 anos completos e não condenação criminal darão direito ao voto a todo cidadão.

5º A Assembleia de representantes no fim de cada Sessão nomeará uma comissão para, no intervalo das reuniões, dirigir os negócios do partido, entender-se com os clubes municipais, e tomar as providências exigidas pelas circunstâncias, que se derem, ficando porém seus atos sujeitos à aprovação da Assembleia. (apud Taunay, 1923c, p.94)

O Partido Republicano Paulista desenvolveu-se amplamente após esse ato oficial de inauguração, participando ativamente da oposição ao governo monárquico que tomou corpo nas últimas décadas do século XIX. Essa oposição, no caso do partido paulista, centrava-se em dois aspectos principais, isto é, na necessidade de substituir o trabalho escravo pelo trabalho livre e na descentralização política. Vale lembrar que esses anseios eram principalmente aqueles dos cafeicultores que, compondo a maior parte do contingente perrepista, tentaram direcionar sua agremiação para uma ação política voltada a derrubar o regime monárquico por meio da "evolução" e da reforma, nunca pela revolução.

> Essa opção, aliada à não extensão da propaganda republicana às camadas mais baixas da população, conferiu um caráter especial à mudança do regime: ausência de manifestações populares, o desinteresse pelas mudanças e a direção da política, republicana nas mãos da oligarquia. (Casalecchi, 1987, p.248)

Proclamada a República brasileira, esse novo regime veio carregado de desafios para o partido paulista, que então participa diretamente do novo governo. Entre os desafios,

> surgiu para a província a necessidade de permanência do poder sob a tutela dos civis, o que acabou por impor uma diretriz aos próceres do [Partido Republicano Paulista] PRP, que foram levados a apoiar o florianismo. Sob a tutela civil, a política paulista foi atribulada por pertinaz crise da

economia brasileira, só resolvida a partir do Convênio de Taubaté, em 1906. A partir daí, a consolidação impõe-se ao conflito. (ibidem)

Os primeiros anos do século fluem tranquilamente para o PRP, que se consolida como força política, ganhando lugar de destaque no quadro político nacional. Entretanto, novas tensões e conflitos manifestam-se desde o final da década de 1910, quando a hegemonia política do partido, conquistada nos anos anteriores, é fortemente abalada por ondas de contestação externas e importantes dissidências internas. De um lado, o movimento operário toma vulto, de modo que a presença operária e suas reivindicações não podiam ser ignoradas pela liderança do governo. De outro, a crise da lavoura cafeeira no início da década de 1920 e a subsequente carestia mostram que as medidas tomadas em relação à lavoura eram insuficientes, o que abria um abismo entre o governo e os cafeicultores, que, por sua vez, passam a fazer-lhe forte oposição. Os políticos do PRP são então acusados de se desvincularem dos interesses dos produtores e de apoiarem, indistintamente, a política do governo, contrária aos agricultores.

Nesse panorama, a plataforma política de Washington Luís para a Presidência do estado de São Paulo no quadriênio de 1920 a 1924 propunha soluções para a crise rural e urbana e procurava encarar as questões sociais manifestas pelo movimento operário, que crescia naquele momento. O desenrolar desse governo, todavia, fez aumentar ainda mais o desgaste do partido e dos políticos a ele ligados, no final da década de 1920.

A compra do casarão em que se realizou a Convenção de Itu pelo governo do estado de São Paulo,[85] em 1921, e a inauguração de um museu nesse local, em 1923, dedicado a comemorar o cinquentenário da famosa reunião e a memória do movimento republicano em São Paulo, devem ser entendidas no contexto ora descrito, quando o PRP começou a manifestar os primeiros sinais de vivo desgaste. A comemoração da efeméride cinquentenária aparecia, então, como momento oportuno e bastante conveniente para a direção do PRP, encabeçada por Washing-

---

85 Sobre a controversa história do casarão onde se realizou a convenção de Itu em 1873, ver Rossi (2002-2003).

ton Luís, reforçar as bases da sua plataforma política, legitimando sua ação no tempo presente por meio de uma "colagem" aos ideais dos fundadores do partido. Algumas passagens do discurso proferido na Câmara dos Deputados de São Paulo, em 23 de dezembro de 1921, quando foi assinada a lei n.1856, autorizando o governo a adquirir o casarão de Almeida Prado, denotam claramente essa preocupação.

Como todo exercício de legitimação, o discurso proferido pelo deputado Mário Tavares começava por tecer os fios da tradição, procurando localizar as origens das ideias e do movimento republicano no Brasil, dotando-o de um caráter popular. Nota-se, inicialmente, o esforço de construção retórica, pois, como é sabido, o republicanismo no Brasil nunca teve forte adesão popular, permanecendo, sobretudo em seus primórdios, um movimento fortemente elitista. O projeto de criação de um museu republicano no casarão em que se realizou a Convenção de Itu, diz Mário Tavares,

> evoca, em sua simplicidade, a coragem cívica de um pugilo de republicanos imortais na gratidão patrícia, vinculados à estima e à veneração populares, em plena fase de desprendimento e de abnegação pela causa pública. (apud Taunay, 1923c, p.9)

Muito antes do aparecimento do Partido Republicano no Brasil, alguns movimentos já manifestavam "o surto das ideias democráticas" no país, lembrou o orador. Assim, na tessitura da tradição republicana, ganhavam lugar de destaque a Inconfidência Mineira, a Revolução Pernambucana, a Confederação do Equador, a República de Piratininga, entre outros:

> Germinava, pois, Sr. Presidente, nos extremos do país, em movimentos cívicos e populares, promissora a propaganda dos novos ideais quando, para unificação do trabalho partidário e aproveitamento das energias despertadas pelo brado conclamante do manifesto de 70, foi necessária a organização regular do Partido e a constituição de uma assembleia de representantes municipais. (ibidem, p.10)

São Paulo é posto em destaque nesse cenário, e o movimento republicano, que aí tomava corpo a partir da década de 1860, aparecia como responsável pelo progresso material da antiga província:

São Paulo, cuja eclosão maravilhosa nesta hora magnífica de progresso é fruto da semeadura de 1873, quer despertar os seus filhos para a grande e intensa claridade do passado, dos postulados que conquistaram a opinião coletiva como promessas, sacudindo a alma patrícia, despertando a propaganda republicana, animando o concurso às urnas; *São Paulo das bandeiras*, quer glorificar o presente, celebrando o passado. (p.16 – grifo meu)

A celebração do passado enaltece os feitos do momento presente e revigora significados perdidos, uma vez que na tessitura dos fios da tradição, o exercício consciente de memória liga acontecimentos distantes e mesmo disparates a uma linhagem comum. A aquisição do casarão de Almeida Prado pelo governo do estado de São Paulo parecia, então, fazer parte de um processo lógico e, mais que isso, figurava como uma espécie de recompensa merecidamente alcançada:

Celebremos o passado. Entreguemos a casa modesta, onde nasceram o partido Republicano e a democracia brasileira, ao preito do povo especialmente da mocidade, para que ela transmita, de geração a geração, o fogo sagrado desta fé vigorosa nos destinos da nossa terra, e que a ela, entusiástica e febril, legião coroada de esperança, caiba a missão patriótica da defesa do nosso patrimônio moral, do nosso patrimônio cívico, da nossa conquista irrefragável e imperecível.

...

Seja essa casa o santuário onde viverão imperecíveis as evocações do passado, imortais as tradições que ali nasceram; seja o relicário onde refulgirá perenemente a panóplia dos idealistas de 70, dos convencionais de 73, dos triunfadores de 89. (ibidem)

Adquirido o prédio, foi aberto um crédito de oitenta mil réis para realizar reparos e a instalação do museu sob a responsabilidade de Affonso de Taunay. Como ele mesmo conta, o casarão, construído em 1867, um exemplar típico da arquitetura nacional do Segundo Império, necessitava de ampla reforma para ser a sede condigna do museu republicano paulista. Assim, foram suprimidas alcovas e algumas paredes internas, criando espaços mais amplos e mais bem iluminados. Taunay (1923c, p.16) fez questão de ressaltar que nos cômodos em que se realizou a Convenção de Itu, isto é, nas duas salas da frente do prédio, não se tocou em absolutamente nada.

O museu foi inaugurado em 18 de abril de 1923, quando a convenção festejava seu cinquentenário. O jornal daquele dia, *Correio Paulistano*, contava que desde as primeiras horas da manhã, a concorrência do povo nas ruas da cidade de Itu fora grande. Todos esperavam impacientes, contou o efusivo narrador, a chegada do presidente do estado, Washington Luís, e de sua comitiva, para a inauguração do novo museu:

> Pouco a pouco, Itu transbordava de gente de fora, romeiros do culto cívico, peregrinos em busca do santuário onde toda a alma de bom brasileiro deve dessedentar-se nos momentos de dúvida e nos desfalecimentos possíveis, onde toda a fé se avoluma e multiplica na meditação fecunda, onde toda a visão errônea ou falso respeito ao regime se dissipa em contato com tanto ardor relembrado, e tanta esperança e tanto patriotismo e tanta verdade que as efígies imortais dos propagandistas referem. (ibidem, p.25)

Mesmo se, de fato, havia uma grande quantidade de pessoas nas ruas de Itu para a assistência da inauguração, é preciso notar que a descrição de Taunay dota o evento de um caráter espetacular (como, aliás, era seu hábito ao narrar episódios dessa natureza), digno de figurar entre as grandes efemérides nacionais.

A inauguração, como não poderia deixar de ser, foi precedida por discursos oficiais, de Washington Luís, bem como de Carlos Campos, membro da comissão diretora e líder político paulista no cenário nacional. Taunay enfatiza o caráter laudatório de ambos os discursos em relação ao advento da República Federativa e à participação de São Paulo na instalação desse regime no Brasil.

Fazendo um breve histórico da Convenção de Itu, Washington Luís pôs em evidência a importância da instituição que ele inaugurava naquele momento, voltada à rememoração da famosa reunião ituana, cujos desdobramentos para o desenvolvimento do movimento republicano em São Paulo e no Brasil foram notáveis. Mais um entre os inúmeros exemplos de manifestação do gênio paulista, quase sempre na vanguarda das grandes iniciativas no país,

> esta festa de hoje, exclusivamente cívica, puramente republicana, cultuando o passado democrático, presta homenagem respeitosa aos homens extraordinários da *Convenção de Itu*, cujos sobreviventes emprestam a esta assembleia uma solenidade venerável; significa a tranquilidade da hora pre-

sente diante das realizações feitas; exprime a confiança, que não desfalece, nos tempos por vir, e mostra inequivocamente, numa reafirmação imponente e comovedora, que, cônscios das grandes responsabilidades que lhes cabem no regime, assim no passado como no presente, não perderam os paulistas as características do seu gênio. Intemeratos, fortes, desprendidos, estão sempre juntos, prontos, ao primeiro toque de reunir, na defesa da República. (Washington Luís in Taunay, 1923c, p.39)

Carlos Campos, por sua vez, traça um histórico do movimento republicano em São Paulo, mostrando como esse novo ideário contribuiu de maneira direta e decisiva para o progresso material desse estado no final do século XIX. Sua elegia também se volta ao povo paulista, "empreendedor por natureza". Ele finalizou seu discurso de maneira eloquente:

Não se pode esquecer também o cavalheiresco povo paulista que, por sua índole adiantada, por seu espírito de ordem e por seu amor ao trabalho, constituiu o terreno ubertoso em que nasceram, cresceram e frutificaram tão valiosos empreendimentos ...

De pé, senhores, de pé – na hora inesquecível de começarmos a saldar sacrossanta dívida de gratidão para com os precursores do regime que nos felicita ...

De pé, senhores, de pé – nesta veneranda consagração da promessa – no passado, da realidade – no presente e da confiança no futuro da República Federativa do Brasil! (Carlos Campos in Taunay, 1923c, p.54)

Quanto a esse momento inaugural, merece ainda ser citado o texto escrito por Eugênio Egas, do IHGB, em que também fez uma digressão sobre o movimento republicano em São Paulo, pondo em destaque os grandes personagens que nele estiveram envolvidos, finalizando com uma sacralização da cidade de Itu no conjunto do processo republicano brasileiro. A importância desse logradouro é então valorizada em relação ao Ipiranga e àquilo que ele rememorava, no sentido que deu continuidade à história ali narrada, graças também à presença do "gênio paulista". Os dois lugares eram, por excelência, locais de celebração da memória paulista de caráter eminentemente nacional:

No Ipiranga nasceu a Pátria; em Itu ergueu-se a voz profética dos republicanos paulistas. De lá partiu o brado sonoro de que o Brasil ficava independente; daqui a promessa jurada de que na América só haveria repúblicas. São dois lugares que convém aproximar cada vez mais. Lá, a documentação geral da nossa história nos pontos de provado interesse brasileiro e paulista; aqui a documentação da história política do Partido Republicano de São Paulo. (Eugênio Egas in Taunay, 1923c, p.84-5)

Inaugurado o museu, inúmeras doações lhe foram feitas, vindas na sua maior parte de membros do PRP, do próprio presidente do estado de São Paulo ou de familiares dos convencionais de 1873. Grande quantidade de documentos ligados aos primeiros anos do partido e de seus membros fundadores, jornais republicanos que testemunhavam sobre os primeiros anos da propaganda republicana na província de São Paulo, mobiliário de época, retratos e pinturas vieram compor o acervo inicial desse museu, que se enriqueceu ao longo dos anos com novas dádivas e com as encomendas feitas por Taunay para a decoração histórica do casarão.[86]

Entre as suas primeiras aquisições, estão os retratos de alguns convencionais que o diretor do Museu Paulista se pôs a colecionar desde 1923, pretendendo formar uma galeria de retratos dos participantes da Convenção de 1873. Além de retratos, ele procurou adquirir mobiliário antigo, com o intuito de decorar as salas do edifício com móveis típicos da residência abastada no Brasil da segunda metade do século XIX. Assim, em 1924, ele pediu ao secretário do Interior a liberação de uma verba extraordinária para a compra de mobília antiga de uma família ituana. Dizia Taunay que:

> A mobília está em perfeito estado; tem um sofá, quatro poltronas, doze cadeiras, uma mesa central e duas cantoneiras. É um belo tipo, representando perfeitamente a época da Convenção. Por outro lado está atualmente a sala da Convenção totalmente despida de móveis, numa nudez que causa má impressão sobretudo àqueles que a viram guarnecida.[87]

Essa foi a primeira das várias aquisições feitas pelo museu de Itu durante a gestão de Taunay. Ele explicava que o museu fora criado pelo

---

86 A lista das primeiras doações feitas ao Museu Republicano encontra-se no *Relatório de atividades referente ao ano de 1923*, APMP/FMP, L27.

87 Carta de Taunay ao secretário do Interior, Alarico Silveira, de 8.1.1924, APMP/FMP, P121.

governo do estado com o objetivo de comemorar a Convenção de Itu, os "fastos" e os grandes homens ligados ao movimento republicano e à sua propaganda na província de São Paulo, até 15 de novembro de 1889. Ao mesmo tempo, "a circunstância de que esta galeria se acha instalada numa grande residência típica do Brasil de 1870 impunha o critério de se guarnecer de acordo com o mobiliário da época" (Taunay, 1941b, p.9).

Por isso, Taunay (1946b, p.11) esclarecia que lhe ocorrera a ideia de fazer da instituição de Itu não apenas um panteão republicano paulista, mas um museu de "artes decorativas",

> dando aos visitantes a ideia do que eram o mobiliário e a ornamentação de uma casa rica brasileira pelas vizinhanças de 1870 com o seu feitio típico de disparidade muito de *bric à brac*, pela mistura de estilos e procedências.

Além destes dois aspectos, isto é, a casa da memória republicana e a reconstrução histórica de uma moradia da segunda metade do século XIX, Taunay ainda procurou compor um museu de história local, colecionando peças e iconografia do passado ituano. Reuniu, assim, importante coleção de aquarelas do artista ituano Miguel Benício da Anunciação Dutra, representando cenas e paisagens típicas da região, somando a estas velhas vistas da cidade de Itu que mandou pintar, nos últimos anos de sua gestão, a partir de gravuras de Debret e de Hercules Florence. Essa série de pinturas foi realizada no saguão do casarão, a que se tem acesso logo que nele se entra. Inspirando-se na decoração da fachada do edifício e segundo o gosto da época, Taunay decidiu azulejar esse vasto vestíbulo do edifício fazendo pintar, sobre os azulejos, painéis decorativos.[88] Taunay (1946b, p.14) explicava que tais painéis pretendiam evocar cenas da história local nos séculos XVII, XVIII e XIX, estando divididos em três séries: "A dos painéis de composição, evocando lances dos fastos ituanos, a das reproduções de anti-

---

88 Cf. carta de Taunay ao artista Antonio Luís Gagni, de 7.5.1942, discutindo a instalação dos azulejos e os modelos a serem seguidos na pintura dos painéis. Ele escreveu ao pintor dizendo: "Conviria também antes de fazer o seu projeto vermos o livro 'Antiguidade da Baía' de Edgar Falcão para procurarmos algum modelo bem típico brasileiro no gênero do claustro de S. Francisco da cidade de Salvador, onde, como o Sr. sabe, os azulejos são magníficos" (APMP/FMP, P184).

gos documentos iconográficos locais, e a dos retratos de vários personagens de prol nascidos na velha cidade paulista".

A importância dispensada à representação iconográfica no museu de Itu seguia as mesmas motivações daquelas encontradas no Museu do Ipiranga, isto é, preocupação pedagógica e intenção rememorativa aliadas ao forte poder evocativo das imagens que Taunay não se cansava de explorar. Tal como no Museu Paulista, em Itu ele também foi responsável pela escolha dos temas a serem pintados, além de intervir de maneira direta na composição iconográfica das telas.

Os quadros de "composição histórica", referidos anteriormente, evocavam as origens da cidade de Itu e os acontecimentos mais importantes que aí tiveram lugar. Entre eles, tiveram destaque alguns episódios da epopeia bandeirante e a adesão dos ituanos à causa da Independência brasileira. Ligados a essa temática foram pintados três painéis – *Conferência de José Bonifácio, o Patriarca, com os leaders ituanos do movimento em prol da Independência (1821), Te Deum da solene adesão de Itu à causa da Independência Nacional (1822)* e *Dom Pedro I, então Príncipe Regente e o Capitão Mor de Itu, Vicente da Costa Taques Goes e Aranha –*, que procuravam mostrar que, já em seus primórdios, Itu, uma das mais importantes e independentes municipalidades paulistas, aderiu à causa da separação do Brasil de Portugal.

O painel representando o *Te Deum* é mais um entre os vários exemplos que mostram até que ponto Taunay manipulava as imagens que mandava pintar, com o intuito de transmitir uma dada mensagem, ao mesmo tempo conveniente e convincente. Essa pintura sobre azulejos evocava um episódio passado em Itu logo após o dia do "Fico". Com a nomeação de José Bonifácio como ministro do príncipe D. Pedro I, em janeiro de 1822, a corrente reacionária chefiada por Francisco Inácio de Souza Queiroz e os partidários da revolta de 23.5.1822 depuseram Martim Francisco e o brigadeiro Jordão do governo de São Paulo. Os ituanos partidários da Independência e do governo de D. Pedro I manifestaram-se veementemente contra esse golpe:

> Câmara e povo, em perfeita harmonia, já a 28 de maio protestaram
> contra o proceder dos bernardistas, em solene termo de vereança e de tal
> deram conhecimento ao próprio governo reacionário e às câmaras vizi-

nhas de Campinas, Sorocaba e Porto Feliz, assim como à de São Paulo. (Taunay, 1946b, p.38)

Em 30.6.1822, houve grandiosa manifestação pública do clero, nobreza e povo, iniciada com uma reunião na Casa do Conselho, presidida pelo ouvidor da comarca, que fez inflamado discurso,

> terminado por estrepitosos vivas a Dom João VI, Rei Constitucional, e a seu Filho, o Príncipe, "glória imortal e Perpétuo Defensor do Brasil", à Princesa "digno renovo da imortal Maria Tereza", assim como "a Assembleia Legislativa que já se ia instalar no Brasil". (ibidem)

Depois desse discurso solene, todos dirigiram-se à Igreja Matriz para assistir à missa de ação de graças pelos benefícios "concedidos por Sua Alteza Real ao Brasil", sendo esta seguida pelo *Te Deum*, cântico latino de ação de graças. O painel do museu de Itu narra justamente aspectos da missa e do *Te Deum*:

> Na nave da vasta matriz ituana vê-se numerosa assistência masculina e feminina, vestida de gala a que se entremeia gente modestamente trajada, ouvindo o sermão do franciscano Pd. Mestre Marcondes, que do alto do púlpito aponta aos ouvintes os retratos de Dom João VI e do Príncipe Regente. (p.41)

Para mandar pintar esse painel, Taunay recorreu à narrativa de um cronista anônimo que registrou todas as solenidades daquele dia. A presença dos retratos de D. João VI e de D. Pedro I na cerimônia do *Te Deum* não é descrita pelo cronista; contudo, Taunay julgou sua inserção no painel do museu de Itu fundamental para dar maior evocação à cena representada. Assim, para não fugir completamente à "verdade dos fatos", consultou um cônego amigo seu para se informar se em tais cerimônias, no passado, era comum a presença de retratos daqueles a quem o cântico de ação de graças era dedicado. Ele perguntou então:

> Para dar expressividade ao quadro e caracterizá-lo, nada melhor do que fazer figurar junto ao púlpito em cavalete, o retrato do futuro D. Pedro I. Mas será permitido pela liturgia? Quer me parecer que sim, porque pelo menos em exéquias solenes várias vezes vi retratos dos defuntos nos cadafalsos e aqui mesmo no museu, temos documento disso nos quadros de

exéquias do General Osório e outros ... Em todo caso venho pedir a sua impressão e estimaria que perguntasse ao Sr. Bispo D. José Carlos o que ele pensa.

Se não houver retrato a figurar na nave o quadro perde imenso da sua caracterização, passa a ser um *Te Deum* como qualquer outro, ao passo que com a efígie de D. Pedro I imediatamente toma aspecto completamente diverso e absolutamente frisante.[89]

Em resposta à sua consulta, o cônego afirmou que em cerimônias fúnebres o uso de retratos é bastante antigo, mas que isso, de maneira alguma, autorizava pensar que o mesmo se passasse em outras cerimônias, como um *Te Deum*. No entanto, a ideia não era de todo inverossímil, como ele mesmo esclareceu:

De mim, penso que a colocação do quadro para o *Te Deum* não se pode defender com os princípios litúrgicos atuais e, por certo, de há um século, porque são leis bem antigas. Mas fosse antilitúrgico e, menos que isto, extralitúrgico, segundo creio, o senhor apenas documentaria uma das minhas cerimônias em que o bom povo português adicionava algo às cousas estritamente litúrgicas, não acha? (1– não saía a Câmara à antiga com o infalível estandarte? Leio sempre que levavam tal estandarte na procissão e no *Te Deum* documentado).[90]

Bastante satisfeito com a resposta do cônego, Taunay resolveu, pelo bem da evocação que a representação deveria conter, fazer figurar as efígies do monarca português e de seu filho, bem como do estandarte da Câmara de Itu, pois "assim se tornará muito mais frisante o quadro".[91]

A opinião do bispo, também consultado sobre o assunto, deixou-o, entretanto, embaraçado, pois este afirmava ser a presença de quadros em cerimônias de *Te Deum* absolutamente extralitúrgica. Mostrando-se claramente contrariado, Taunay afirmou conhecer vários exemplos de cerimoniais em que a imagem do homenageado esteve presente, mesmo sendo a prática considerada extralitúrgica. Citou como exemplo o caso das exéquias de D. Pedro II que viu em Petrópolis, novamente o funeral do gene-

---

89 Carta de Taunay ao cônego Luiz Castanho, de 12.6.1943, APMP/FMP, P189.
90 Carta do cônego Luiz Castanho a Taunay, de 16.6.1943, APMP/FMP, P189.
91 Carta de Taunay ao cônego Luiz Castanho, de 17.6.1943, APMP/FMP, P189.

ral Osório, e ainda, o retrato em bronze do arcebispo Duarte, na capela--mor de Aparecida. Assim, à revelia da resposta (negativa) do bispo, ele resolveu fazer as coisas ao seu modo, como aliás estava acostumado a proceder no caso de encomendas iconográficas para o Museu Paulista:

> Ora, para caracterizar a cerimônia do *Te Deum* ituano de 30 de junho de 1822 a colocação do retrato representa um elemento pictórico evocativo de primeiríssima ordem. E se os documentos a ele não aludem, talvez tenha sido por omissão, porque este retrato e o de D. João VI figuraram no grande banquete cívico desse dia. Penso que *não será falsear muito a possibilidade dos fatos* colocar os retratos dos soberanos na nave da matriz ituana.[92]

Esse é mais um entre, os inúmeros exemplos analisados ao longo deste trabalho, que demonstra a importância que a representação icono-gráfica tem no contexto museológico para Taunay, no sentido de que ela não apenas representa o passado, mas evoca-o, dando-lhe nova vivacidade quando este vem ao encontro dos interesses do tempo presente. Mais uma vez, fica bastante claro que, apesar do culto ao documento que o nosso incansável diretor professava em vários de seus escritos historio-gráficos, a informação histórica que este comportava – ou omitia – foi muitas vezes deixada de lado no caso da produção de imagens para a decoração histórica do museu. Mais importante que a informação precisa que pudesse ser extraída do documento (melhor ainda se dá no caso de ela não existir), no contexto museológico, Taunay se fiava no poder evocativo que as imagens criadas deveriam conter, já que a sua função primeira nesse espaço era transmitir uma mensagem pedagógica de fá-cil compreensão e, sobretudo, em harmonia com a decoração histórica construída em seu conjunto.

O quadro do *Te Deum* e outros pintados para o museu, bem como a organização geral do seu acervo, pretendiam mostrar o caráter indepen-dente de Itu, como de outras municipalidades paulistas, tal como o des-creveu Américo Brasiliense (1979). A utilização desse autor como fonte principal para a organização do museu de Itu, por Taunay, é certa e não

---

92 Carta de Taunay ao cônego Luiz Castanho, de 2.8.1943, APMP/FMP, P189 (grifo meu).

poderia deixar de sê-lo, visto ter sido esse autor não apenas um dos principais agenciadores da Convenção de Itu, mas também seu secretário-geral e redator da ata da reunião.

Em seu livro, Américo Brasiliense tinha a clara intenção de mostrar a presença de ideais republicanos em São Paulo, especialmente em algumas municipalidades como Itu, muito antes da estruturação do movimento republicano. Isso leva a crer, e Américo Brasiliense procurou nos convencer nesse sentido, que o ambiente já começara a ser preparado no passado quase remoto para a realização dos acontecimentos futuros, como a Convenção de Itu e a consequente fundação do PRP. Em suas palavras:

> É certo entretanto que em seu passado (da Província de São Paulo) se encontra uma série de fatos, revelando a altivez e independência do espírito paulista, o seu entusiasmo pelos princípios liberais, e notavelmente relativamente aos tempos, que eram de pouca ilustração pública.
>
> Não se prendiam as municipalidades a considerações de hierarquia administrativa, não pediam a estas as inspirações para bom procedimento.
>
> Elas por si mesmas estudavam as necessidades locais, tomavam as providências, e faziam o que julgavam de mais utilidade aos municípios. (Brasiliense, 1979, p.92-3)

Acrescentava que era bastante comum, já no século XVII, as câmaras municipais tomarem deliberações sobre casos de certa gravidade, a partir de reuniões em que convidavam a população a participar e, então, após intensa discussão, punham em execução aquilo que havia sido resolvido pela maioria. Assim se passou em Itu em 13 de julho de 1640, quando o povo decidiu pela expulsão dos jesuítas da cidade. Outros exemplos são encontrados no século XIX. Em 1821, o autor conta que a atitude popular dos ituanos obrigou o ouvidor a deferir o juramento das bases da Constituição, segundo o procedimento das cortes portuguesas, não só ao colégio eleitoral, mas também às câmaras da comarca. Nesse mesmo ano, a câmara, o povo e a tropa da capital reuniram-se e organizaram um governo provisório da província.

Após a narrativa desses episódios, em que se valorizava claramente a independência do "espírito paulista", e em particular o dos ituanos,

Américo Brasiliense descreveu como se formou o partido republicano em São Paulo, até chegar à convocação e realização da famosa convenção.

A composição das salas do museu de Itu e daquilo que nelas é apresentado ressaltam claramente sua filiação à obra de Brasiliense. Para evidenciá-la ainda mais, bem como para encerrar este breve capítulo sobre o Museu Republicano Convenção de Itu, gostaria de propor ao leitor uma descrição do estado da instituição no momento da publicação do seu *Guia*, em 1946, que coincide com o final da gestão de Taunay. Gostaria de deixar claro que o objetivo deste capítulo é apenas traçar, muito aquém da exaustão, um breve panorama da instituição ituana durante a direção de Taunay (1923-1946), que nesse período acumulou esse cargo e o de diretor do Museu Paulista, ao qual o museu ituano estava então subordinado. A riqueza do seu acervo merece certamente um trabalho aprofundado, que fica aqui apenas esboçado.

O saguão do casarão, conforme anteriormente descrito, foi todo azulejado, seguindo a decoração do seu frontispício, e sobre os azulejos foram pintados painéis voltados para a representação do passado ituano e de seus grandes homens.

Três salas compõem ainda o pavimento térreo (chamado por Taunay de primeiro andar). A sala A1 foi consagrada a relembrar os diversos movimentos republicanos no Brasil que, segundo Taunay, culminaram na revolução de 15 de novembro. Foram pendurados retratos dos personagens diretamente ligados à proclamação da República: marechais Deodoro da Fonseca e Floriano Peixoto, general Benjamin Constant, Rui Barbosa, Aristides Silveira Lobo, Manoel Ferraz de Campos Sales, Demetrio Ribeiro, João Batista Sampaio Ferraz e Antônio da Silva Jardim. Os retratos dos mártires da Revolução Pernambucana de 1817, Domingos José Martins e José Luiz de Mendonça, foram reunidos nessa sala, bem como os quadros esquemáticos que destacavam os principais personagens ligados aos "primeiros movimentos republicanos brasileiros". Esses movimentos são os mencionados por Américo Brasiliense na sua obra já citada, a lembrar: Inconfidência Mineira (1789), Inconfidência Baiana (1798), Revolução Pernambucana de 1817, Confederação do Equador (1824), Revolução Baiana de 1837-1838, Revolução Riograndense do Sul (1835-1845), e finalmente, os principais signatários do manifesto de 3 de junho de 1870. A decoração da sala completa-se com vitrines que expõem diversos jornais dos dias 15 e 16 de novembro de 1889.

A sala A3 foi organizada em 1924 a partir da doação, feita pela família de Prudente de Morais, de seu gabinete de trabalho.[93] Vale assinalar que Prudente de Morais foi um dos nomes presentes à Convenção de Itu de 1873, sendo sua participação intensa no movimento republicano em São Paulo, além de ter sido o primeiro presidente civil a assumir o comando do país nos primeiros anos da República brasileira (1894--1898). Com relação ao conjunto de objetos doados, Taunay (1946b, p.16) notou que

> forma, este todo, conjunto sobremodo representativo da singeleza da vida brasileira de outrora, há meio século ainda. No gabinete de um homem abastado, advogado de grande reputação, político que chegou ao ápice da vida pública, só existiam móveis modestos embora feitos em geral com as nossas melhores essências. Larga cômoda escrivaninha a que encima o busto em bronze do Presidente, sofá, cadeiras, estantes, vitrina, papeleira, consolos, mesinhas diversas, etc., enchem o cômodo.

A outra sala desse mesmo andar, espécie de prolongamento do vestíbulo, reúne objetos da antiguidade local, entre eles um banguê datando do século XIX.

No segundo andar, a visita começa pela sala B1, antigo salão de visitas do casarão. Em suas paredes foram pendurados retratos dos seis componentes da mesa que presidiram a convenção, além de outros convencionais, bem como foram enquadrados dois documentos da mais alta evocação: o livro em que se lavrou a ata da Convenção de Itu, de 1873, e o livro de presença que recolheu a assinatura dos 133 convencionais. A museografia da sala se completava com dezesseis aquarelas de Miguel Dutra, representando velhos edifícios ituanos e mobília no estilo "medalhão", que Taunay definia como estilo francês do período de Luís Felipe e Napoleão III.

A sala seguinte, B2, também reunia retratos de convencionais, além de vitrines com documentos diversos doados pela família de Prudente

---

93 Cf. carta de Taunay à Sra. Júlia Prudente de Morais, de 6.6.1924, P121.

de Morais. Quanto ao mobiliário aí exposto, de diferentes procedências, destacavam-se móveis doados por famílias dos primeiros políticos republicanos paulistas, Francisco Glicério e Bernardino de Campos.

O quadro do fundador do museu, Washington Luís Pereira de Souza, foi posto em destaque no centro da sala B3, que reunia ainda treze retratos de convencionais, várias aquarelas do pintor ituano Miguel Dutra, duas grandes vitrines horizontais, contendo documentos os mais diversos, relativos à propaganda republicana, e um quadro do pintor Jonas de Barros, *Convenção de Itu*. Taunay (1946b, p.19) fez questão de ressaltar que esse quadro, de composição absolutamente fantasiosa, tinha um único valor: "Realizado por modesto curioso, é o da iniciativa do agrupamento dos membros da Convenção".

Nas outras duas salas então organizadas no museu, a B4 e a B5, a museografia repetia os mesmos elementos, isto é, pinturas de motivos locais, inúmeros retratos de convencionais e mobiliário de época, das mais diversas origens. Na sala B5, grande salão do edifício, destacava-se a grande mesa elástica que serviu aos trabalhos dos convencionais em 1873. Seu valor rememorativo foi posto em destaque pelo conjunto de oitenta retratos pendurados nas paredes dessa sala, que evocavam o ambiente da famosa reunião.

A museografia praticada nesse museu assemelha-se, em alguns aspectos, à do Museu Paulista, em que telas históricas, retratos, antigas paisagens urbanas e rurais e reconstituições históricas se misturavam a vitrines que expunham documentos históricos e objetos antigos. No conjunto ordenado do museu, a evocação do passado foi posta em evidência no sentido de que se estabelecia um diálogo com o tempo presente pelo viés da memória reconstruída, memória essa seletiva e voluntária, pois o que se lembra e por que se lembra é um ato que parte unicamente do presente e de suas motivações.

3
Completando o cenário

Devendo ser os museus a *miniatura da pátria* – na terra e nos seres vivos – cumulastes as preocupações cívicas daquele posto eminente, em que também estais no vosso lugar. Compreendestes muito bem que o Ipiranga é, antes de mais, um Museu Paulista. Pedir a cada um dos Estados um Museu sem a preocupação regionalista – é absurdo. Mas, com essa restrição, é apontar uma grande obra realizável e urgente, quando muitos aspectos da nossa terra vão sumindo. E ainda que seja um grande bem substituir o carro de bois, sobrevivência hindustânica, pelo automóvel ou pelo avião, o jequitibá pelo eucaliptus, há grandes lucros espirituais na conservação de amostras dos seres que, compondo o ambiente em que surgira a nação, fizeram a riqueza dos avós.

(Pinto, 1930)

Os cinco primeiros anos de Taunay à frente do Museu Paulista, apesar de corresponderem a menos de um terço de sua gestão, são de suma importância, pois, nesse curto período, ele deu à vetusta instituição os principais contornos de um museu histórico ou, mais precisamente, de um "lugar de memória" nacional, pretendendo fixá-lo como lugar de origem da nação brasileira, concedendo ao mesmo tempo a São Paulo o ansiado destaque no cenário nacional. Como ele mesmo declarou em 1924, na introdução do tomo I de sua *História geral das bandeiras paulistas*:

> Pudemos, em 1922, auxiliados pela grandeza de vistas, e o amor intenso à tradição de nossa terra, do então Presidente de S. Paulo e de seu digno Secretário do Interior, promover as primeiras homenagens realizadas no Brasil, por intermédio da Arte, à memória dos grandes bandeirantes. A oito destes conquistadores pudemos, no peristilo do Museu Paulista, conferir à gloria do mármore e do bronze ... É, para nós, grande motivo de íntima satisfação haver levado a cabo este empreendimento; podido fazer esta oferenda, como que em nome da nação, à glória dos pioneiros do Brasil. Embora modesta, é a primeira demonstração de reconhecimento à memória de tão grandes servidores de nossa terra, realizada por intermédio da glorificação do cinzel e do escopro, a que conseguimos entregar a mãos do valor de Luiz Brizzolara e Amadeu Zani, entre outros. (Taunay, 1924, p.15)

Mesmo bastante incompleto, boa parte do cenário do Ipiranga foi montado até 1922, deixando claro quais eram os elementos mais importantes para a composição de um museu histórico, que se completaria ao longo dos 23 anos subsequentes em que Taunay permaneceu na direção da instituição. Aquilo que veio depois enriqueceu e dotou de sentido pleno o panorama anteriormente esboçado, seguindo, todavia, as mesmas diretrizes traçadas naqueles primeiros anos: contar a história da constituição da nação brasileira do ponto de vista de São Paulo, isto é, como resultado do esforço paulista, desdobrado desde os primórdios da colonização. Por isso, era também fundamental contar a história da cidade e do estado de São Paulo para mostrar como já no início do Brasil-colônia seus habitantes estiveram envolvidos em um projeto de construção de uma unidade nacional.

É importante lembrar que, entre as décadas de 1910 e 1920, São Paulo eclodiu como uma grande metrópole, econômica e politicamente fortalecida pelo cultivo do café e pela poderosa oligarquia cafeeira que aí se concentrava. Começou a se projetar de forma cada vez mais marcante no âmbito nacional, inclusive pela sua intensa participação na instauração e concretização do regime republicano, desde o final do século XIX.[1]

---

1 Um dos trabalhos clássicos sobre a projeção de São Paulo no cenário nacional, a partir do final do século XIX, é o livro de Love (1982). A ideia de que São Paulo é

Com o investimento direcionado de Taunay para instaurar a memória paulista – ou bandeirante, como mostrarei em seguida –, o Museu Paulista despontou como instrumento privilegiado de legitimação da nação brasileira de cunho paulista, já que, como monumento à Independência, ele era entendido, naquele momento, como a própria materialização do seu gesto fundador. Fundada a nação brasileira, tornava-se imperativo inventar o seu passado, como um encadeamento lógico, capaz de apresentar o Brasil como uma unidade territorial e simbólica. A colina do Ipiranga, espaço material da Independência brasileira, foi rapidamente investida de significado, tornando-se um lugar memorável, pois "a nação, para existir, precisa de uma memória, que supõe um território onde ela aconteceu".[2]

Para Taunay e outros historiadores de São Paulo, ocupados com a nobre e já tardia missão de escrever a história paulista, a proclamação da Independência em solo paulista nada mais era que a consequência lógica do processo histórico que se desenrolou desde a época remota das primeiras bandeiras. Tanto no Museu Paulista como na obra historiográfica de Taunay e de outros historiadores de sua geração, essa história era contada como se fosse algo absolutamente evidente, sendo necessário apenas chamar a atenção para sua importância até então negligenciada. Assim, a presença bandeirante se impôs, como foi mostrado no capítulo anterior, desde a entrada do museu, enredando a narrativa contada ao longo de seus espaços monumentais e de

---

a locomotiva do Brasil a puxar vagões vazios já aparece no discurso da época, tentando pôr em destaque a hegemonia paulista no conjunto da nação.

2 Cecília Helena de Salles Oliveira (1995, p.196) mostra que aqueles que estiveram envolvidos no projeto de construção do monumento do Ipiranga teceram uma memória a respeito de seus atos e decisões em que a iniciativa ganha cunho eminentemente paulista (mesmo se em seus primórdios tivesse sido proposta pelo governo imperial). Em seus primeiros encaminhamentos, já aparece a ideia de que São Paulo é o lugar a partir do qual a nação fora construída no passado e se projetava para o futuro, o que justifica a edificação de um monumento à Independência nesta cidade. A autora enfatiza que a "recriação do passado faz-se enquanto representação mediatizada pela historicidade do momento em que foi elaborada". Nesse caso, os fatos e os heróis são celebrados em momentos diferentes e com novos sentidos, às vezes incompatíveis com os anteriores.

suas salas. O conjunto paulatinamente construído por Taunay visava não apenas mostrar a importância histórica do paulista, mas também legitimar seu valor no tempo presente, mostrando que ele ainda permanecia em destaque no contexto nacional.

São Paulo era visto como lugar-símbolo da Independência e, mais que isso, como lugar mítico, dotado de um passado que precisava ser reconstruído por ser o alicerce da história nacional. No contexto da federação, então, São Paulo era visto

> como sendo aquele Estado que, desde o início de sua história, continha já todas as forças reunidas para conquistar o conjunto do país e, graças a seu impulso e energia, arrastar esse país ao seu destino de grande civilização. (Sevcenko, 1990, p.23)

E o povo paulista, empreendedor por natureza – já que desde a época dos primeiros bandeirantes foi responsável não apenas pelo desbravamento dos sertões brasileiros, mas também por levar a civilização aos lugares mais afastados do país e, igualmente, por tornar o Brasil conhecido como um todo, uma unidade territorial –, e dotado de características heroicas e míticas, encontrou no Museu Paulista seu lugar de culto e de celebração.

A cidade colonial, ainda um pequeno burgo em meados do século XIX, era então apresentada como ninho da "raça de gigantes" (segundo expressão inventada por Saint-Hilaire), e os bandeirantes, responsáveis pelo conhecimento e pela conquista dos interiores ignotos do Brasil colonial, eram tomados como entidades universais, como se sempre tivessem existido. No entanto, o mito sagrado "bandeirante" e outras categorias, como paulista e bandeiras, são historicamente datados e têm uma historicidade que não corresponde àquela do movimento e do "povo" que nomeiam.

No primeiro capítulo deste livro, falou-se da formação de Taunay como historiador e mostrou-se como seus direcionamentos teórico-metodológicos iriam conduzi-lo à elaboração de sua vasta obra historiográfica, bem como daquela que realizou à frente do Museu Paulista. Como se viu, o tema das bandeiras ou do bandeirantismo apareceu bem cedo em sua obra: nos quadros do IHGSP, em que ele começou timidamente a explorá-lo e a exaltá-lo dentro dos quadros do "nacionalismo paulista", fortemente presente nessa instituição e no ambiente cultural de sua época. Assim, antes de entrarmos no assunto deste capítulo, que diz respeito às realizações de Taunay no Museu Paulista após 1922, é necessário fazer uma incursão pelo tema das bandeiras propriamente dito, tentando mapear o contexto cultural em que ele ganhou destaque. Em seguida, pretende-se analisar a "história das bandeiras paulistas" construída por Taunay, em seu aspecto historiográfico e memorial, para entender a importância do tema na montagem do cenário do Ipiranga.

Por fim, é fundamental salientar que Taunay, apesar de ser uma das figuras centrais na escrita da história bandeirante, tinha vários interlocutores que também trabalhavam sobre a mesma temática. Além de aprofundar e dar continuidade às pesquisas desenvolvidas nesse campo começadas alguns anos antes da sua própria, seus trabalhos e os de outros historiadores de sua geração são fontes essenciais para a apropriação da imagem do bandeirante como sinônimo da grandeza e da singularidade paulista, que se fez em várias instâncias, como pelo discurso modernista, pelos revolucionários de 1932 e, posteriormente, pelo discurso oficial na comemoração do quarto centenário da cidade de São Paulo.

Taunay e a história das bandeiras paulistas

Maria Isaura Pereira de Queiroz (1992, p.78-87), num texto curto mas bastante esclarecedor, explica que a ideia de *bandeirante*, colada à de *paulista*, e ambos chamados de "raça de gigantes", é uma imagem datada historicamente, embora se tenha a impressão, segundo a historiografia que abordou o tema a partir da década de 1920, de que ela sempre existiu, desde os primórdios da colonização brasileira. Segundo essa autora, o termo *bandeirante* é visto pela primeira vez em 1913, no *Novo dicionário da língua portuguesa*, de Antônio Cândido de Figueredo, que assinala ter incluído, nessa edição, sete mil brasileirismos. O termo *bandeira*, contudo, já estava presente no *Diccionário da língua portuguesa*, publicado em 1802 por Moraes e Silva com o seguinte significado:

> Bandeiras, no Brasil e Minas (sic), são associações de homens que vão pelos Sertões debaixo de um cabeça, descobrir terras mineiras. Dan-

tes chamavão assim os que ião descobrir Indios gentios e conduzi-los, ou cativá-los, resgatá-los. (apud Queiroz, 1992, p.79)

Assinala, ainda, que suas fontes são as cartas do padre Antônio Vieira (1608-1697), contemporâneo ao movimento. Taunay, no tomo primeiro de sua *História geral das bandeiras paulistas*, também afirma que a palavra *bandeirante* não é encontrada em documentos quinhentistas nem seiscentistas, embora "apareça o termo bandeira, como sinônimo de expedição, tropa em entrada pelo sertão" (Taunay, 1924, p.132).[3]

No dicionário de 1913, o termo *bandeirante* foi definido como um substantivo, sem nenhum qualificativo simbólico, ligando-se diretamente ao sentido de *bandeira*: "Indivíduo que, no Brasil, faz parte dos bandos, destinados a explorar os sertões, atacar selvagens" (apud Queiroz, 1992, p.80).

Nota-se, portanto, que, embora tenha surgido mais de cem anos depois do conceito de *bandeira*, o termo *bandeirante* não teve um sentido alargado para além da atividade material a que ele se relacionava.

A palavra *bandeirante* reapareceu com significado mais amplo e, inclusive, como um adjetivo no final da década de 1930, no *Dicionário da língua portuguesa* de Laudelino de Oliveira Freire (1938). Era então empregada para definir o membro de uma bandeira que saía em busca de minas ou à caça de índios, sendo também sinônimo de *paulista*, isto é, natural de São Paulo.

> O adjetivo "bandeirante" se originou portanto do substantivo que lhe foi anterior. Como sinônimo de *paulista*, ligava esta designação ao substantivo, isto é, ao fato histórico das bandeiras. Nesta ligação se vislumbra toda uma evocação de um passado que se associa a determinados indivíduos, um significado histórico; se *paulista* tem uma base geográfica, *bandeirante* tem como base uma tradição; e quem diz tradição não diz somente outros tempos, mas também crenças, pensamentos, sentimentos, aspirações que perpassam as gerações como legados permanentes, estabelecen-

---

3 Apesar de reconhecer a inexistência do termo *bandeirante* contemporaneamente ao movimento que ele designa, isso não impede que Taunay seja um dos principais responsáveis pela sua mitificação, atribuindo a este funções e qualidades que não lhe eram próprias, mas que lhe são posteriormente investidas.

do entre elas como que uma comunhão espiritual. O adjetivo "bandeirante" se encontra, pois, pleno de um sentido simbólico. (ibidem)

Quando esses dois termos apareceram nos dicionários como sinônimos, significa que os seus sentidos já foram absorvidos pela linguagem corrente, fazendo parte então do imaginário coletivo.

Na obra de Capistrano de Abreu, *Capítulos de história colonial* (primeira edição de 1907), o termo bandeirante já aparece intrinsecamente relacionado ao termo paulista, definindo a atividade de uma raça dotada de um caráter "sobre-humano". No capítulo "O sertão", quando tratou de Piratininga e de sua localização isolada no mapa do Brasil, ele descreveu os principais atributos dos seus habitantes:

> A Este apenas uma vereda quase intransitável levava à beira-mar, vereda fácil de obstruir, obstruída mais de uma vez, tornando a população sertaneja independente das autoridades da marinha, pois um punhado de homens bastava para arrostar um exército, e abrir novas picadas, domando as asperezas da serra, rompendo as massas de vegetação, arrostando a hostilidade dos habitantes, pediria esforços quase sobre-humanos.
>
> Sob aquela latitude, naquela altitude, fora possível uma lavoura semieuropeia, de alguns, senão todos os cereais e frutos da península. Ao contrário o meio agiu como evaporador: os paulistas lançaram-se bandeirantes. (Abreu, 1963, p.121)

É difícil, todavia, saber exatamente quando os sentidos de bandeirante e paulista se sobrepuseram, mas parece que isso se deu entre as décadas de 1910 e 1920, com o objetivo de veicular uma mensagem específica, nitidamente preocupada em valorizar a imagem de São Paulo – e dos paulistas – no contexto nacional. Mas que contexto era esse?

Um dos pontos-chave para entender esse momento é a comemoração, em 1922, do centenário da Independência brasileira, no sentido de que ela engajou setores políticos, mas especialmente intelectuais, na difícil mas necessária tarefa de traçar os contornos da identidade nacional brasileira.[4] Estes últimos incumbiram-se da missão, já a partir de

---

4 A inquietação com a identidade nacional não é, no entanto, um tema presente apenas nessa data, mas é um fenômeno, se assim podemos chamar, que se apre-

meados da década de 1810, de elaborar imagens fundadoras da nacionalidade, indispensáveis na definição dessa identidade. Nessa empreitada seria preciso, todavia,

> marcar o próprio território e as fronteiras, definindo relações com os "outros"; formar imagens dos amigos e inimigos, rivais e aliados; conservar e modelar as lembranças do passado, bem como projetar, sobre o futuro, temores e esperanças; finalmente, era necessário exprimir e impor certas crenças comuns plantando modelos formadores. (Motta, 1992, p.4)

A produção literária é fundamental para a formação de uma consciência nacional no Brasil, no início do século XX. Ela foi responsável pela construção de imagens divergentes sobre o país e sobre determinadas regiões do país, como Rio de Janeiro e São Paulo e, ao mesmo tempo, convergentes para a ideia de que o centenário da Independência brasileira seria o momento propício para discutir o descompasso do país em relação à modernidade. Conforme mencionado anteriormente, a intelectualidade paulista, por meio de sua atuação cotidiana na imprensa e da criação de novos veículos de difusão de suas ideias, produziu um discurso simbólico que construiu as imagens sobre o Rio de Janeiro e sobre São Paulo mediante um jogo de antagonismos, em que o Rio aparecia como a antinação, lugar do atraso, e São Paulo, inversamente, como a nação, a locomotiva do progresso que embalava o país rumo a um futuro moderno.[5]

O papel da intelectualidade nas discussões sobre a identidade nacional acentuou-se no período do primeiro pós-guerra, quando a corrente

---

senta em determinados momentos quando uma necessidade do presente impõe uma volta incisiva ao passado. No século XIX, na Europa, alguns períodos são significativos no traçado de perfis nacionais, no sentido de demarcarem, pela construção e resgate de símbolos, práticas, valores e tradições comuns, uma ideia de nação. É o que mostram, por exemplo, Hobsbawm (1984) e Nora (1984-1992). No caso brasileiro, podemos citar Guimarães (1988), Carvalho (1990) e Santos (1985, 1986).

5 Sobre o papel da literatura na Primeira República, trabalho essencial a ser lembrado é o de Nicolau Sevcenko (1983). Outro clássico é Candido (1965). Segundo este último, tanto o romantismo como o modernismo correspondem a um "momento paulistano", quando São Paulo se projetava sobre a nação, pretendendo "dar estilo às aspirações do país todo" (p.189).

nacionalista, voltada para a busca das "nossas tradições", ganhou força inusitada (Velloso, 1987). As visões de influência europeia que, de um lado, idealizavam o índio e, de outro, procuravam provar, pela teoria evolucionista, a inferioridade de nossa composição étnica, começaram a ser criticadas, exigindo-se "um pensar próprio, capaz de captar a singularidade da nacionalidade brasileira" (ibidem, p.6). É no bojo desse processo de "olhar para si mesmo" que o regionalismo[6] adquiriu novo sentido, articulando-se diretamente com a questão nacional. Aquilo que parecia então motivar a produção intelectual nas duas primeiras décadas do século XX, era a identificação das diferentes características regionais brasileiras. No movimento modernista, esta seria também uma das suas buscas centrais, paralela a uma apologia do cosmopolitismo.

Em São Paulo, os efeitos da Primeira Guerra Mundial se fizeram sentir, especialmente a partir de 1915, quando então o nacionalismo ganhou um vulto especial e as discussões sobre esse tema, já presentes desde o século XIX, acaloraram-se. É no seio do jornal *O Estado de S.Paulo*, a publicação mais moderna da época do ponto de vista técnico-empresarial, que a questão nacional ganhou corpo, culminando com a criação da *Revista do Brasil* (1916). Esse contexto, em que também apareceu e se desenvolveu a crítica militante de Monteiro Lobato, demonstrou um interesse por temas nacionais e, mais que isso, transformou "esta tendência em um apelo pela criação consciente de uma cultura nacional" (Love, 1982, p.138).

São Paulo, desde o final do século XIX, destacou-se na Federação por seu impressionante crescimento econômico que se desdobrou, de imediato, em reformas urbanas que queriam dar à cidade um ar moderno, compatível com sua nova posição de "potência" econômica. Nas representações da época, a imagem do progresso impregnou a cidade, que parecia crescer e mudar num turbilhão.[7] O impacto desse desen-

---

6 O interesse pelo regional apareceu timidamente no final do Império, mas desenvolveu-se sobretudo a partir do período republicano, quando os líderes políticos, "influenciados pelos postulados positivistas, acentuaram o culto da pequena pátria, localizando-a na sua região de origem, como o fez Alberto Salles em *A pátria paulista*" (Velloso, 1987, p.2).

7 Sobre essas representações, ver Sevcenko (1992) e Brefe (1993).

volvimento econômico e urbano do estado e da cidade de São Paulo, aliado ao interesse pela questão nacional, parece ter gerado na elite política paulista um orgulho regional, que a levou a considerá-los, estado e cidade, "como o nódulo do crescimento e expansão em torno do qual a nação deveria organizar-se" (ibidem, p.297).

Tornava-se essencial então fiar-se em uma imagem suficientemente forte, capaz de, num mesmo movimento, forjar a unidade nacional e mostrar o lugar de pioneiro ocupado por São Paulo nessa empreitada. É, assim, num retorno ao passado, que a ótica do presente foi buscar sua força, reinventando tradições. O elemento que tinha fôlego suficiente para sustentar a ideia de pioneirismo de São Paulo em face do Brasil era, sem dúvida, aquele das *bandeiras*, que numa superposição forçada, mas tomada como evidente, unia as glórias do passado às do presente. Foi nesse momento,

> entre 1890 e 1930, que a figura do bandeirante foi resgatada como símbolo, pois ao mesmo tempo em que denunciava as qualidades de arrojo, progresso e riqueza que São Paulo possuía, representava o processo de integração territorial que dera sentido à unidade nacional. Como símbolo, o bandeirante representava, de um lado, a lealdade à nação e permitia também com a significação que os estudos históricos do período lhe deram, que uma parcela da população, a dos imigrantes, se integrasse, emocionalmente a São Paulo, na medida em que uma das vertentes dos estudos sobre o bandeirantismo deu ênfase à miscigenação. (Abud, 1985, p.132)

Para alguns autores, a valorização da figura do bandeirante pelos intelectuais paulistas está diretamente ligada à vinculação (e mesmo origem) destes últimos às elites política e econômica, interessadas em legitimar o lugar de São Paulo no quadro da federação.[8] Sem dúvida, as

---

8 Katia Abud (1985) afirma que: "Ellis Jr., Alcântara Machado e Taunay pertenciam ao mesmo grupo da elite dominante paulista durante a República e, embora o último tenha sido o único a não ter uma carreira política, era casado na família Souza Queiroz e concunhado de Washington Luís, por sinal, outro historiador dos fatos bandeirantes". Maria Isaura Pereira de Queiroz (1992, p.82) assinala que os principais historiadores das bandeiras, "por nascimento ou aliança, pertenciam todos eles a velhas famílias paulistas, e seus trabalhos manifestam, explícita ou implicitamente, claro orgulho de linhagem". Paulo Cavalcante de Oliveira Júnior (1994) também enfatiza esses laços.

relações da intelectualidade paulista com o universo do político eram bastante estreitas, mas a ideia de uma influência direta, no sentido de considerar os trabalhos produzidos como manipulados e movidos por esses interesses, deve ser relativizada.

A rápida análise de algumas obras históricas sobre as bandeiras, publicadas ao longo dos anos 20, demonstram que muitas delas foram financiadas pelo governo do estado, tal como a *História geral das bandeiras paulistas*, de Affonso de Taunay, e *O bandeirismo e o recuo do meridiano*, de Alfredo Ellis Júnior. Ambos os autores, nos prefácios de suas obras, agradeceram o apoio do governo do estado e puseram em destaque a figura de Washington Luís Pereira de Souza como o grande benemérito dessas empresas, sem o qual, certamente, elas não teriam se realizado. Taunay (1924, p.16) escreveu:

> Honrando a publicação da presente obra, com o amparo do governo de S. Paulo, vieram os Srs. Drs. Washington Luís Pereira de Souza e Alarico Silveira, trazer-lhe um testemunho que se, de um lado, nos provoca o maior desvanecimento, de outro, nos traz a apreensão do que não corresponderá a incumbência à expectativa de seus ilustres patronos.

Alfredo Ellis utilizou também o mesmo tom de agradecimento ao então presidente do estado de São Paulo. No prefácio da segunda edição de seu livro, ele começou ressaltando que

> a primeira edição deste trabalho saiu há dez anos precisamente. Era Presidente de São Paulo o Dr. Washington Luís, esse caráter adamantino, esse homem de tempera férrea, de atitudes definidas e nítidas, que todos que conhecemos admiramos e veneramos, ungido de grande respeito. Quis o Dr. Washington Luís ver valor neste modesto trabalho, para ter uma maior divulgação, que a que lhe davam simples publicações semanais na imprensa. Por isso, fê-lo publicar em volume, por conta do Estado. (Ellis, 1934, p.11)

Além do financiamento de suas obras, Taunay e Alfredo Ellis, bem como Alcântara Machado (1972), também lembraram do papel fundamental desempenhado por Washington Luís para o avanço das pesquisas sobre as bandeiras paulistas, ao publicar, a partir de 1917, as *Atas da Câmara de São Paulo* e do *Registro geral da Câmara de São Paulo*, bem como a série de *Inventários e testamentos*, encetada em 1920. Taunay (1924, p.13) já havia ressaltado o valor dessa documentação na sua "trilogia" sobre São Paulo, mas foi incansável ao enfatizar sua importância para a realização de sua *História geral das bandeiras paulistas*, bem como para as pesquisas desenvolvidas por seus colegas:

> Graças a vários destes valiosos documentos, se puderam reconstruir diversas bandeiras, diz com justiça o prefaciador da notável coletânea. Alguns deles completam e esclarecem fatos ignorados, outros poucos esclarecimentos dão além dos nomes de bandeirantes e da data da expedição, mas podem servir de ponto de partida para futuras e proveitosas investigações. As recentes pesquisas levadas a cabo, com tanta argúcia, quanta consciência, nesta volumosa documentação, por Alfredo Ellis Júnior, vieram verificar a exatidão destas precisões. Achegas valiosas obtiveram-se para a história geral das bandeiras, como no mesmo sentido, igualmente conseguiu o jovem e brilhante pesquisador, uma série de elementos excelentes no aproveitamento das Actas e do Registro Geral. Contemporaneamente tem Alcântara Machado haurido valiosíssimos informes desta documentação para a reconstituição da sociedade paulista bandeirante, lembremo-lo de passagem, assinalando a importância de seus estudos magistrais.

Esse trecho deixa claro que a publicação de tais documentos estimulou a realização dessa primeira leva de trabalhos inéditos sobre as bandeiras paulistas. A preocupação dos autores dessa geração com as pesquisas documentais, aliás, também assinalada nas páginas de rosto de suas obras, demonstra que, para além de um discurso meramente laudatório do papel do bandeirante paulista, havia uma busca incessante da "verdade histórica" sobre os sertanistas. Portanto, a dimensão historiográfica do trabalho desses historiadores – especialmente a de Taunay – deve ser valorizada, em paralelo a seu comprometimento com as elites paulistas.

Mapeado o contexto geral em que a obra de Taunay sobre as bandeiras paulistas se insere, é necessário, agora, esmiuçar alguns de seus aspectos, para entender como ela participou de forma definitiva da instauração da imagem positiva do bandeirante-paulista na década de 1920.

No tomo primeiro da sua *História geral das bandeiras paulistas*, são dados os elementos e direcionamentos gerais da obra e do entendimento do tema. Taunay destacou sua importância para a história do Brasil, tentando localizar seu aparecimento na historiografia brasileira. Assim, colocou em evidência os autores que trataram do assunto antes dele, e criticou aqueles que o desprezaram completamente, estando filiados a uma outra visão da história.

Dessa forma, iniciou seu trabalho enfatizando as dimensões faraônicas de seu estudo e, embora reconhecesse que o assunto já fora abordado antes, salientava que ele jamais fora feito de maneira "sistemática e pormenorizada". É o que ele pretendia fazer, justificando que as bandeiras eram um "episódio culminante dos anais brasileiros, pois a ele deve o país dois terços do seu território atual" (ibidem, p.7).

Ressaltava mais uma vez o caráter eminentemente nacional da temática das bandeiras, mostrando-se profundamente indignado ao relatar que tanto cronistas coloniais quanto "historiadores do Brasil nação" desprezaram a questão, prestando

> imensa atenção às lutas e à repulsa dos estrangeiros, às questões administrativas, frequentemente tediosas, infindáveis, deixando na mais inexplicável e imerecida obscuridade os feitos das bandeiras. Para eles a história do Brasil é a história da costa quase somente. (ibidem)

Taunay incluía nesse rol nomes como o de Rocha Pitta e Francisco Adolpho de Varnhagen.

A influência exercida por Capistrano de Abreu na descoberta e valorização do bandeirismo, que ele enunciou algumas páginas adiante dessa passagem aqui citada, é implícita. Foi o mestre cearense que lhe indicou o "bom caminho a seguir", quando Taunay demonstrou seu interesse em estudar os capitães-generais e os vice-reis, como mostra a correspondência entre ambos em 1904:

> Affonso Amigo,
> A sua ideia de escrever uma história dos capitães-generais de São Paulo é simplesmente infeliz. Que lembrança desastrada a de preferir um período desinteressante quando a grande época dos paulistas é o século XVII! Deixe este encargo ao ... ou ao ... Isso lhes vais calhar. Que encham páginas da revista com tão desenxabido assunto. Reserve você para si o melhor naco, deixe os miúdos para quem deles gostar. (Rodrigues, 1954, p.274)

Ainda no primeiro tomo de sua *História geral*, Taunay (1924, p.11) lembrava que nos *Capítulos de história colonial*, publicado em 1907, Capistrano assinalou a importância capital do bandeirismo ao declarar que "a invasão flamenga constitui mero episódio de ocupação da costa. Deixava-a na sombra, a todos os respeitos, o povoamento do sertão".

É justamente com essa frase que Capistrano iniciou "O sertão", maior e mais importante capítulo daquela obra, em que procurou caracterizar, ainda que de maneira sumária, os principais aspectos e as diferentes fases desse movimento promovido e realizado pelos habitantes de São Paulo. Taunay encontrou certamente aí as pistas essenciais para escrever sua epopeia, desdobrada ao longo de inúmeros volumes e milhares de páginas.

Entre os nomes que o precederam, além daquele do eminente mestre cearense, está o de Washington Luís, não apenas pela publicação dos documentos paulistanos, mas sobretudo pelo estudo monográfico que realizou, nos quadros do IHGSP, sobre Antônio Raposo Tavares, considerado por Taunay, ao lado de Fernão Dias Paes Leme, um dos principais expoentes do movimento sertanista. Citou ainda como essenciais os trabalhos de Basílio de Magalhães, *Expansão geographica do Brasil até os fins do século XVII* (1914); de Pandiá Calógeras, *As minas do Brasil e sua legislação* (1905); e aquele de Diogo de Vasconcellos, *História antiga das Minas Geraes* (1904).[9] Além desses, lembrava-se também de outros membros do IHGSP que trataram de casos concretos do bandeirismo, publicaram preciosa documentação ou, ainda, trataram de assuntos correlatos que fizeram avançar as pesquisas sobre as bandeiras.

A obra de Taunay, todavia, pretendia ir muito além; ela se impunha, como ele próprio anunciava, como "a história da conquista do Brasil pelos brasileiros", o que lhe concedia dimensões e valor inusitado, que foram reconhecidos por seus contemporâneos e por aqueles que lhe sucederam. É nessa sua dimensão de narrativa histórica do "maior feito da vida nacional" que seu trabalho se projetou como inventário exausti-

---

9 A correspondência entre Taunay e esses estudiosos, sobre assuntos bandeirantes, é intensa a partir de meados dos anos 20, como se constata pela documentação do Museu Paulista.

vo – e inédito – dos feitos bandeirantes. Segundo Roquette Pinto (1930), essa é uma página da história do Brasil que começou a ser escrita pelas gerações republicanas, o que nos remete, novamente, ao texto de Maria Isaura Pereira de Queiroz, que vê no período posterior a 1870 o reaparecimento do ufanismo paulista.

O paulista, já historicamente associado à imagem do sertanista, "desbravador, indômito, cheio de iniciativas, conquistador e rebelde" (Queiroz, 1992, p.80),[10] era exaltado não apenas por seu passado glorioso, mas porque seu valor

> encontra-se fortemente implantado no presente, com base no fulgurante desenvolvimento econômico que se havia operado na segunda metade do século XIX em terras que os fazendeiros desbravavam, numa demonstração de que eram lídimos continuadores dos corajosos sertanistas: abriam novas terras à lavoura, utilizavam novas técnicas no trato das culturas e nos meios de comunicação, lançavam-se a novos empreendimentos, numa demonstração de audácia e de visão. (ibidem, p.82)

Nesse período, as bases históricas eram importantes, mas procurava-se provar a grandeza de São Paulo e dos paulistas de forma "científica", firmando-se em dados estatísticos. Esse ponto de vista fazia parte da "pregação" republicana, calcada na defesa do federalismo, que via São Paulo (na verdade a oligarquia cafeeira) prejudicado pelo centralismo do governo imperial, impedido de crescer, apesar de estar economicamente à frente das outras províncias brasileiras.[11]

O progresso de São Paulo também aparecia diretamente ligado à figura do imigrante que chegou à região por volta de 1860, trazendo braços e novas técnicas para a lavoura cafeeira. Segundo Queiroz, alguns autores apontam o início do século como o momento em que se

---

10 O primeiro momento de "ufanismo paulista" coincide com aquele das obras de Pedro Taques, *Nobiliarquia paulistana*, *Genealogia das principais famílias paulistanas*, e de frei Gaspar da Madre de Deus, *Memória para a história da capitania de São Paulo* (todas de meados do século XVIII), que trataremos mais adiante. É ainda nos escritos desses dois "historiadores" de São Paulo que, pela primeira vez, o termo paulista se associa à empreitada das bandeiras.

11 A obra de Alberto Salles, *A pátria paulista*, de 1887, é justamente uma das porta-vozes dessas ideias.

deu o aparecimento da figura do *bandeirante* como um símbolo aglutinador de uma coletividade movida por ideais comuns. Isso teria se dado justamente quando os descendentes dos imigrantes, filhos e netos, já estavam incorporados à população local, por meio da miscigenação, fazendo parte das camadas economicamente favorecidas e da intelectualidade. A ideia de bandeirante que então surgiu remetia a todos aqueles que habitavam o estado de São Paulo, não importando suas origens. Essa "nova raça", também marcada por seu pioneirismo, apresentava os mesmos predicados dos primeiros habitantes de São Paulo – igualmente mestiços –, isto é, era arrojada, eficiente e amante do progresso.

Na década de 1920, entretanto, essa superposição entre paulista e bandeirante não era tão evidente como parecia, pois este último termo, então recentemente criado, designava uma figura distinta do paulista que "viu crescer então sua carga essencialmente geográfica, marcando os que pertenciam a uma região; o qualificativo 'bandeirante', por sua vez, surgiu com todo o peso de um significado histórico inconfundível" (p.84).

Nesse caso, o termo bandeirante aparecia como um elemento de distinção que separava, no interior do estado, uma coletividade antiga de outra de origem recente, valorizando a primeira em detrimento da segunda. Os imigrantes eram paulistas, mas não eram bandeirantes, pois estes construíram sua glória no passado e por meio dos feitos dos antepassados.

A colagem definitiva de um termo ao outro, paulista e bandeirante, vem com a Revolução de 1932. A necessidade de fazer frente ao governo federal tornou indispensável a união de todos os componentes do estado – portanto, de todos os paulistas, independentemente de sua origem social, etnia ou nacionalidade –, projetando, assim, o símbolo bandeirante para todos os níveis sociais. Todos os que se empenharam na mesma luta pertenciam à mesma raça, de modo que "bandeirante passou a ser sinônimo de paulista, unindo ao significado histórico o significado geográfico" (p.85).[12]

---

12 Sobre a Revolução de 1932, cf. Capelato (1981). O termo bandeirante sofre ainda uma outra evolução, graças, sobretudo, à atuação do grupo "verde-amarelo", composto por modernistas como Cassiano Ricardo, Cândido Motta Filho e Menotti del Picchia. O mito das bandeiras é uma referência constante nos escritos desses

A questão da *raça paulista* é também assunto do primeiro tomo da *História geral das bandeiras paulistas*, em que Taunay dedicou vários capítulos para falar sobre o ambiente em que desabrochou o bandeirantismo – suas "condições mesológicas" –, procurando traçar o perfil dos primeiros paulistas, desde os primeiros povoadores dos "Campos de Piratininga". Sua preocupação central estava em definir a ascendência da "raça paulista", o seu "grau de mestiçagem", para então explicar, pela composição de seu caráter, como se constituíram suas motivações em relação às bandeiras.

João Ramalho, mítico personagem que teria salvado o núcleo original da futura São Paulo da investida dos índios tamoios em 1562, justamente por ser casado com a filha de Tibiriçá, chefe dessa tribo, foi definido por Taunay (1924, p.223) como "o patriarca europeu da gente de São Paulo, o primeiro realizador desta mestiçagem intensa do planalto de onde proviria uma estirpe a que Saint-Hilaire atribui os altissonantes apelidos de 'raça de gigantes'".

Além de patriarca do povo paulista, João Ramalho também foi nomeado patriarca das bandeiras, por ter "presidido ao movimento inicial da entrada paulista pelo Brasil ... anexadoras de milhões de quilômetros quadrados, castelhanos à fé dos tratados, ao nosso patrimônio nacional" (ibidem).

---

autores, mas ganha uma conotação nacional a partir do Estado Novo, quando alguns deles passam a ocupar funções expressivas no interior do aparelho de Estado. É desse modo que as ideias regionalistas vão ser absorvidas pelo regime que as integra, como dimensão constitutiva do nacional. O Estado Novo apresenta-se como Estado nacional capaz de integrar as diversidades e incentiva os intelectuais a escreverem sobre as origens da nação. A questão central é a fundação do Estado nacional brasileiro, pouco importando que as interpretações sejam distintas. O trabalho de Cassiano Ricardo, *Marcha para o Oeste* (1940), é exemplar nesse sentido: "Sustentando a ideia da hegemonia paulista, Cassiano Ricardo vai mostrar que a 'bandeira' transcende o tempo histórico ao fornecer o 'retrato geográfico' do Brasil e o 'módulo psíquico e moral do povo brasileiro' ... Ele pretende identificar o caráter nacional como sendo bandeirante. As associações daí decorrentes são inúmeras: a ideia de grandeza (de caráter), de pragmatismo, de espírito empreendedor, heroísmo, abnegação etc., constituindo esses valores o fundamento da própria doutrina estadonovista" (Velloso, 1987, p.15).

Taunay exaltava essa linhagem principiada por João Ramalho, o "primeiro vagido da raça mameluca", justificando o aspecto positivo da mestiçagem: "Esta liga não era absolutamente inferior, melhorando as condições da mentalidade vermelha e as da musculatura branca, à raça superior (sic) infundindo maior resistência e capacidade de acomodação à terra do Brasil" (ibidem).

Se os qualificativos físicos da raça paulista foram herdados dos índios, o espírito aventureiro, desbravador, arrojado, Taunay vai buscá-lo nas origens dos povos europeus que imigraram para o Brasil, principalmente o português. Assim, baseando-se na obra de Oliveira Vianna, *O povo brasileiro e sua evolução*, ele procura traçar a origem étnica do português, "um dos de formação mais complexa" do continente europeu. Em sua composição, teriam participado, entre outros, elementos "dolicoides e louros, com forte porcentagem de sangue germânico" (ibidem), cuja tendência à aventura é uma das características básicas. Essa mistura foi mais presente no norte de Portugal e, segundo Taunay, é justamente dessa região que partiu a maior corrente migratória para o continente americano.

É em Pedro Taques (1714-1777), todavia, que Taunay encontra os elementos essenciais para justificar a "nobre" procedência da raça paulista. Além de ter reeditado a obra principal desse autor, *Nobiliarquia paulistana*, Taunay (1922b, p.7) também publicou vários artigos sobre aquele que considerava não apenas o primeiro historiador paulista, mas o "historiador das bandeiras paulistas, dilatadoras do Brasil, historiador da conquista do Brasil pelos brasileiros".

A importância dessa obra para Taunay está justamente no fato de ela ser um estudo cuidadoso dos troncos genealógicos dos primeiros povoadores de São Paulo e, nesse sentido, permitir conhecer a ascendência e descendência dos sertanistas. O trabalho de pesquisa documental do *linhagista* estava entre as suas maiores qualidades: "Um estudo acurado dos documentos acumulados nos cartórios civis e eclesiásticos" (ibidem, p.245).

Sem dúvida, é na *Nobiliarquia* de Pedro Taques que se delinearam os primeiros contornos da "raça paulista" como uma casta especial, com predicados fora do comum. A fronteira entre aqueles que pertenciam à nobre linhagem e aqueles que não podiam nela ser incluídos é claramente demarcada. O próprio Taunay (1922b, p.254) afirmou que,

> dominado aliás pelas ideias de casta e sentindo-se um pouco parente de todos os seus biografados, dava Pedro Taques expansão a fortíssimo, visceral sentimento aristocrático de preconceitos de família, senão de classe. Para ele não há pior desgraça do que não poder alguém ter direito a ser considerado como "de sangue limpo de toda a raça de mácula".

O genealogista mostrava-se extremamente rigoroso ao descrever as mestiçagens entre as famílias, o que não aprovava por acarretar a perda de "nobreza" e de linhagem aristocrática: "É que para o linhagista sentimento mais arraigado talvez não houvesse do que o da imprescindível necessidade de seleção aristocrática" (ibidem, p.256).

Finalmente, o valor desse "historiador" para Taunay justificava-se não apenas por sua apologia do povo paulista e de suas "nobres" linhagens, mas porque

> a ele devemos na história surpreendente do recuo do meridiano asfixiante do Brasil quinhentista, desde o litoral atlântico até o coração do continente, as únicas manifestações do documento humano. Deu-nos os traços insubstituíveis para o estudo das personalidades, os caracteres das gerações que passaram sem deixar vestígios; foi dentre os nossos cronistas, dos raros que, na história do país, alguma coisa viram além da inexpressiva resenha e cerzidura dos atos oficiais: cartas régias, provisões e alvarás quase sempre tão ocos, vazios e amorfos. Resta-nos, graças a Pedro Taques, um pouco da alma dos conquistadores do Brasil Central. (apud Cordeiro, 1960, p.208)

Frei Gaspar da Madre de Deus (1715-1800) é outro "historiador"[13] do século XVIII a quem Taunay (1915, p.156) recorreu pelo seu parentesco com Pedro Taques (eram primos), e por ter sido um dos responsáveis pela conservação e divulgação da obra do *linhagista* após sua morte.

---

13 O termo mais correto para nomeá-lo, bem como Pedro Taques, seria cronista, mas Taunay insiste em chamá-los de historiadores.

Permutavam os dois historiadores tudo quanto tinham: das "Memórias"[14] e submetia ao correspondente, para o mesmo fim, os seus títulos genealógicos e a narrativa dos episódios mais notáveis da história paulista, muitos dos quais infelizmente para nós perdidos.

Além do valor documental de sua obra, também fundada em ampla pesquisa de arquivos de sua época, sua importância para Taunay está no fato de frei Gaspar ter sangue índio em sua ascendência – ele descendia de João Ramalho e da filha de Tibiriçá. Ao tentar justificar sua própria descendência – e a legitimidade desta –, ele alargou o caráter da raça paulista, incluindo nela os oriundos da larga miscigenação com indígenas, os *mamelucos*, que ocorrera na capitania. As qualidades da raça vinham da mistura de índios com portugueses, que gerara "indivíduos certamente insolentes e com algo de rebeldes, porém altivos, corajosos, cheios de iniciativa e de persistência em suas atividades, o que os levara a tantos feitos notáveis" (Queiroz, 1992, p.81).

Taunay discorre ao longo de várias páginas para definir os cruzamentos do qual resultou a composição da raça paulista, salientando ainda a fraca presença do elemento africano,[15] muito mais presente em outras regiões do país. Apesar de considerar o índio brasileiro um dos ramos étnicos que compõem o paulista, seus argumentos procuravam enfatizar a forte descendência europeia, sobretudo a germânica, de quem teria herdado o temperamento aventureiro e nômade. A citação de uma passagem de Oliveira Vianna em *Populações meridionais do Brasil*, é novamente significativo nesse sentido:

> Só a presença nas suas veias de glóbulos de sangue dos dólico-louros pode explicar a sua combatividade, o seu nomadismo, essa mobilidade incoercível, que os faz irradiarem-se por todo o Brasil, do norte e do sul, em menos de um século. (Taunay, 1924, p.121)

---

14 Taunay refere-se à obra *Memórias para a história da capitania de São Paulo*, de 1797.

15 "De quanto apreciavam menos os antigos paulistas o cruzamento africano temos numerosos testemunhos do nosso linhagista" [refere-se a Pedro Taques]. Assim ao falar de um moço de família preeminente que fizera uma "mésalliance euroafricana" declarou categoricamente que se "casou com uma mulata e se lhe acabou a geração" (Taunay, 1924, p.134).

A necessidade de buscar argumentos para provar a "pureza" da raça paulista inquieta Taunay. Embora reconhecesse a sua mestiçagem, procurou mostrar que, ao longo do tempo, os grandes líderes do bandeirantismo sofreram aquilo que ele nomeou de "afusão arianizante", por conta da chegada sucessiva de elementos europeus e pela diminuição do cruzamento com negros e índios. Era desse modo que ele explicava a

> elevada proporção de brancos que se encontra em São Paulo já, em 1872, por ocasião do recenseamento nacional muito antes da chegada das grandes levas de imigrantes europeus. Nesta época o coeficiente de porcentagem ariano se eleva a 51,76 por cento. (ibidem)

Acrescentava, enfim, que Pedro Taques e frei Gaspar eram exemplos típicos desse processo de "arianização" da população paulista, sobretudo nas suas classes dirigentes. Talvez seja também por isso que a obra de ambos tenha tanto valor para Taunay – eles descendiam das mais notáveis famílias da capitania[16] e escreveram sobre os feitos daqueles com quem se identificavam. Vale assinalar aqui que Taunay, numa passagem do tomo nono de sua *História geral das bandeiras paulistas*, fez uma longa digressão genealógica, inserindo a si mesmo na tradição como descendente dos ilustres ancestrais paulistas:

> Deste casal proviria Maria da Assunção Moraes ... mulher do sargento mor português Lourenço Corrêa Sardinha ... Da terceira filha do casal Escolástica Maria de Jesus Ribeiro ... mulher do sargento português José Leite Ribeiro ... é terneto o autor desta História Geral das Bandeiras Paulistas que assim se encontra na linhagem dos primeiros povoadores do Brasil como décimo terceiro neto de João Ramalho e de Antônio Rodrigues e décimo quarto de Tibiriçá e Pequerobi. (apud Oliveira Júnior, 1994, p.132)

---

16 Taunay (1924, p.135) relatou que "nasceram, quase ao mesmo tempo, o linhagista em 1714 e o beneditino em 1715. Tinham ambos atrás de si sete gerações de habitantes do Brasil. Dentre os sétimos avoengos em números de 256, contava Frei Gaspar 254 brancos e 2 tupis; e Pedro Taques só brancos. Dos oito bisavós de Pedro Taques, todos eram paulistas, dos de Frei Gaspar cinco portugueses e aparentavam--se ambos aos mais antigos sangues vicentinos, os Buenos, Taques, Lemes".

Taunay pretendia (re)alinhavar os fios dessa tradição quase perdida e fazer de sua obra a continuação dos estudos realizados por seus antecessores. Para isso, revalorizou as obras desses dois cronistas, que lhe forneceram as bases para suas pesquisas sobre as bandeiras e sobre as linhagens a que pertenceram os bandeirantes do passado, bem como os do presente. É preciso não se esquecer de que os historiadores que estavam escrevendo na década de 1920 sobre as bandeiras eram todos descendentes das velhas famílias paulistas (ou estavam de algum modo a elas ligados).

> O sentido profundo, subjacente a seus trabalhos, é a ligação estreita entre as qualidades dos bandeirantes e os predicados da elite paulista a que pertenciam. A filiação lhes parecia indiscutível, as virtudes da *raça* se haviam mantido através do tempo, consubstanciadas nas atividades pioneiras e resultando no engrandecimento da nação, de que se mostravam os mais legítimos motores. (Queiroz, 1992, p.84)

A digressão sobre a raça paulista, feita logo no início do primeiro tomo de sua obra, funcionava como seu *a priori*. Antes de mais nada, era necessário definir a "nobreza da estirpe" paulista, pois ela era a protagonista daquilo que seria narrado no decorrer de quase cinco mil páginas, espraiadas em onze grossos volumes: a tessitura do Brasil pela epopeia bandeirante, em cada uma de suas fases, em cada um de seus episódios exemplares.

As considerações de Taunay sobre a raça paulista encontraram opiniões – embora bem poucas – divergentes em sua época. Uma delas veio da parte de Roquette Pinto que, no seu discurso de recepção do então diretor do Museu Paulista à Academia Brasileira de Letras, em julho de 1930, não lhe poupou críticas, embora reconhecendo o imenso valor de suas pesquisas. Começou elogiando a vasta obra de Taunay, iniciada na *Revista do IHGSP*, o brilhante trabalho que vinha realizando à frente do Museu Paulista e seus inúmeros estudos no domínio da lexicologia brasileira. Todavia, quando parte para a análise de sua obra maior, a *História geral das bandeiras paulistas*, que naquele momento já estava em seu sexto tomo, os pontos de divergência com Taunay se demarcaram claramente.

É importante lembrar que Roquette Pinto trabalhou durante anos no Museu Nacional como especialista em antropologia, sendo, aliás, seu diretor. Em 1918, logo depois que Taunay assumiu a direção do Museu Paulista, ele convidou o então professor assistente de antropologia do Museu Nacional para reorganizar suas coleções etnográficas (cf. Taunay, 1919, p.8-9). Por pertencerem ao meio bastante restrito dos museus brasileiros no começo do século, Taunay e Roquette eram próximos e mantinham uma correspondência constante sobre assuntos diversos, tendo até mesmo participado de projetos comuns, como o filme das *Bandeiras*, produzido pelo Instituto Nacional do Cinema Educativo no final da década de 1930. Por sua formação e trabalho desenvolvido no Museu Nacional, o que interessava a Roquette Pinto no episódio das bandeiras era justamente a questão da *raça*, e não do *território*, do "recuo do meridiano", que lhe parecia o ponto central para Taunay e que definia a legenda das bandeiras como "a conquista do Brasil pelos brasileiros". Suas críticas incidiram diretamente sobre os argumentos que Taunay transportou de Oliveira Vianna para explicar o espírito aventureiro do povo paulista e suas observações sobre um suposto processo de "arianização" que teria sofrido ao longo dos séculos. Sua reprovação a essa última ideia é contundente:

> Não sei, Sr. Affonso de Taunay, se fostes sempre bem inspirado, consagrando no primeiro volume da vossa História um capítulo ao que chamastes arianização progressiva dos paulistas, porquanto a antropologia ensina que o sangue ariado é uma utopia. Em todo caso afirmais muito bem: "é com elementos quase unanimemente euro-americanos que efetua sua obra a raça de gigantes de Saint-Hilaire". (Pinto, 1930, p.293)

Roquette Pinto não era apenas contra a ideia de uma purificação da raça no século XIX, mas refutava sobretudo o argumento de que fora a mistura germânica no sangue português o elemento responsável pela modelagem do caráter do paulista, afirmando que "a combatividade e a mobilidade – que considerais os dois característicos mais salientes do ânimo sertanista – são essencialmente ameríndias" (ibidem).

Avançava dizendo que não compreendia "que se procure explicação para o estupendo movimento nas doutrinas velhuscas da antropologia literária" (ibidem).

Seu objetivo era altercar mostrando que as qualidades de bravura, disciplina, espírito guerreiro e nomadismo não foram herdadas dos portugueses, mas dos nossos índios:

> Os homens que para São Paulo vieram de Portugal, portadores ou não de cromossomos nórdicos, pertenciam ao mesmo grupo dos que foram para a Índia, para a China e para a África. Por que razão o ânimo conquistador de tais supostos netos dinamizados de árdegos Vikings não criou bandeiras semelhantes às de Antonio Raposo, em Guiné ou em Macau? (ibidem)

Seu argumento ainda avançava extraordinariamente em defesa da ascendência indígena do paulista. Ele lembrava a influência que certamente teve o ambiente ameríndio primevo, "criador e propagador de lendas capazes de animar o desejo de varar o desconhecido em busca da terra sem males" (ibidem, p.296), e onde a língua corrente era o tupi e não o português. Lembra ainda que o bandeirantismo, como "varação de território e preação de índios, é anterior à chegada dos colonizadores. Prática habitual dos Tupi. Com eles aprenderam os Ibéricos; e mais bem dotados de recursos e de cultura desenvolveram a lição..." (ibidem).

Segundo Roquette Pinto, os rapazes que viviam em Piratininga ouviam das índias lendas e histórias de seu povo, o que, ao certo, lançou o germe da curiosidade, "que achou ótimo terreno no substrato sonhador da alma ibérica" (ibidem, p.297).

Por fim, a sua crítica extrapolou o âmbito da obra historiográfica de Taunay, dirigindo-se ao diretor do Museu Paulista, onde, segundo Roquette, o elemento indígena, do qual teria vindo o impulso original das bandeiras, foi esquecido. Assim, ele notou:

> Compreendereis agora por que, sr. Affonso de Taunay, vejo nesse glorioso Gavião de Penacho[17] – o bandeirante desconhecido, que está faltan-

---

17 Roquette Pinto (1930) refere-se aqui a um episódio que ele diz ter sido narrado por Gândavo, no qual este faz referência direta a uma das lendas contadas pelos tupis, sobre a *terra sem males*, o que indica que, desde os primórdios da colonização, elas eram moeda corrente no ambiente sul-americano. Conta o episódio que, por volta de 1549, "algumas centenas de tupis da costa, ao mando de *Uira-uassú* (a Harpia), tendo ao lado dois portugueses que morreram no caminho, partiram na

do à vossa galeria do Ipiranga; e no ambiente criado pelos Tupis de Piratininga, encontro o condicionamento primordial e originário das bandeiras,
ambiente que pôde agir mais decisivo, graças ao isolamento do núcleo de
povoadores, separados da costa pela muralha da serra, e entregues à direção
dos Ignacianos, disciplinadores sem rival. (ibidem)

Taunay também ressaltou a importância do ambiente natural dos
Campos de Piratininga na motivação das bandeiras, mas não fez referência alguma ao elemento indígena. Os paulistas antigos, segundo ele,
não foram inicialmente caçadores de índios ou de ouro, mas "uma raça
de homens dominada por indissimuláveis predileções pastoris" (sic)
(Taunay, 1924, p.142).

Assim, a expansão primeira dos paulistas teria se dado em busca de
pastos, onde fundaram fazendas pastoris, no vale do São Francisco, nos
sertões de Goiás, nas caatingas do Nordeste etc. Somente ao norte e a
oeste se dirigiram em busca de ouro e pedras, mas isso posteriormente.
Taunay, como Roquette Pinto, subestimava o valor atribuído à busca do
ouro na motivação das bandeiras. Antes de tudo o caráter do paulista,
aventureiro, desbravador, destemido – caráter esse herdado seja do
português, com ou sem "cromossomos germânicos", seja do índio –,
tornou-se a legenda dessa raça empreendedora, que unia as glórias do
presente às do passado.[18]

Bem poucos trabalhos fizeram uma leitura crítica da obra de Taunay,
mesmo posteriormente a ela. Para os seus contemporâneos, como Alcântara Machado e Alfredo Ellis, sua obra era referência necessária, pelas
dimensões de suas pesquisas e descobertas documentais. Para autores
que renovaram os estudos sobre as bandeiras, como Sérgio Buarque de
Holanda, a *História geral das bandeiras paulistas* é um verdadeiro manancial documental.

---

direção do Nordeste, em busca de *'terras novas onde acharão imortalidade'* – diz o
cronista. *Uira-uassú* e alguns companheiros subiram o Amazonas e chegaram ao
Peru, onde foram aprisionados pelo Vice-Rei, em 1549, segundo a crônica de
Jimenez de la Espada".

18 Alfredo Ellis (1934, p.32) partilha do mesmo ponto de vista, pois, para ele, as
bandeiras foram fruto único da "audácia, temeridade e heroísmo dos paulistas,
filho dos lusos povoadores, em cruzamento com a raça de bronze".

Dois autores, no entanto, merecem ser citados mais detalhadamente, pois propõem interpretações – divergentes – para sua *história das bandeiras*. O primeiro deles é José Honório Rodrigues, que definiu Taunay como *revisionista histórico*, seguindo os caminhos abertos por Capistrano de Abreu, que teria sido um dos primeiros autores a se voltar ao estudo de temas essencialmente brasileiros e sob um novo ponto de vista. O revisionismo histórico, explica ele, "tem por fim rever os grandes quadros históricos já construídos, corrigindo, acrescentando, atualizando" (Rodrigues, 1965, p.25), de modo que as descobertas históricas que engajou "vêm menos das pesquisas factuais trazidas pelos novos documentos que das questões novas que sabemos levantar" (Rodrigues, 1966, p.16).

Honório Rodrigues definiu dois tipos de revisionismo: o factual e o ideológico. O primeiro, sem inspirações ideológicas ou teóricas, tinha por fim reconstruir fatos mal estabelecidos ou desconhecidos – é o que teria feito Taunay em relação à história das bandeiras, um episódio, até sua época, quase inexplorado no âmbito da historiografia brasileira. O revisionismo ideológico, por sua vez, foi além da mera descoberta de novos fatos, renovando-lhes a interpretação. É o que teria feito Capistrano em relação à obra de Varnhagen, ao mostrar que este deu maior valor à invasão holandesa, a qual, na verdade, constituiu um episódio isolado da ocupação da costa brasileira, deixando de lado a "verdadeira história", aquela que diz respeito ao "povoamento do sertão, iniciado em épocas diversas, de pontos apartados, até formar-se em uma corrente interior, mais volumosa e mais fertilizante que o tênue fio litorâneo" (apud Rodrigues, 1965, p.136).

Para Capistrano, era fundamental estudar esse movimento nada isolado da história do Brasil, pois ele revelaria o seu lado verdadeiramente brasileiro e único, distinto de qualquer outro país. Como entende Honório Rodrigues (1965, p.136), o mestre cearense mostrou que

> não só as comunidades do litoral sujeitas a todas as espécies de influências exóticas, nem os acontecimentos estrondosos, superestruturais, que merecem o desvelado cuidado do historiador. É preciso ver os caminhos, as monções, a fronteira, os processos de conquista do sertão e de criação de uma personalidade histórica distintamente brasileira.

Seguindo essa "nova" perspectiva, a investigação sobre as bandeiras sofrera um impulso capital e o saber histórico no Brasil alargara-se.

No contexto dessa proposta de uma renovação na história brasileira, Capistrano teria sido o teórico e Taunay o seu executor. Para Honório Rodrigues (1965, p.138), na corrente do "revisionismo factual", Taunay construiu aquilo que faltava na *História do Brasil* de Varnhagen, fornecendo uma das mais ricas contribuições para o estudo dos fundamentos da nossa história: "À história territorial juntou a história do principal produto econômico[19] em larga fase de nossa história".

Assim, Taunay teria assinalado e analisado os dois elementos estruturais fundamentais para a compreensão do processo histórico brasileiro: as bandeiras e a economia cafeeira. Deu-lhes um sentido realista, explica Honório Rodrigues (1965, p.141-1),

> estrutural e não conjuntural, mostrava o Brasil como um produto do processo real, isto é, não só uma criação política, ética ou religiosa, mas efeito de fatos mais reais (sic), mais significativos, mais empíricos ... como foram as bandeiras e reconstitui a estrutura econômica mais que secular da sociedade brasileira.

Ora, essa interpretação de Honório Rodrigues tropeça em sua própria definição de revisionismo histórico, bem como parece embaralhada sua noção de revisionismo factual. Se o revisionismo histórico se preocupava especialmente com as novas questões que poderiam ser levantadas a partir dos documentos do que com as pesquisas factuais, como poderia existir um revisionismo factual tal como ele definiu e enquadrou a obra de Taunay, voltada para a reconstrução de "fatos reais"? O próprio conceito de revisionismo factual parece, então, contraditório. Honório Rodrigues também não esclareceu o que entende por "fatos mais reais". O que permitiria dizer que alguns fatos são mais reais que outros? Seriam os fatos descritos por Taunay "mais reais" que aqueles descritos por Varnhagen? – fica aqui a questão. Deslize ainda mais grave é aquele de tentar explicar a história escrita por Taunay segundo catego-

---

19 Refere-se aqui à *História do café*, publicada entre 1927 e 1937, em quinze volumosos tomos.

rias marxistas, como superestrutura, elementos estruturais, conjuntura e processo real. Finalmente, é importante lembrar que Taunay não se preocupava apenas com fatos e sua mera descrição, mas um de seus primeiros interesses em relação à história foi definir-lhes claramente os métodos, e é justamente o que fez em um de seus primeiros textos, que discuti no primeiro capítulo – "Os princípios gerais da moderna crítica histórica" –, e em sua aula inaugural para o curso de História da Civilização Brasileira na USP. Por essa preocupação metodológica, Alfredo Ellis o chamou de *primus inter pares* na ciência histórica de seus dias.

Paulo Cavalcante de Oliveira Júnior (1994), cuja dissertação de mestrado aborda a *História geral das bandeiras paulistas,* também salienta a imprecisão das noções de revisionismo histórico expostas por Honório Rodrigues e suas limitações para explicar essa obra. Para esse autor, a concepção de história de Taunay e sua produção historiográfica remeteria a uma noção bastante distinta desta de revisionismo histórico, conduzindo ao conceito de memória.

Logo na introdução de seu trabalho, servindo-se de passagens esparsas das definições de memória e história de Pierre Nora, retiradas da sua longa introdução ao *Lieux de mémoire,* Oliveira Júnior (ibidem, p.4) procura mostrar que a obra de Taunay se encontra no âmbito da memória e não da história: "Ao invés de reconstruir o autor *reconstitui,* fugindo à problematização e priorizando o exercício regulado de memória".

Salienta que a preocupação com a verdade absoluta, com o traçado de uma história sem lacunas, voltada para o estabelecimento da continuidade do passado em relação ao presente, enfim, interessada em resgatar o passado como um todo do esquecimento, resulta em uma "memória historiograficamente construída". Esse "trabalho de memória" ficaria comprovado ao se fazer a análise das próprias motivações da empresa: retraçar todos os trajetos – ou pelo menos os mais importantes – das bandeiras, evocar feitos, lembrar os nomes dos chefes, fixar datas. Nesse esforço, calcado em sólidas referências teóricas (no passado, Pedro Taques, frei Gaspar da Madre de Deus e Auguste de Saint-Hilaire; no presente, Washington Luís e Capistrano de Abreu), Taunay buscava "celebrar as tradições paulistas através do conhecimento científico da História" (p.34).

Um dos resultados principais dessa empresa foi a mitificação da figura do bandeirante, que se tornou o ponto de encruzilhada entre as glórias do passado e aquelas do presente, e que se instituiu, definitivamente, como símbolo da grandeza de São Paulo projetada para o futuro. Taunay, como mostra Oliveira Júnior, retorna às origens do movimento, instituindo o lugar de partida, os ancestrais e as figuras exemplares, capazes de sintetizar em si os valores da coletividade bandeirante. Assim, foram especialmente lembrados João Ramalho e Tibiriçá, como os patriarcas do movimento; São Vicente e São Paulo, como núcleos iniciais do movimento em direção à construção da nação; Antônio Raposo Tavares e Fernão Dias Paes Leme, como os representantes dos dois grandes ciclos bandeirantes; e, finalmente, o Rio Tietê, mitificado como veio de condução do último grande momento das entradas, as monções. Todos esses elementos que compõem a epopeia das bandeiras foram organizados a partir de três temas estruturantes: a cidade, o sertão e o bandeirante – "o primeiro é o lugar da civilização, o segundo o lugar da natureza e o terceiro o lugar do mito" (p.121).

Taunay, bem como outros paulistas de sua geração, preocupava-se com a construção de uma identidade nacional brasileira de cunho paulista. Seu trabalho procurou mostrar, por intermédio da história e pela invenção de uma memória, que essa busca já estava presente nos primórdios da pequena Piratininga e em seus arrojados habitantes.

> São Paulo, pelo Brasil, construía os mitos que formavam o Estado e a Nação, ainda na colônia, para que pudesse desfrutar de uma tradição. O historiador combinou os acontecimentos deliberadamente, articulou os temas, repetindo-os à exaustão, sempre concluindo com a mitificação do bandeirante. (p.124)

Apesar de minuciosa e bastante esclarecedora, a análise de Oliveira Júnior da obra maior de Taunay falha ao insistir no fato de que ela se situa no campo da memória, não no do universo da história. Ele parece não ter compreendido perfeitamente as ideias das quais faz uso, provenientes da definição de *lugares de memória* de Pierre Nora. Sem dúvida nenhuma, o aspecto memorial, ou de "veículo de memória" – como Oliveira Júnior prefere definir a *História geral das bandeiras paulistas* –, é fundamental e precisa ser enfocado. Sua interpretação busca explicitar os alicerces dessa "reconstituição da memória" operada por Taunay, em cada um de seus elementos essenciais. Mas o trabalho historiográfico, bem como aquele que realizou à frente do Museu Paulista, remete, a meu ver, diretamente à noção de *lugares de memória*, e à intrincada trama tecida entre memória e história a partir do final do século XIX. Segundo essa noção, não é possível separar tão completamente os universos da memória e da história, e delimitar onde começa e onde termina o "trabalho" de cada uma delas. A riqueza dessa noção está em mostrar as idas e vindas, as apropriações mútuas que se operam entre os dois campos, tão típicas das sociedades contemporâneas (cf. Brefe, 1996, p.105-25). Assim, é preciso remeter aqui a algumas noções presentes na introdução do *Lieux de mémoire*, de Pierre Nora.

O historiador francês esclarece que as diferenças entre as duas categorias começam nos processos e nos elementos diversos que produzem cada uma delas. A memória é, em grande parte, uma operação afetiva que "se acomoda aos detalhes que a confortam, nutre-se de lembranças fluídas, telescópicas, globais ou flutuantes, particulares ou simbólicas, sensíveis a todas as transferências, defesas, censuras, ou projeções" (Nora, 1997, p.25).

A história, por sua vez, é a construção quase sempre problemática e incompleta daquilo que não é mais; é um trabalho intelectual e laico que analisa, explicita e, portanto, fundamenta-se em um discurso crítico. Elas se diferenciam, também, por suas naturezas. A memória é vida,

> sempre sustentada por grupos vivos e, neste sentido, ela está em evolução permanente, aberta à dialética da lembrança e à amnésia, inconsciente de suas deformações sucessivas, vulnerável a todas as utilizações e manipulações, suscetível a longas latências e repentinas revitalizações. (ibidem)

A história, entretanto, é uma representação do passado, delineada pelo olhar do historiador que se debruça sobre os documentos. A memória, enfim, ao ser apreendida como objeto de uma história possível, deslegitima o passado vivido, pois a tradição histórica ortodoxa desenvolve-se como exercício regrado de memória que busca a reconstituição do passado sem lacunas e sem falhas.

No século XIX e até meados do XX, através da história e ao redor da nação, a memória encontrava sua base de sustentação. A definição do presente se fazia pela explicitação do passado, como se resultasse de uma evolução em linha reta. No caso francês, a construção da República e de seus espaços de legitimação ocorreu pela invenção de mitos, ritos, seus altares e emblemas. Entretanto, como bem ressalta Eric Hobsbawm (1984), essa utilização política da memória não é especificamente republicana ou francesa, mas um fenômeno de época, do qual vários países europeus fizeram uso. Trata-se da *invenção das tradições*, "um processo de formalização e ritualização, caracterizado por referir-se ao passado, mesmo que apenas pela imposição da repetição" (ibidem, p.12).

É o que fez Taunay em relação à história das bandeiras paulistas, não somente em sua obra maior, mas em toda a série de trabalhos que a precedeu e que caminha em paralelo, inclusive o realizado na direção do Museu Paulista. A história das bandeiras passou a ser elemento constitutivo da identidade nacional, no momento em que foi revalorizada no contexto de São Paulo da década de 1920. O mergulho no passado dota de sentido o tempo presente que, então, aparece como ponto de culminância evidente de um processo histórico desenrolado em linha reta. A perspectiva é, portanto, teleológica, pois a grandeza de São Paulo e da raça paulista é tomada como fato dado que busca sua legitimação na figura do bandeirante, esse herói paulista de todos os tempos, sertanista, cafeicultor, industrial, maior colaborador na construção do Brasil-nação.

Nesse processo de apropriação do passado e de reconstrução da tradição, as relações entre memória e história se tornam complexas, pois, quando apropriada pelo conhecimento histórico, a memória se transforma, de modo que

> entre a verdadeira memória, hoje refugiada no gesto, e no hábito, nos ofícios onde se transmite os saberes silenciosos, nos saberes dos corpos, nas memórias de impregnação e nos hábitos, e a memória transformada pela sua passagem a História que é quase o seu inverso: voluntária e deliberada, vivida como um dever e não mais espontânea; psicológica, individual e subjetiva, e não mais social, coletiva, englobante. (Nora, 1997, p.30)

A história, por sua vez, desenvolve-se no século XIX, e até boa parte do nosso século, como "história-memória", sob o modelo da rememoração, da anamnese e da memorização – apesar de sua preocupação em ser crítica, ela é, antes de tudo, descritiva.

Entende-se aqui a obra de Taunay como esse trabalho de "história-memória", voltado para o forjamento de uma identidade nacional de cunho paulista, capaz de embasar as estratégias políticas do presente como ressonância das glórias do passado. O Museu Paulista deu materialidade, por intermédio de imagens profundamente evocativas,[20] a essa história-memória construída na obra escrita de Taunay. Esse museu histórico, com ares de memorial da Independência brasileira recriado pelo "historiador das bandeiras", instituiu-se como um lugar de memória nacional, onde as bandeiras e o bandeirante foram evocados como os maiores símbolos nacionais. A história do Brasil passou, portanto, a ser lida de um novo ponto de vista, em que São Paulo estava à frente do contexto nacional, porque, de fato, sempre esteve; a tradição forjada vinha, assim, confirmá-lo.

Nem propriamente história, nem propriamente memória; o lugar de memória se nutre desse jogo de múltiplas apropriações entre os dois universos, num vaivém que tenta resgatar e cristalizar uma dada identidade nacional.

Conforme salientado no início deste capítulo, com a intervenção de Taunay nos cinco primeiros anos de sua gestão, a presença bandeirante se impôs desde o peristilo do museu e criou o enredo da história contada ao longo de todos os espaços museográficos. Todos os elementos que, um a um, foram sendo acrescentados após 1922, confirmavam o projeto inicial, qual seja, mostrar o modo exemplar por meio do qual São Paulo, o paulista, o bandeirante, enfim, participaram de forma decisiva na constituição da nação brasileira. Por isso, à representação das

---

20 Ulpiano Bezerra de Meneses (1993) ressalta que a identidade, além de ter sempre uma tendência conservadora, está diretamente comprometida com a construção de imagens que aparecem como "campo fértil para a mobilização ideológica e as funções de legitimação em que determinadas práticas obtêm aceitação social". Muitas vezes, essas imagens, particularmente no caso das identidades nacionais, "escamoteiam a diversidade e, sobretudo, as contradições, os conflitos, as hierarquias, tudo mascarado pela homogeneização *a posteriori* e por uma harmonia cosmética. Observa-se, pois, como ela pode facilmente servir para alimentar as estratégias de dominação e desempenhar funções anestésicas".

proezas bandeirantes, dos grandes personagens do bandeirantismo, às imagens da cidade colonial se sucede, como se verá em seguida, um oceano de novas imagens que completaram o cenário anteriormente composto, pretendendo reforçar o imaginário nacional paulista já instaurado.

O Museu Paulista a partir de 1923

As inaugurações realizadas em 1922 e sua reabertura solene no dia 7 de setembro daquele ano mostram claramente a inflexão que se opera no perfil do Museu Paulista: além da decoração histórica realizada nas áreas nobres do edifício, isto é, peristilo, escadaria e salão de honra, são abertas oito novas salas dedicadas a temas históricos: Cartografia Colonial e Documentos Antigos (A10), Passado da Cidade de São Paulo (A11), Antiga Iconografia Paulista (A12), Passado de Santos e Antiga Iconografia Paulista (A13), Mobiliário Antigo e Velhos Retratos (A14), Arte Colonial Religiosa Brasileira e Mobiliário do Regente Feijó (A16), Reconstituição da Antiga Cidade de São Paulo (A15) e Objetos Históricos (B9) (ver Anexo).

A mudança da instituição ganhou caráter oficial com três atos do Poder Executivo do Estado. Primeiramente, a promulgação da lei n.1911, de dezembro de 1922, que criou a Seção de História Nacional, especialmente de São Paulo e de etnografia; em seguida, a anexação do Museu Republicano Convenção de Itu, criado em dezembro de 1921, à recém-criada Seção de História do Museu Paulista, e, finalmente, o decreto n.3871, de 3 de julho de 1925, que ampliou o quadro do funcionalismo do museu e regulamentou as funções e as competências de cada uma das suas seções e subseções. Segundo este último decreto, em seu artigo 5°, competia à Seção de História Nacional os seguintes encargos:

> a) reunir documentos sobre o passado nacional, principalmente quanto ao de São Paulo, esparsos pelos arquivos, coleções e bibliotecas públicas e particulares e museus brasileiros e estrangeiros;
>
> b) promover reconstituições referentes aos principais lances da história do Brasil e de São Paulo;
>
> c) reunir elementos referentes à indumentária antiga, brasileira e paulista, sob as suas diversas formas;

d) proceder à coleta de material etnográfico brasileiro;

e) publicar os Anais do Museu Paulista, com preferência de assuntos paulistas e exclusividade de nacionais, e onde se estampem os trabalhos da seção e notadamente peças documentais do acervo do Museu;

f) conservar e zelar as coleções etnográficas e numismática.[21]

Esse regulamento enfatizava, em seus vários aspectos, o caráter de um museu histórico, que devia então conservar, expor, estudar e divulgar os elementos que expressavam a história de São Paulo e do Brasil, ao mesmo tempo que legitimava o trabalho que Taunay vinha realizando à frente da instituição desde 1917. Ampliava-se, desse modo, o quadro a que a história havia se reduzido, segundo o decreto de 1894, que regulamentou o funcionamento do museu. Naquele momento, vale lembrar, o perfil do museu fora definido com forte ênfase no estudo e na exposição das ciências naturais, relegando a história a um tímido segundo plano, voltada para a guarda de documentos relativos ao período da Independência brasileira e para a função de memorial dos grandes vultos da nação. O elemento de maior destaque era, então, o quadro de Pedro Américo, cujo lugar no edifício já estava previsto antes mesmo de sua construção.

Taunay reverteu esse panorama, mudando o enfoque e o estatuto que havia sido anteriormente concedido à disciplina histórica, a qual passou a ser encarada também como ciência. Nesse caso, ao lado da função comemorativa de um monumento dedicado à Independência brasileira, a instituição tornou-se um centro de estudo, de exposição e de difusão da história do Brasil, considerada de um novo ponto de vista, em que São Paulo ocupava a posição central. De mero panteão dos grandes homens da nação, o Museu Paulista teve assim seu perfil alargado, transformando-se num museu histórico preocupado em reunir documentos, narrar a história e exaltar as virtudes da "raça paulista", que aparecia, então, como principal promotora da unidade nacional brasileira.

Levando-se em consideração a concepção de história de Taunay e de sua época, a ideia de documento, presente no item "a" do regulamento de 1925, referia-se principalmente às fontes escritas e iconográficas. Fo-

---

21 *Textos legais sobre o Museu Paulista – 1924-1943. Decreto n. 3.871, de julho de 1925 – Reorganiza o Museu Paulista e dá-lhe regulamento.* APMP/FMP, P2.

ram especialmente estes dois os elementos usados na "reconstituição dos principais lances da história do Brasil e de São Paulo", a que se referia o item "b" do regulamento. Quanto aos "objetos históricos", os únicos claramente mencionados no referido regulamento (item "c"), são a "indumentária antiga, nacional e paulista", apesar de o acervo do museu reunir vários outros objetos, entre eles, armas, mobiliário, liteiras, canhão, vestígios arqueológicos etc. É difícil, portanto, definir o caráter desses objetos, presentes em vários contextos museográficos na instituição do Ipiranga. Estariam inseridos na categoria "documentos", mencionada no item "a" citado aqui? É a própria museografia e algumas descrições feitas por Taunay que nos fornecem hipóteses para a resposta.

As principais salas inauguradas em 1922, com exceção dos espaços monumentais, foram essencialmente compostas pela exposição de documentos textuais dispostos em vitrines e de documentos iconográficos pendurados nas paredes, organizadas segundo séries temáticas – cartografia do Brasil e de São Paulo coloniais, passado da cidade de São Paulo, antiga iconografia paulista. Duas salas foram dedicadas à exposição de mobiliário antigo e arte colonial religiosa. Essa coleção, definida por Taunay (1922a, p.57) como "rica", possuía "peças valiosíssimas". O que definia tais objetos como "valiosos" e "relíquias", nos próprios termos empregados por Taunay, era o fato de terem sido propriedade de figuras importantes do passado, e de sua doação ter sido feita por pessoas de renome. A descrição que ele faz dessa coleção deixa explícito esse valor:

> Nela sobressai o mobiliário do Regente Feijó, o leito em que o grande homem expirou, uma mesinha de trabalho acompanhada de cadeira, um sofá e uma mesa, oferta do dr. Pereira de Mattos, deputado estadual, mobiliário tosco, bem representativo da pobreza austera do ilustre chefe de Estado. Um retrato seu de autoria anônima, sobremodo característico pelo vigor, acompanha as *preciosas relíquias* do Regente. (ibidem – grifo meu)

Além dessas salas de mobiliário, Taunay abriu uma outra que chamou "B9 – Objetos Históricos", onde reuniu coleções bastante diversas de objetos – armas antigas, paramentos sacerdotais do Pe. Regente Feijó, velhos estribos, objetos de uso doméstico de antigas eras etc. –, cuja disposição em um mesmo local de exposição não lhe parecia a mais adequada, mas a falta de espaço o obrigou a assim proceder. Ele comentou que: "Por falta de espaço no Museu ainda se ressente esta sala dos seus antigos característicos de *bric à brac* muito embora já liberta de diversos objetos ridículos que faziam a risota dos visitantes cultos" (ibidem, p.58).

Desse mesmo problema se ressentia ainda, muitos anos depois, a sala "TC5 – Indumentária Antiga, Fardas, Objetos Antigos, Coleções Diversas", aberta nos anos 30 no museu e descrita no *Guia da secção histórica*:

> Foi esta falta de espaço que levou a Diretoria a reunir num único cômodo séries de objetos que mais logicamente deveriam espalhar-se por diversos outros. Assim, nesta sala notam-se coleções da indumentária antiga de gala, de cerâmica, objetos religiosos, utensílios vulgares de antanho, objetos de uso doméstico, etc. (Taunay, 1937, p.115)

Supõe-se aqui que os objetos deveriam estar dispostos em diferentes salas, divididos em séries tipológicas e temáticas, tal como na sala TC4, dedicada à exposição de armas e fardas antigas e reminiscências militares, e nas galerias do edifício que expunham peças da arqueologia paulista e antigos veículos de transporte dos séculos XVIII e XIX.

Definidos por Taunay como curiosos, interessantes ou pitorescos, os "objetos históricos" pareciam ter um estatuto diferenciado dos documentos textuais e iconográficos, apesar de, em alguns casos, serem expostos numa mesma sala em conjunto com estes – como naquelas dedicadas a um personagem (que serão abordadas neste capítulo), ou em algumas das salas abertas em 1922 (A11 e A12), que, nos anos 30, foram acrescidas de algumas vitrines laterais onde, foram expostos objetos variados,[22] relacionados aos assuntos expostos nessas salas.

Assim dispostos, os objetos autenticavam, caucionavam, davam materialidade ao passado, aumentando a evocatividade dos contextos museográficos do Museu Paulista, mas as reconstituições aí feitas tinham como base as fontes textuais e iconográficas; sobretudo as primeiras, matéria-prima essencial para a produção historiográfica da geração de Taunay. A relação com os objetos se fazia principalmente pela

---

22 Coleções de pesos e medidas de antanho, ferros de engomar, velhas chaves, arreatas de prata, estribos (Taunay, 1937).

impregnação do passado e/ou por seus antigos possuidores, valores que a eles se colavam, conferindo-lhes, no espaço do museu, novos sentidos. Não são documentos históricos, tal como estes eram entendidos na época, mas é a noção de *semióforos,* definida por Krzysztof Pomian (1985), que permite compreender como os objetos adquirem novos e excepcionais significados no contexto museográfico/museológico, levando-os, em certos casos, a ascender à categoria de símbolos. Nos museus, como já acontecia nas coleções particulares desde a Renascença, os objetos perdem seu valor de uso, tornando-se, em contrapartida, portadores de sentidos, "estabelecendo uma mediação de ordem existencial (e não cognitiva) entre visível e invisível, outros espaços e tempos, outras faixas de realidade" (Meneses, 1994a, p.18).

É como lugar privilegiado de exposição do "invisível" e de transformação do valor de uso dos objetos em símbolos – regionais, nacionais ou universais – que os museus adquirem importância, principalmente após a Revolução Francesa. Neste momento, Pomian (1985, p.84) explica que

> os museus substituem as igrejas enquanto locais onde todos os membros de uma sociedade podem comunicar na celebração de um mesmo culto ... O novo culto que se sobrepõe assim ao antigo, incapaz de integrar a sociedade no seu conjunto, é de fato aquele de que a nação se faz ao mesmo tempo sujeito e objeto. É uma homenagem perpétua que ela rende a si própria celebrando o próprio passado em todos os aspectos, reconhecendo a contribuição dos vários grupos sociais, territoriais e profissionais que a compõem e exaltando os grandes homens nascidos no seu seio e que deixaram obras duradouras em todos os campos ... Ao colocar objetos nos museus expõe-se ao olhar não só do presente mas também das gerações futuras,

os símbolos do passado que, ao articularem ao redor de si os traços de uma dada coletividade social, são capazes de definir e fixar uma identidade para aquela.

O valor e o significado dos objetos, entretanto, não vêm apenas do passado, mas também dos usos e apropriações de que eles são alvo no tempo presente, pois

> imerso na nossa contemporaneidade, decorando ambientes, integrando coleções ou institucionalizado no museu, o objeto antigo tem todos os

seus significados, usos e funções anteriores drenados e se recicla, aqui e agora, essencialmente, como objeto-portador-de-sentido. (apud Meneses, 1994a, p.19)

Portanto, a sua ancianidade, bem como o fato de terem pertencido a grandes personalidades, ou ainda a remissão a determinados acontecimentos históricos, apenas reforçam e legitimam os novos usos que o presente confere aos objetos, dispostos e expostos no espaço do museu.

Mesmo centrado nas coleções de história e nas atividades dessa seção, Taunay não descuidou da conservação e do incremento das coleções de história natural, mas passou a insistir, de maneira cada vez mais enfática, na necessidade de transferência destas últimas para um outro prédio, pois o caráter histórico do edifício e de sua localização se impunha de maneira definitiva com suas intervenções. Por isso, os relatórios anuais à Secretaria do Estado a que o museu estava subordinado (primeiramente Secretaria dos Negócios do Interior, posteriormente Secretaria de Educação e Saúde Pública), passaram a ser todos os anos iniciados pela mesma reivindicação do diretor, isto é, a imediata construção de um novo edifício, nas imediações do Palácio do Ipiranga, para onde seriam transferidas as coleções de zoologia, abrindo assim espaço para a plena expansão da Seção de História.

A partir de 1930, Taunay passou a repetir o mesmo discurso, nos mesmos termos, e a cada novo relatório, persistia no argumento de que "duas crises permanentes impedem que o Museu se desenvolva", segundo os objetivos que lhe foram fixados pelo decreto de 1925. A primeira crise é a da falta de funcionários – a Seção de História, por exemplo, contou apenas com o próprio diretor da instituição até 1936, quando então foi nomeado um assistente – e seus baixos salários em relação aos outros órgãos públicos do estado. A outra crise dizia respeito às suas instalações, que se tornaram absolutamente insuficientes para abrigar o acervo enciclopédico, e inadequadas para a apresentação das coleções de história natural. Taunay argumentava que

seria para este Estabelecimento um imenso benefício que V. Ex. pudesse dotá-lo de um anexo para o qual se transportasse o material em exposição pública e as coleções em série zoológicas, botânicas e mineralógicas. Atualmente as salas de visita pública ocupam no Museu uma área de oitocentos metros quadrados. Um pavilhão que tivesse dois ou três andares de arquitetura sóbria como o dos museus norte-americanos com um total de uns mil e seiscentos metros quadrados, seria absolutamente um desafogo de maior relevância para o Museu Paulista ... Tudo teria a ganhar a nossa instituição com essa separação dos dois Museus: o de História e Etnografia e o de História Natural. Se V. Ex., em seu alto critério, puder realizar este desdobramento, que acho indispensável, apenas embaraçado pelas dificuldades financeiras do momento, terá prestado enorme serviço ao Museu Paulista.[23]

O problema da falta de espaço no museu ainda se agravou, em 1923, com a decisão também sancionada pela lei n.1911, de dezembro de 1922, de transferir a Seção de Botânica do Instituto Butantã para o Museu Paulista. Essa decisão foi tomada a partir da aprovação do projeto do deputado Armando Prado, apresentado à Câmara de São Paulo em novembro de 1922. Apesar de posições contrárias de outros deputados, que conheciam o problema da inadequação das instalações do Ipiranga para receber outras coleções de ciências naturais, o projeto de Armando Prado, ex-diretor do Museu Paulista, foi aprovado mediante o argumento de que a instituição abrigava um herbário antigo e uma biblioteca bastante rica em livros especializados na flora brasileira.

Embora criada oficialmente, a Seção de Botânica nunca chegou a ser deslocada para o Palácio de Bezzi. Taunay conseguiu adiar sua transferência, ano a ano, até que em 26 de dezembro de 1927, uma nova lei (n.2243) criou o Instituto Biológico de Defesa Agrícola e Animal, que incorporou a Seção de Botânica do Museu Paulista. No entanto, entre 1923 e 1927, Taunay enfrentou ferrenha crítica do chefe da Seção de Botânica, Frederico Hoehne, que o acusou de negar o repasse de verbas para sua seção, enquanto as outras seções do museu eram agraciadas. Segundo Taunay, isso não era verdade, pois as novas inaugurações que fez na Seção de História, a partir de 1923, teriam sido possíveis graças, notadamente, às doações feitas ao museu. Ele lembrava que, salvo a dotação orçamentária extraordinária, aberta no ano de 1922 para a rea-

---

23 Edifícios anexos – Reforma do edifício do museu. *Relatório de atividades referente ao ano de 1928*. APMP/FMP, L12.

lização da decoração histórica do museu, seu orçamento permanecia o mesmo de 1918.[24]

Sem dúvida alguma, o enriquecimento do acervo histórico do Museu Paulista se fez pelas numerosas dádivas que lhe foram oferecidas e que se avolumavam ano a ano, graças à projeção da instituição em São Paulo e ao prestígio do seu diretor. Seria impossível enumerar todas elas aqui, bem como citar os nomes de todos os benfeitores do museu, mas é importante dizer que a maior parte – e aquelas mais significativas – vem de importantes famílias paulistas, que doavam objetos e documentos de seus familiares ou forneciam verbas extraordinárias para o pagamento dos elementos decorativos que Taunay encomendou para os espaços monumentais da instituição.

Entre 1923 e 1933, Taunay completou a decoração dos espaços monumentais do museu, isto é, o peristilo e a escadaria, com diferentes aspectos da história bandeirante. Nos relatórios de 1923 e de 1924, ele descreveu os elementos que estavam faltando para finalizar esse conjunto altamente evocativo da história nacional.

Além dos quatro painéis referentes aos ciclos bandeirantes, já negociados com pintores cariocas de renome, no final do ano de 1921,[25] Taunay afirmou que

> exige ainda muito serviço para se completar a decoração do peristilo e escadaria do Museu: duas estátuas de mármore do tamanho das de Raposo Tavares e Fernão Dias. Oito vasos de bronze na escadaria, três painéis nas molduras existentes por cima das estátuas de bronze.[26]

---

24 "Tal escassez de recursos consignados no Orçamento para a manutenção do Museu que a seção de história e etnografia nada pôde adquirir em 1923 e em 1924; se ela tem se desenvolvido alguma cousa é porque tem recebido presentes de amigos do Museu e meus particulares, assim, por exemplo a pedido meu o Sr. Dr. Guilherme Guinle adquiriu um quadro para o Museu por cinco contos de réis, e o Sr. Washington Luís deu um conto de réis para auxiliar as despesas de instalação do velho engenho de café que acabo de inaugurar" (Carta de Taunay a José Manoel Lobo, secretário do Interior, de 22.5.1924, APMP/FMP, P121).

25 Ver Capítulo 2 sobre a contratação dos pintores cariocas e a intervenção de Taunay na confecção das telas.

26 *Relatório de atividades referente ao ano de 1924*, APMP/FMP, L8, p.12.

As duas grandes estátuas representariam os dois patriarcas – europeu e americano – da gente de São Paulo: João Ramalho e Tibiriçá; os três grandes painéis estariam voltados para cenas bandeirantes, isto é,

> imagino fazê-los representando uma varação de canoas, uma cena de retirada dos paulistas, com Antonio Raposo Tavares do cabo de São Roque ao São Francisco, em 1640, e um episódio sugerido pelos Inventários e Testamentos: a leitura dos Luzíadas no Araguaia em 1616 pelo escrivão da bandeira de Antonio Pedroso de Alvarenga, ou então funerais de um bandeirante no sertão.[27]

Sobre os pilares que acompanham os diversos lances da escadaria, seriam postos vasos de cristal que deveriam conter as águas dos principais rios brasileiros, a fim de sintetizar o conjunto do território nacional; enfim, os pequenos painéis da caixa da escadaria em forma de meia-lua seriam preenchidos com os escudos de armas das mais velhas cidades do estado, cuja tradição bandeirante fora significativa: São Paulo, São Vicente, Santos, Itu, Sorocaba, Taubaté, Parnaíba, Porto Feliz, Itanhaém.

Todo o simbolismo desse conjunto, cuidadosamente composto pelo historiador das bandeiras, ganhou sentido pleno com a inauguração da Sala das Monções em 1929, representativa do último ciclo bandeirante, e onde o Rio Tietê, visto como o principal caminho das entradas para o sertão, emergia como verdadeiro mito, capaz de sintetizar a grandeza de todos os feitos bandeirantes do passado e do tempo presente.

Esse conjunto, essencialmente voltado para a narrativa dos episódios exemplares da história das bandeiras, completava aquilo que havia sido feito até 1922, ao mesmo tempo que fornecia bases sólidas à história nacional de cunho paulista que Taunay estava empenhado em contar. É fundamental, então, esmiuçá-lo.

---

27 *Relatório de atividades referente ao ano de 1923*, APMP/FMP, L7, p.8.
   A retirada do Cabo de São Roque é o único desses três painéis que Taunay conseguiu mandar pintar durante a sua gestão. Os dois outros painéis previstos para ladeá-lo só foram acrescentados ao acervo do museu na década de 1960. Os temas escolhidos não seguem o projeto original de Taunay, apesar de estarem ligados ao bandeirantismo. São eles: *Extração do ouro, 1700* (1963) e *Provedor das Minas, 1700* (1962), ambos do pintor Joaquim da Rocha Ferreira.

Brasil, epopeia bandeirante

Hall monumental, principiando a epopeia

Como foi apontado no Capítulo 2, a narrativa da epopeia bandeirante começa a ser narrada no peristilo do Museu Paulista, a partir das duas estátuas monumentais dos dois sertanistas, Antônio Raposo Tavares e Fernão Dias Paes Leme considerados por Taunay as figuras máximas do movimento de entradas e de conquista do território nacional. Este último

> encarna o segundo grande ciclo bandeirante, o da pesquisa do ouro e das pedras preciosas e tem em frente outra figura máxima do sertanismo, a simbolizar o primeiro grande ciclo. Antonio Raposo Tavares, que o admirável escultor representou na mais apropriada e estupenda das atitudes, com o braço alçado ao nível dos olhos, num gesto de quem atento esquadrinha o horizonte infindo e hostil. (Taunay, 1926a, p.12) (ver Figura 10)

A monumentalidade dessas representações é uma alegoria da grandeza de seus feitos que, sob a pena de Taunay, aparecem como heróis míticos capazes de atravessar lugares ignotos e enfrentar perigos homéricos, que só poderiam ser vencidos por seres de raça especial, movidos pelos mais nobres ideais e determinações.

Nos escritos de Taunay, muitas são as passagens que permitem perceber sua tentativa de fazer desses dois personagens entidades míticas dotadas de características fora do comum. Um livro exemplar nesse sentido é *Índio! Ouro! Pedras*, publicado em 1926, no qual ele reuniu dois ensaios biográficos, um sobre Antônio Raposo Tavares, outro sobre Fernão Dias Paes Leme, e um terceiro texto, já publicado separadamente em 1920, intitulado *A glória das monções*. Esses três trabalhos resumiriam, em poucas páginas, o que houve de essencial nos três ciclos bandeirantes, enfocando aqueles que foram os seus personagens centrais: Antônio Raposo Tavares, representando o ciclo da caça ao índio; Fernão Dias Paes Leme, encarnando o ciclo da busca de metais preciosos; e, finalmente, o Tietê, rio das monções.

Em relação às duas biografias dos bandeirantes, aquilo que permite de imediato perceber o delineamento do mito é o aspecto bastante nebuloso da vida de ambos – de um não se conhece o local e a data exata da morte, de outro não se sabe onde nem em que ano nasceu. Além disso, várias passagens de suas biografias estão mergulhadas na mais densa obscuridade ou embasadas em documentos que se contradizem, o que parece ter sido um "prato cheio" para Taunay tirar suas próprias conclusões e, em certo sentido, "forçar interpretações". Quais seriam as bases históricas sobre as quais Taunay se assentou para mitificar cada um dos dois bandeirantes? E de quais episódios ele se serviu para fortalecer seu ponto de vista e instaurar o mito?

No caso de Antônio Raposo Tavares, são vários os feitos de dimensões homéricas: a destruição das missões jesuítas espanholas em 1628, então localizadas no que seriam hoje os estados do Paraná, Santa Catarina e Rio Grande do Sul, e o consequente aprisionamento de centenas de índios; o comando do destacamento paulista que partiu em auxílio de Pernambuco, no momento das invasões holandesas, em 1640; e a fantástica jornada, depois da investida contra as missões de Itatim, no Mato Grosso, em 1648, quando teria alcançado os contrafortes dos Andes, no Peru, viajando pelo Rio Paraguai e, ao retornar pelo Rio Amazonas, teria chegado a Belém do Pará em 1650, e finalmente voltado a São Paulo em 1658.

No período em que Raposo Tavares viveu:

> Governar era povoar a todo o transe! Estava-se em plena fase inicial do ciclo da caça do índio na época em que, em torno de São Paulo, se afazendavam os grandes potentados em arcos, como Manoel Preto no Ó, na sua fazenda de mil índios resgatados no sertão, gualachos e biobebas, carijós e pés largos. Choviam as cartas régias, umas sobre as outras, proibindo as entradas ao sertão, mas os paulistas delas não faziam o menor caso. (ibidem, p.5-6)

Segundo Taunay, uma infiltração de espanhóis, vinda de Oeste para Leste em direção ao Atlântico, não apenas impedia a expansão lusitana em terras do Sul, mas também ultrapassava a demarcação do que seriam terras espanholas, segundo os tratados entre Espanha e Portugal, e ainda ameaçavam os paulistas pela sua proximidade. Assim, os habitantes de São Paulo começaram a realizar descidas ao Sul para tentar expulsar os espanhóis e arrebanhar índios para as povoações do planalto. Nesse momento, entrou em cena Raposo Tavares, que, de acordo com o discurso historiográfico de Taunay, foi o digno representante da coletividade paulista no processo de expansão para oeste ocupado pelo espanhol ... O bandeirante reúne em si os anseios da coletividade, as energias propulsoras, a inspiração da ação, a organização da jornada... (Oliveira Júnior, 1994, p.135)

Taunay (1926a, p.7) reconhecia a crueza do episódio do aprisionamento dos índios, mas lembrava que se tratava de uma outra época, de homens com outra mentalidade, cuja ação "representa o primeiro passo para a conquista da terra de além Paranapanema". Taunay supunha, assim, que os paulistas buscavam a expansão do território de maneira organizada e consciente.

O próximo passo na conquista do território brasileiro, a que Raposo Tavares esteve diretamente ligado, segundo o historiador das bandeiras, foi sua participação no comando do corpo de paulistas em defesa do território contra a expansão holandesa, e novas investidas contra jesuítas espanhóis, desta vez em Mato Grosso. Quanto à primeira ação, Taunay forçou a interpretação dos poucos documentos disponíveis a esse respeito, a fim de valorizar a participação dos paulistas e o papel de Raposo Tavares, que não teria sido o único chefe a conduzir sertanistas à batalha. Isso porque a participação na investida contra os holandeses foi a forma oferecida pelo rei da Espanha para perdoar todos os crimes dos habitantes da capitania de São Paulo e de São Vicente, principalmente o das entradas pelo sertão. Assim, os paulistas se bateram contra os holandeses

> não porque lutariam pela integração do território à metrópole e muito menos ainda porque ele futuramente formaria uma grande nação. Todavia, estas últimas conclusões são postas de lado, esquecidas; revela-se a participação mitigando-se a motivação e a derrota final frente aos holandeses. (Oliveira Júnior, 1994, p.140)

Finalmente, sobre sua homérica jornada, do Peru ao Amazonas e seu retorno a São Paulo, quase nenhum registro restou. De certo se sabe que Raposo Tavares se ausentou de São Paulo durante quatro anos, e alguns documentos esparsos, assinalados por Washington Luís, Azevedo Marques e Alfredo Ellis, levantaram hipóteses de que ele tivesse se perdido na caça de índios em fuga ou na busca de metais e pedras preciosas. Um documento divulgado por Paulo Prado, proveniente do

Arquivo do Conselho Ultramarino, de 1674, veio comprovar a passagem de Raposo Tavares pelo Amazonas, permitindo a Taunay (1926a, p.16) mostrar a "veracidade do périplo raposiano", bem como sustentar o caráter mitológico do personagem e de seus atos:

> Dos grandes ensinamentos de energia e pertinência do expugnador do Sul do Brasil e de seus êmulos, quer os de São Paulo, quer os do Norte, até os dias de ontem, na Amazônia, proveio a mais fecunda sementeira de esforços engrandecedores deste Brasil a quem Rio Branco dá as fronteiras definitivas, abarcando quase metade da América do Sul.

O valor da construção desse mito para Taunay e sua época foi muito além de narrar um dos episódios centrais da epopeia bandeirante; ele estava empenhado em construir um

> poderoso exemplo que vigora no passado e frutifica no presente, o mito do bandeirante integra uma memória erigida para nobilitar as realizações de uma coletividade que não mais avança sobre o continente, mas que se impõe política e economicamente aos demais estados da federação. (Oliveira Júnior, 1994, p.145)

Fernão Dias Paes Leme (ver Figura 11) iguala-se a Raposo Tavares nas dimensões também legendárias de seus feitos:

> Não há talvez nos nossos anais de colônia nome mais historicamente prestigioso e popular do que este do grande bandeirante seiscentista, do incansável explorador dos imensos e ignotos sertões do "Guairá", dos "Itatins" do "Ibituruna", dos "Cataguazes", hoje territórios do Paraná, Mato Grosso, Rio Grande do Sul, Santa Catarina, do Uruguai, Minas Gerais, Bahia, o famoso governador das Esmeraldas, a quem Bilac intitulou *Caçador de Esmeraldas*, aumentando-lhe o já tão largo renome graças ao estro dos admiráveis alexandrinos em que celebrou a glória. (Taunay, 1926a, p.19)

Sua mitificação por Taunay baseia-se historicamente na chamada "expedição esmeraldina", de 1674, que o bandeirante realizou em idade já avançada, depois de também ter perseguido e escravizado índios durante boa parte de sua vida. Esse bandeirante abriu um novo ciclo das bandeiras, aquele da busca de ouro e metais preciosos, que expurgava o período anterior para superá-lo.

Taunay fez questão de ressaltar a sua nobre ascendência, dos velhos clãs vicentinos das primeiras levas de colonos de Martim Afonso, e a sua personalidade distinta, diferente dos homens rudes de seu tempo, marcada pela capacidade de ponderação. Ele foi apontado, por exemplo, como o agente da primeira reconciliação entre Pires e Camargos, as duas famílias da São Paulo colonial que viviam em acirrada disputa, o que lhe valeu a nomeação de juiz ordinário da vila para o ano de 1650. No mesmo afã reconciliador, foi também responsável pela reintegração dos jesuítas ao seu Colégio de São Paulo.

A "nostalgia do sertão e das aventuras", diz Taunay, fê-lo recomeçar as longas expedições de outrora, mas a nobreza de seu caráter, voltado ao apaziguamento, contrário a todo tipo de violência, é que o guiou em suas novas investidas:

> Vários anos permaneceu Fernão Dias Paes Leme na região do Sul, refere Pedro Taques, antes de trazer para São Paulo os dóceis rebanhos de escravos vermelhos, a quem conseguiria impor a sujeição por meio de processos de cordura e persuasão, a acreditarmos no que nos refere o seu biógrafo. Processos esses bem diversos dos meios geralmente empregados pelos sertanistas em relação aos homens inferiores da selva que, embora exagerados pela tradição oral ou a benevolência do linhagista, revelam, em todo caso, na alma do futuro governador das esmeraldas sentimentos humanitários que não eram comuns do seu tempo. (ibidem, p.43)

Depois desse período em que estivera no sul do Brasil, Fernão Dias já gozava de grande prestígio na metrópole, de modo que em meados da década de 1660, quando Affonso VI escreveu aos paulistas

> incitando a indomável energia dos bandeirantes, a que pusessem, com todo o afinco, à cata das riquezas minerais. Tal o prestígio de Fernão Dias, então, que, na mesma data, expedira o monarca uma outra carta régia recomendando-lhe a pesquisa de esmeraldas. (p.46)

Na narrativa de Taunay, a expedição se revestiu de um caráter extraordinário, enfatizando todas as dificuldades que a envolveram, como a completa ausência de um financiamento por parte da metrópole, que, no entanto, lhes prometia todas as honras e o ressarcimento das despesas somente no caso de ela ser bem-sucedida. Nesse contexto, Fernão

Dias figurava como um homem de personalidade nobre, com perfil heroico, movido apenas pelo desejo de bem servir à "Sua Majestade"; ele não hesitou, por exemplo, em fazer sua mulher vender todos os seus bens para que pudesse continuar sua busca. Sem saber, partia para aquela que seria a última jornada de sua vida, da qual nunca mais retornaria. A fonte principal a que Taunay recorreu para narrar a derradeira aventura do bandeirante não é outra que Pedro Taques, que por ser descendente desse bandeirante, não lhe poupava elogios.

Como se sabe, Fernão Dias não encontrou esmeraldas, mas turmalinas. Morreu, no entanto, sem saber que as pedras que havia encontrado não eram tão preciosas quanto imaginara. O que interessa do episódio para Taunay é mostrar que o bandeirante não apenas morreu acreditando ter cumprido a missão que lhe fora imbuída, mas que ele abriu caminho para, muito em breve, a descoberta de pedras verdadeiras e, por conta disso, inaugurou uma nova fase do bandeirismo:

> Eram turmalinas, por assim dizer, desvaliosas e não as cobiçadas esmeraldas o que o grande sertanista descobrira; a ignorância induziu-o pelo aspecto das pedras a um engano providencial que lhe encheu os últimos dias de glória e esperanças.
>
> ...
>
> Foi a importância da expedição de Fernão Dias Paes Leme extraordinária. "Nula embora quanto às riquezas que procurava é assombrosa quanto a outros aspectos", diz Basílio de Magalhães com todo o acerto. Além do beneficiamento da via de penetração explorou uma zona mais ampla do coração de nossa Pátria, onde estavam escondidos tesouros incalculáveis, logo depois revelados por centenas de paulistas. (p.53)

A grandeza dos feitos desses dois personagens maiores do movimento de entradas justifica, por si só, a glória do mármore que Taunay lhes concedeu no peristilo do Museu Paulista, ao mesmo tempo fixando em bases sólidas a narrativa da história do Brasil de um novo ponto de vista, em que São Paulo vinha à frente. No passado, ou na "tradição reinventada" pelo historiador das bandeiras, o presente encontra sua legitimidade:

> Na terra de São Paulo, o metamorfismo da arrancada sertanista é hoje a criação desta lavoura cafeeira, razão primordial de ser do nosso mercado

cambial e de nossa exteriorização financeira nacional. É, neste momento, a valorização subitânea e prodigiosa destas últimas e dilatadas terras novas de Oeste, há tão pouco ainda desertas e hoje adquiridas para a civilização em tão pujante surto, cheio de tantos aspectos diversos... (p.16)

Caixa da escadaria, enredando a epopeia

Tentando completar o cenário já amplamente esboçado para a festa do centenário da Independência, Taunay conseguiu finalmente instalar, em 1924, na caixa da escadaria, entre as estátuas dos bandeirantes, os quatro painéis que "recordam fases capitais da nossa história nacional", que havia encomendado em 1921 aos pintores Henrique Bernardelli (*O cyclo da caça ao índio*), Rodolfo Amoedo (*Ciclo do ouro*), Fernandes Machado (*Tomada e posse da Amazônia*), e, em 1923, a José Baptista da Costa (*Creadores de gado*). A respeito deles, Taunay declarou:

> Ótima impressão causaram e realmente são excelentes documentos de valor da Escola de pintura brasileira. Deve o Museu à generosidade do Sr. Dr. Guilherme Guinle o painel dos criadores de gado ... executado de acordo com um projeto partido do Museu.[28] (ver Figuras 12 e 13)

Nunca é demais ressaltar que a intervenção de Taunay na confecção dessas telas, como de outras, foi intensa. Ele não apenas forneceu as

---

28 *Relatório de atividades referente ao ano de 1924*, APMP/FMP, L8, p.12.
Em carta endereçada a João Baptista da Costa, em 18.7.1923, Taunay descreveu claramente como desejava que essa tela fosse composta, tal como fez com os outros pintores: "O painel que lhe peço é destinado a lembrar a ação dos bandeirantes paulistas criadores de gado que fundaram enormes fazendas do Alto São Francisco em Minas, na Bahia e até no Piauí. Creio que aquela casa que lhe mandei está muito nos casos de servir como fundo de paisagem, como casa da fazenda cujo terreiro o meu ilustre Am° colocará uma boiada ... O tipo da figura principal deve ser a de um homem alto musculoso bronzeado pelo sol, de grande barba, no gênero do Domingos Jorge Velho imaginado pelo Benedito Calixto ... Ao lado deste homem colocar camaradas, negros e índios seminus, com chapéus de palha. A meu ver creio que a paisagem da casa da fazenda que lhe mandei é quanto basta como cenário. No fundo alguma serra de vegetação escassa como na região do São Francisco ocorre ... Colocar também amarrado na cerca por exemplo um cavalo encilhado (APMP/FMP, P119).

fontes – em alguns casos estampas – a partir das quais a pintura deveria ser composta, como não hesitou em pedir modificações mesmo quando as telas estavam praticamente acabadas. No início de 1923, por exemplo, pediu a Fernandes Machado mudanças no seu painel sobre a posse da Amazônia, por Pedro Teixeira, em 1639. O pintor respondeu a Taunay explicando que havia respeitado a referência histórica que lhe fora indicada, mas que o valor de uma tela desse tipo estava na capacidade de evocar o episódio, não na reconstituição exata da verdade histórica do passado:

> É preciso não confundir tela histórica com painel decorativo. Por ventura a tela de Pedro Américo, que aí está no Museu é a verdade histórica do célebre grito de Ipiranga? E com esta muitas outras. Não tenha receio dos críticos e eu peço licença para lembrar ao amigo que *la critique est aisée, l'art c'est difficile*.[29]

Mesmo quando insistia nas referências documentais para compor um quadro, Taunay estava ciente do fato de que a pintura histórica destinada a espaços monumentais de museus históricos deveria se preocupar com a "verdade do passado" extraída do documento, mas seu principal valor estava na evocação do episódio ou personagem lembrado. Por isso Taunay manipulou inúmeras vezes as imagens a serem pintadas, com o intuito de reforçar o seu ponto de vista sobre a história narrada.

O quadro *A retirada do Cabo de São Roque* (ver Figura 14) é mais um exemplo de sua intervenção na composição das telas para o Museu Paulista. Esse quadro, fixado na moldura central da galeria do segundo andar, de frente para a estátua de D. Pedro I, estava destinado a evocar o episódio famoso da guerra holandesa, mencionado anteriormente, em que "figurou um corpo de paulistas notabilizado pelos feitos e os préstimos da sua prática de jornada no Sertão" (Taunay, 1943a, p.488).

Em 12, 13, 14 e 17 de janeiro de 1640, seguiu uma grande esquadra do conde de Torre, que deveria proceder à reconquista de Pernambuco, sendo composta por um grupo de paulistas, entre os quais sertanistas de renome, comandados por Antônio Raposo Tavares. Essa esquadra foi desmantelada pelo ataque sucessivo dos holandeses, mas um grupo

---

29 Carta de Fernandes Machado a Taunay, de 4.2.1923, APMP/FMP, P118.

guiado pelos paulistas conseguiu escapar mato adentro, transpondo o Rio São Francisco para chegar finalmente a Salvador. Taunay lembrava que Pedro Taques, no seu *Nobiliarquia paulistana*, referia-se a esse episódio, em que

> os paulistas da coluna retirante prestaram grandes serviços aos camaradas de jornada pela habilidade em descobrir nas bainhas raízes e paus de digestão preciosos à tropa esfomeada e quase completamente desprovida de víveres.
>
> Para se vencer o rompimento da distância trabalhavam todos os soldados como robustos escravos e se sustentavam de mel de abelhas e de raízes (como sempre costumavam fazer os paulistas) a que chamavam *guaribá* por não terem levado o necessário sustento e não lhes ser permitido matar caças para não serem sentidos pelo eco das armas.
>
> Foi feito d'armas sobremodo notável esta *Retirada do Cabo de São Roque* que inspirou a Henrique Bernardelli magnífico painel de grande evocatividade agrupando em torno do inquebrantável mestre de campo os bravos soldados da leva de São Paulo, consumados sertanistas. (ibidem)

A "inspiração" do pintor Bernardelli para a confecção dessa tela veio (como não poderia deixar de sê-lo) das informações fornecidas por Taunay, que aprovou o primeiro esboço, enfatizando, entretanto, seu desejo de dotar a composição de um ar francamente marcial, em que se destacasse a bravura do elemento paulista:

> Recebi sua carta e pouco depois o esboceto do painel em projeto. Está esplêndido. Só tenho uma pequena objeção a lhe fazer: Armar o cavaleiro no primeiro plano, pôr-lhe talvez uma couraça e capacete, dar-lhe um ar mais militar e menos expedicionário para lembrar que se trata de um episódio da nossa história militar.[30]

Bernardelli respondeu a Taunay que talvez não fosse absolutamente coerente representar homens em armaduras, tendo em vista as condições ambientais adversas em que o evento teria se passado:

> Quando se pensa que essa retirada feita, através da mata virgem cheia de perigos e privações de toda espécie, deixando pelo caminho muitos cama-

---

30 Carta de Taunay a Henrique Bernardelli, de 24.6.1923, APMP/FMP, P118.

radas exânimes de sofrimento, num clima inclemente, não sei se como disciplina ou mesmo como defesa, seria possível, mas suponho que estavam em combate, ameaçados a cada passo, pode se supor que assim fosse, tornando-se mais explicativo e pitoresco, os porei a pacto de não os fazer tão novos reluzentes como no quadro dos Guararapes do mestre Vitor.[31]

Taunay, por sua vez, não abriu mão de seu ponto de vista e insistiu no caráter guerreiro que deveria ser dado à representação, dizendo que acreditava que ela teria maior destaque se algumas figuras do quadro

estiverem armadas e não inteiramente com roupas de pano. Isto não quer dizer que o Sr. lhes ponha aquelas couraças luzidias do mestre Vitor nos Guararapes, porque na parte mais crítica da retirada os combates foram constantes com os holandeses que vinham seguindo de perto a coluna e justamente pode referir-se a essa fase que me parece mais sugestiva.[32]

A palavra final vem de Taunay, reforçada ainda pelo argumento de que sua opinião era partilhada pelo presidente da província, Washington Luís, com quem havia discutido a respeito da tela e era quem liberaria a verba para pagá-la:

O presidente conversou comigo acerca do seu esboceto, mostrando um ponto de vista inteiramente diverso da concepção do quadro. Ele acha que a composição assim como está não pode de todo servir ao Museu, porque dá ideia de uma retirada em que a soldadesca está inteiramente desanimada se não desmoralizada. Entende ele que ao se fazer o painel só pode ser numa cena animada de escaramuça por exemplo com os holandeses para mostrar que o batalhão paulista mantinha íntegra a sua força de êmulo durante a retirada. Entendo que toda razão me assiste e realmente dada *a feição educativa dos museus* é mais natural que o quadro exalte as qualidades de resistência da nossa tropa do que uma impressão de desânimo e abatimento. Não acha também melhor?.[33]

Essa passagem é exemplar em vários sentidos. Em primeiro lugar, ela mostra mais uma vez a participação direta (para não dizer impositiva)

---

31 Carta de Bernardelli a Taunay, de 15.2.1923, APMP/FMP, P120.
32 Carta de Taunay a Bernardelli, de 20.9.1923, APMP/FMP, P120.
33 Carta de Taunay a Bernardelli, de 27.9.1923, APMP/FMP, P120 (grifo meu).

de Taunay na escolha dos temas, bem como na composição das telas destinadas ao museu, especialmente aquelas que seriam expostas nos seus espaços monumentais. Em segundo – e mais uma vez –, fica explícita a intenção de enobrecer a raça paulista, de exaltar as suas mais nobres qualidades, enfim, de enfatizar sua participação determinante em um episódio de cunho "nacional". Por meio dessa "retirada estratégica", os paulistas teriam impedido o avanço das tropas holandesas em direção à Bahia, tentando então conter o elemento estrangeiro e preservando a integridade do restante do território brasileiro. Portanto, seja no movimento das bandeiras, em que foi precursor, seja como coadjuvante em outros eventos relativos à unidade e à defesa do território brasileiro, o papel do paulista foi sempre notável.

É importante enfatizar que essa tela foi fixada justamente na galeria do primeiro andar, de frente para a estátua do imperador D. Pedro I, na célebre posição de retirada dos laços portugueses. Esse gesto salienta a fundação de uma nova nacionalidade, ao relegar os símbolos referentes à antiga metrópole. Ao redor do imperador, é narrada a epopeia do Brasil bandeirante, representada pelos grandes feitos dos paulistas empenhados na construção da unidade nacional brasileira. *A retirada do Cabo de São Roque* sintetiza todos os episódios de caráter "nacional" *avant la lettre* que não foram propriamente bandeirantes, mas demonstra que em muitos desses eventos a participação e o auxílio do paulista sempre foram necessários e decisivos.

Na carta ora citada, Taunay lembra-se, enfim, do papel pedagógico do museu, no sentido de que ele deve exaltar as boas e nobres qualidades daqueles que estaria empenhado em representar, isto é, o museu teria como missão transmitir uma mensagem positiva. Vale ressaltar aqui o já dito anteriormente sobre a importância que os museus adquirem, no século XIX, como instrumento de instrução e de transmissão de certas versões do passado, especialmente os museus históricos, naqueles momentos em que está em jogo o delineamento de uma dada identidade nacional. A pintura histórica, exposta em espaços museográficos monumentais, parece ter sido o mais fiel aliado dos museus na difícil e nobre tarefa de delinear e transmitir um ponto de vista convincente, já que calcado na tradição, no passado nacional.

Abrindo parênteses aqui, gostaria de salientar novamente a importância da iconografia na decoração de interiores de museus no século XIX, com fins didáticos. Em alguns casos, as pinturas murais, aparentemente apenas voltadas para a decoração dos espaços monumentais ou de aparato dos museus, desempenham o papel de coleção do museu, pelo valor que as imagens representadas adquirem no conjunto do acervo. Exemplo clássico dessa sobreposição é o da Galeria das Batalhas no Palácio de Versalhes, encomendada por Luís-Filipe no século XIX. Aí, as intenções didáticas são claras, pois a apresentação das telas em ordem cronológica e encadeada, desde o evento fundador até o governo de então, pretendia mostrar aos cidadãos franceses que todos fizeram parte da construção da nação francesa. Pondo em evidência os símbolos fundadores da nacionalidade francesa, pretendia-se despertar, em cada visitante do museu, o sentimento de integração, isto é, a ideia de que existia um elo entre todos: sua história comum. Tal se dá também no Museu Paulista, onde a contemplação do passado em um local já carregado de história – um *lugar de memória* – tem como finalidade evocar no espectador uma visão do passado que se superpõe àquela do presente, visando assim legitimar o quadro político de uma época (cf. Vaisse, 1994, p.142-51).[34]

Consciente do valor evocativo e simbólico da iconografia, Taunay preencheu, pouco a pouco, todas as molduras arquitetonicamente esculpidas deixadas pelo arquiteto Bezzi nos espaços nobres do edifício, ou seja, peristilo, escadaria monumental e salão de honra. Depois dos painéis bandeirantes, ele conseguiu instalar, graças à doação do Automóvel Clube São Paulo, os brasões das principais cidades bandeirantes,

---

34 O Museu da Picardia, em Amiens, na França, é um outro exemplo da importância da iconografia nos museus com fins políticos e, no caso, também regionais. Construído entre 1855 e 1867 por iniciativa da Sociedade dos Antiquários da Picardia, esse museu (então chamado de Musée Napoléon) foi concebido ao mesmo tempo como um museu destinado a receber as antiguidades e os vestígios da região, como um palácio segundo o modelo do novo Louvre de Napoleão III, e como um monumento à Picardia, elevado a todas as glórias e ao gênio dessa província. Ele apresenta várias pinturas murais na caixa da escadaria e nas galerias do primeiro andar, justamente voltadas para a exaltação de valores cívicos e regionais (cf. Viévelle, 1989).

pintados por Wasth Rodrigues. A maior parte desses brasões foi idealizada pelo próprio Taunay, que submetia seus projetos, fundados em sólida pesquisa histórica e heráldica, à Câmara Municipal das cidades concernentes. Após a confecção de vários desses escudos e de sua exposição no Museu Paulista, inúmeras cidades passaram a dirigir pedidos expressos a Taunay para a confecção de seus brasões ou, no caso daquelas que já dispunham de um, melhorar ou corrigir-lhes o aspecto.[35]

Os nove brasões, inaugurados em 1926, representam os principais centros do bandeirantismo, tendo sido, por isso mesmo, colocados acima das estátuas dos bandeirantes na escadaria – Parnaíba, Sorocaba, Porto Feliz, Itu, Taubaté, Itanhaém – e na galeria do primeiro andar, de frente para a estátua de D. Pedro I – São Vicente, São Paulo e Santos. O escudo de São Paulo foi instalado exatamente acima do quadro *A retirada do Cabo de São Roque*.

Em carta de agradecimento ao presidente do Automóvel Clube, Paulo Prado,[36] Taunay deixa clara a participação de importantes paulistas, pro-

---

35 São inúmeras as cartas trocadas entre Taunay e diversas prefeituras que demonstram esse trabalho (cf. 18.10.1923 (Itu), APMP/FMP, P120; 23.3.1925 (Sorocaba), APMP/FMP, P124; 7.3.1925 (Porto Feliz), APMP/FMP, P120, para citar apenas algumas delas).

36 Paulo Prado, cujo nome está diretamente ligado à realização da Semana de Arte Moderna de 1922 – ele foi um de seus principais patrocinadores –, fez também inúmeras doações particulares ao Museu Paulista durante a gestão de Taunay. Filho primogênito do conselheiro Antonio Prado, ele era o principal herdeiro de uma das principais famílias que melhor serviram à economia cafeeira em São Paulo. Dinâmico em suas atividades como produtor e exportador de café, ele também era profundamente interessado em estudos históricos: compôs uma riquíssima biblioteca brasiliana, participando ainda ativamente da *Revista do Brasil* e do movimento modernista. Escreveu duas obras importantes, uma voltada ao regional, *Paulística* (1925), e outra ao nacional, *Retratos do Brasil* (1928), nas quais estudou o passado com o claro objetivo de melhor explicar o tempo presente, que ele entendia como fase nacional, ou a "superação catártica do colonial pelo nacional". Pelo seu espírito empreendedor, é identificado por seus contemporâneos como um dos bandeirantes do século XX, responsável pela renovação do bandeirantismo em uma outra escala, isto é, por meio da cultura cafeeira: "O homem de ação que ele foi emergia do exemplo desse punhado de novos bandeirantes, que partiram para o café na aventura paulista concretizada na criação dessa monocultura" (Ferraz, 1972, p.x). Gostaria de agradecer a Solange Ferraz de Lima, que me chamou a atenção para a relação estreita de Paulo Prado com o movimento de 1922.

venientes de famílias tradicionais de São Paulo, nas obras que vinha realizando no "museu bandeirante". Além de lembrar a colaboração dessa sociedade na decoração que realizou para as festas centenárias em 1922, ele elogia o novo gesto:

> Agradeço à dádiva do Automóvel Club ao Museu Paulista das telas de José Wasth Rodrigues, feitas por interferência de Henrique de Souza Queiroz, representando os escudos das velhas cidades bandeirantes colocados na escadaria monumental do Palácio do Ipiranga ... Veio a agremiação que V.Exª preside novamente demonstrar quanto a anima um espírito elevado de interesse pelas tradições paulistas e nacionais e pela continuidade da feição luso brasileira da nossa terra ...
>
> A unidade de vista que entra, V. Exª a reinou, para uma casa como esta tem ainda outro significado: é que o belo presente do Automóvel Club se prende à ação dos portadores de dois nomes dos mais altos relevos paulista para com o Museu Paulista.[37]

Mais uma vez, portanto, fica clara a colaboração prestada pelas elites paulistas ao museu. Elas certamente reconheciam no espaço construído por Taunay a própria imagem da grandeza de São Paulo, grandeza pela qual se viam como principais responsáveis, porque continuadoras, em uma nova escala, dos bandeirantes do passado.

O próximo passo dado para o arranjo museográfico do Palácio de Bezzi vem com a inauguração dos vasos de bronze, contendo ânforas de cristal com as águas dos principais rios brasileiros, colocados sobre as pilastras de mármore da escadaria monumental (ver Figura 15). A colocação desses vasos, ornados com motivos da fauna e flora brasileiras, característicos das regiões ribeirinhas das duas principais bacias hidrográficas do país – amazônica e platina –, é uma ideia que Taunay acalentava desde os primeiros anos de sua direção. Em 1920, no discurso proferido no momento da inauguração da coluna rostral comemorativa das monções, em Porto Feliz, ele anunciou esse projeto, inspirado em uma passagem da história antiga da civilização persa, salientando o caráter profundamente simbólico e evocativo que os referidos vasos dariam à decoração histórica do Museu Paulista. Taunay (1920a, p.40)

---

37 Carta de Taunay a Paulo Prado, de 2.12.1925, APMP/FMP, P125.

conta, então, que no palácio de Persépolis, posteriormente destruído por Alexandre, o Grande, havia

> uma sala cuja majestade nenhuma outra sobrepujava. E, no entanto, nada de extraordinariamente se notava na sua decoração; nem sequer quaisquer móveis a guarneciam. Não passava de enorme cômodo nu, vazio, onde em cada ângulo se notava apenas, sobre pedestal comum, uma ânfora de mármore cheia de água.

Para Taunay, o valor dessa decoração de extrema simplicidade estava na origem das águas contidas nos vasos, provenientes dos rios Nilo, Danúbio, Indo e Eufrates, e naquilo que a reunião delas num mesmo espaço vinha representar:

> Aquelas simples ânforas, depositárias daqueles líquidos, simbolizavam do modo mais veemente, forçando a necessidade de uma evocação sintética, tão rápida quanto completa, a vastidão da monarquia construída pelos Achemenidas. (ibidem, p.40)

O historiador das bandeiras acrescentou ainda, no mesmo discurso de 1920, que se fazia urgente erguer um monumento nacional destinado a rememorar os grandes feitos dos bandeirantes, responsáveis pela expansão das fronteiras brasileiras em todas as direções. Quando esse monumento fosse construído, não poderia faltar nele a ânfora d'água do rio das bandeiras paulistas, o Tietê, que:

> rememorará de pronto trabalhos, sofrimentos, prodígios, daqueles que tornaram brasileira tão enorme terra, daqueles que vencida levaram os leões de Castela até à margem direita do Paraguai, arrancando-lhes uma área que era de direito sua, incorporando a esta Capitania de S. Paulo, doadora de milhões de quilômetros quadrados ao patrimônio brasileiro, extensões, onde vários impérios se podiam estabelecer. (p.42)

O rio das monções ganhou, como se verá logo adiante, um lugar de destaque na Sala das Monções, onde Taunay organizou todo o espaço de exposição para exaltar a última fase das bandeiras, mitificando o Rio Tietê e promovendo-o a primeiro e principal rio das entradas. O caráter bravio e desbravador dos paulistas apareceria, assim, diretamente relacionado à alma desse rio, cujo leito acidentado só poderia ter sido cruzado e transposto pela "raça de gigantes".

Taunay ampliou sua ideia inicial, de colocar em exposição no Museu Paulista uma ânfora contendo a água do Rio Tietê e, aproveitando as pilastras de sua escadaria monumental, onde o tema bandeirante já dominava a decoração, resolveu mandar fundir dezesseis vasos de bronze, que receberiam ânforas com as águas dos principais rios brasileiros. Oito vasos maiores para as águas dos rios Amazonas, Negro, Madeira, Tocantins, Paraná, Uruguai e São Francisco; e oito vasos menores para os rios Paraíba, Parnaíba, Doce Jaguaribe, Assu, Carioca, Oiapoque, Chuí, Javari e Capiberibe. Dois desses vasos menores receberam as águas misturadas do Oiapoque e Chuí e do Javari e Capiberibe, a fim de simbolizar as duas maiores dimensões do território nacional: norte/sul e leste/oeste. Com o acréscimo desses elementos, estranha fusão de objeto artístico, natural e de valor histórico, Taunay pretendia aumentar a

> imponência do nosso majestosíssimo *hall* infundindo um elemento de maior evocatividade aos visitantes a contemplação daquelas águas que sintetizam a vastidão do território nacional ... de modo que não haja unidade alguma de nossa Federação que ali não esteja lembrada pelo seu caudal principal.[38]

Esse conjunto de vasos entrava em perfeita harmonia com o cenário anteriormente composto, no qual quatro grandes painéis evocavam os três ciclos das bandeiras e as seis estátuas dos bandeirantes lembravam a conquista de cada uma das regiões brasileiras pelas bandeiras paulistas. A água dos rios evocava a epopeia bandeirante em sua materialidade: ainda que, se nem sempre as entradas se fizeram pelos rios, elas quase sempre acompanharam o seu curso e venceram os seus desafios. É o que o historiador das bandeiras queria, no entanto, fazer crer.

Sala das Monções, o auge da epopeia

A composição da Sala das Monções (A9) (ver Anexo) em 1929, que acolhe a tela de grandes dimensões de Almeida Júnior (7,40 x 5,40), *A partida da monção,* forneceu novos elementos, profundamente rememo-

---

38 *Relatório de atividades referente ao ano de 1927,* APMP/FMP, L11, p.18.

rativos para a narrativa da história bandeirante, que tem no Museu Paulista seu cenário de exposição. Nas palavras de Taunay, fica claro que esse quadro tinha um valor central dentro dessa narrativa:

> Não recorda somente as agruras da navegação fluvial exigida pelo apossamento das terras centrais do Continente anexada ao patrimônio luso contra as letras dos tratados inter-ibéricos. É sobretudo um painel simbolizador da coordenação dos esforços dos homens de todas as procedências, vivendo em nosso solo para a construtividade de um Brasil sempre maior.[39]

Essa tela já pertencera ao acervo do Museu do Ipiranga, tendo sido encomendada pelo governo do estado em 1897, e sendo, posteriormente, transferida para a Pinacoteca do Estado. Nesse momento, em que Taunay está empenhado em recompor todas as referências históricas, as mais evocativas, da epopeia bandeirante, nada mais coerente que pedir a transferência dessa tela para o acervo do museu. Mais uma vez, Taunay aproveitou-se da situação para reclamar da falta de espaço no museu, afirmando que não havia nenhuma outra sala ampla, como a A9, disponível para receber uma tela de tais dimensões.

As cartas de Taunay enviadas à Secretaria do Interior, a respeito de qual seria a melhor sala para abrigar essa tela e os outros objetos que a comporiam, demonstram uma ampla consciência dos problemas museográficos que a exposição de pinturas de grandes dimensões põe em jogo, bem como uma preocupação com o ponto de vista do visitante. Ele salientou, então, que o museu não tinha nenhuma sala com iluminação zenital, como "requer as galerias modernas" de pintura, por isso seria necessário escolher um cômodo com boa iluminação lateral, e com suficiente recuo, a fim de que o visitante pudesse ter espaço para apreciar, a certa distância, a obra-prima de Almeida Júnior.[40]

Escolhida a sala (ver Figura 16), Taunay montou um conjunto bastante coerente, a fim de valorizar o tema da tela central. Mandou pintar cinco telas a partir de quatro desenhos de Hercules Florence e de um de

---

39 *Relatório de atividades referente ao ano de 1939*, APMP/FMP, L23, p.12.
40 Cf. correpondência entre Taunay e o secretário do Interior, de 12.11.1928, 23.11.1928, 17.12.1928, APMP/FMP, P134; e 7.1.1929, APMP/FMP, P135.

Adriano Taunay, todos considerados "documentos verdadeiros", referentes à última fase das monções, registrados por esses dois artistas quando participaram da expedição do barão Langsdorff, patrocinada pelo governo imperial russo no início do século XIX. São elas: *Carga dos canoões, Bênção dos canoões em Porto Feliz, Pouso de uma monção no sertão, Encontro de duas monções, Partida de Porto Feliz*, todas de Oscar Pereira da Silva.

Conforme apontado no Capítulo 2, não é a primeira vez – nem será a última – que Taunay faz uso dos registros picturais deixados por Hercules Florence, a quem ele concedeu, ressalte-se mais uma vez, o título de "patriarca da iconografia paulista", por ter sido um dos primeiros a reproduzir, em desenhos e aquarelas, as paisagens, os costumes, a indumentária e o habitante do interior do Brasil, sobretudo o paulista. Tendo mandado fotografar boa parte da obra de Hercules Florence pertencente ao acervo da Biblioteca Nacional de Paris e aos herdeiros do naturalista residentes em São Paulo, Taunay fez dessas fotos a fonte principal para a produção de amplo material iconográfico para o Museu Paulista ao longo de sua gestão. Quanto à sua importância para a iconografia de caráter científico e histórico, Taunay salientava que:

> Devem-lhe a nossa iconografia das ciências naturais, e a dos costumes, serviços inapreciavelmente preciosos e variados. Quem percorrer as salas do Museu Paulista de golpe estará em condições de comprovar esta asserção.
>
> Quando lhe propus o título de patriarca da iconografia paulista, sabia quanto não cometia menor exagero.
>
> Que não deve a Hercules Florence a história dos costumes brasileiros, em São Paulo, em Mato Grosso, na Amazônia? Muitos de seus copiosíssimos desenhos constituem documentos únicos no gênero como os que se referem à Monções para Mato Grosso, às cavalhadas de Sorocaba, à velha indústria açucareira, de Campinas, à vida dos tropeiros no Caminho do Mar, à abertura das primeiras grandes fazendas campineiras de café, às cenas da estrada etc.
>
> E quanta vista preciosa de localidades como Santos, Itu, Sorocaba, Cuiabá, Campinas etc., de grandes acidentes naturais como os de Salto de Itu, Avanhandava, paisagens paulistas, matogrossenses, amazônicas?
>
> Quantos retratos de personalidades célebres como Feijó, Vergueiro, Álvares Machado, Líbero Badaró, documentação de tipos étnicos, trajes e cenas populares, ambientes familiares etc. etc.?

Ao incansável lápis deve a nossa iconografia primeva a mais rica e original das contribuições. (Taunay, 1946c, p.177-88)

Os desenhos referentes às monções registram a partida da expedição russa, de Porto Feliz pelo Rio Tietê, rumo a Cuiabá no Mato Grosso, seguindo o caminho que era percorrido pelos bandeirantes na última fase das bandeiras. Num artigo em que tratou da iconografia das monções, Taunay explica o significado do termo *monção*, narrando as aventuras desta que fora uma das últimas – se não a última – expedições pelo Rio Tietê rumo à descoberta e conquista dos sertões brasileiros. O nome *monção* ele definia como aquele

> dado nas navegações fluviais paulistas às flotilhas de embarcações, que de Porto Feliz visavam atingir Cuiabá, era uma das reminiscências de velhas tradições lusas das jornadas oceânicas e conquista do Oriente, pois monção é o aportuguesamento da palavra árabe que designa estação propícia às embarcações veleiras. (1943b, p.417-21)

A expedição Langsdorff tinha um caráter científico que pretendia, tal como outras expedições que percorreram anteriormente o Brasil, também patrocinadas por monarcas europeus,[41] coletar material botânico, zoológico, mineralógico e etnográfico destinado a enriquecer os museus imperiais, no caso, de São Petersburgo e Moscou.[42] Segundo Taunay, os registros realizados pelos dois desenhistas da expedição são os únicos documentos iconográficos sobre as monções que permitiriam conhecer, por meio da ilustração, algumas das etapas dessas viagens pelo Tietê, desde a preparação das embarcações, a bênção antes da partida em Porto Feliz, a paisagem ao longo do caminho, até as dificuldades enfrentadas pelos monçoeiros. O próprio quadro de Almeida Júnior

---

41 Expedição de Spix e Martius, patrocinada pelo rei da Baviera; de Saint-Hilaire, promovida pelo príncipe Wied, ou ainda, de Pohl, subvencionada pelo imperador da Áustria.

42 Sobre as expedições científicas e a organização de museus de história natural a partir desse material coletado, existe ampla bibliografia, preocupada em mostrar como a prática de "colecionar a natureza" participa intensamente da constituição e transformação do universo da ciência desde o Renascimento até o século XIX (cf. Impey & Mac Gregor, 1985; Pomian, 1987; Schnapper, 1989).

foi composto com base na ampla documentação iconográfica deixada por Hercules Florence:

> O primeiro esboço parece realmente inspirado pelo desenho de Florence, depoimento vivo tomado *in loco* ao se prepararem os canoões, atracados ao "Porto", junto ao "Paredão" da antiga Araraitaguaba, a singrar águas do Tietê abaixo encantado e a sua imensa, penosíssima jornada fluvial e terrestre pelo rio das entradas, o Paraná, o Pardo, o varadouro de Camapuan, o Coxim, Taquari, o Paraguai, o São Lourenço e afinal o Cuiabá até atingirem o fundeadouro da velha Vila do Senhor Bom Jesus, fundação do sorocabano Pascoal Moreira Cabral e término de sua viagem. (Taunay, 1943a, p.489-91)

Quanto ao mestre de Itu, Taunay ressaltou que Almeida Júnior, nativo da região da partida das monções, reconstituiu com absoluta perfeição o ambiente local e os "passageiros" dessas aventureiras viagens. Ele não apenas estudou detalhadamente a paisagem natural de Porto Feliz, à qual, aliás, estava habituado desde a infância, como também usou como modelos habitantes da região, o que, para Taunay, dá ainda um caráter mais evocativo à representação:

> Inteiramente homogeneizado com aquela gente que era a sua, praticamente de uma sinceridade e de um verismo absoluto soube impregnar o enorme quadro destes atributos de verdade realmente admiráveis que são os seus.
>
> ...
>
> Magnífica esta galeria impregnada das mais fortes características brasileiras em paisagem enevoada que é tudo quanto há de mais típico do rio célebre das entradas. (ibidem, p.487)

Além dos elementos iconográficos, a sala dedicada a evocar o terceiro ciclo das bandeiras paulistas recebeu outros objetos relacionados às monções, "recordações materiais", diz Taunay, do período. São eles um beque de proa de um canoão,[43] proveniente de uma fazenda de Porto Feliz, uma âncora da antiga navegação fluvial do Tietê, ofertada pela

---

43 Cf. cartas de Taunay e Eugênio Motta sobre a aquisição do canoão para o Museu Paulista, de 29.11.1923 e 5.12.1923, APMP/FMP, P120.

prefeitura da mesma cidade e, finalmente, um vaso grande de bronze, com três anhumas esculpidas, contendo uma ânfora de cristal com a água do rio das entradas, colhida justamente no local representado no quadro de Almeida Júnior.

A força evocativa desse conjunto construído por Taunay, em que o Rio Tietê ganhou lugar de destaque, pode ser amplamente entendida com base em alguns de seus escritos, nos quais enfatizou a importância desse rio para o movimento das bandeiras, a ponto de mitificar o seu papel, sobrepondo-o à imagem, também mitificada, do bandeirante. Taunay fez do Tietê um dos elementos essenciais da tradição bandeirante que estava empenhado em construir:

> No conjunto das vias de penetração do Brasil meridional ignoto e selvagem, nenhuma de tão longínqua significação histórica se reveste quanto a que ao Tietê tão notável realce empresta.
>
> Está o nome do grande rio indestrutivelmente ligado à história da construção territorial do nosso imenso ocidente.
>
> ...
>
> Inçado de dificuldades, entrecortado pelas itaipavas e os saltos, como que a Providência propositalmente lhe tornara penoso o vencimento do dilatado curso para manter exercitadas as qualidades de resistência e a capacidade de sofrimento dos seus navegadores rudes ... Foi o adversário digno de ser vencido pelos que o dominaram. (1946a, p.27-8)[44]

Como pode ser notado pela passagem ora mencionada, Taunay operava no plano da mitificação ao equiparar as dificuldades a serem transpostas na navegação do rio à bravura dos sertanistas que ousaram navegá-lo, pois eles eram dotados das qualidades necessárias para fazê-lo. Mesmo se anunciando a perspectiva histórica daquilo que narrava, ao falar do Rio Tietê, a escassez de documentos sobre os caminhos trilhados pelos rios, antes do século XVIII, e o empenho em enaltecer os feitos dos paulistas deslocam seu discurso para o plano de uma narrativa mítica, na qual os bandeirantes apareciam como heróis intemporais a vencer

---

44 Essa mesma passagem se encontra ainda em pelo menos dois outros textos de Taunay (1920a, p.6-7; 1975, p.8-9).

dificuldades e enfrentar perigos fora do comum, dignos de personagens da famosa epopeia grega.

Taunay, sem dúvida, gostaria de poder provar que a navegação pelo Tietê não se restringiu apenas ao último período das bandeiras, mas que esse rio é um dos primeiros caminhos – e talvez o principal, ao lado do Caminho do Mar – empregado pelos bandeirantes desde as primeiras investidas rumo aos sertões brasileiros. Apenas baseado em suposições (pois o primeiro documento – indicado pelo próprio Taunay – a partir do qual se sabe que o Rio Tietê foi efetivamente navegado, antes do período das monções, é um mapa de um capitão general paraguaio, D. Luiz de Céspedes Xeria, de 1628), ele afirmava que:

> Acaso por elas teriam avançado as hostes de Antonio Raposo Tavares na sua arrancada para os estabelecimentos castelhanos do Guayrá? É possível que sim, embora nada nos leve a afirmar o fato. Provavelmente por elas também desceram os primeiros devassadores da selva mato-grossense e os escaladores dos Andes, como Antonio Pires de Campos, Luiz Pedroso de Barros, e tantos mais sertanistas, hoje obscuros, serviçais do recuo do meridiano pelo continente, "cujas ações heroicas a lima do tempo consumiu" como diz o cronista que lhes historiou os feitos. (Taunay, 1920a, p.12)

Mesmo falando no plano da hipótese, já que a ausência de documentos não lhe permitia fazer afirmativas, Taunay tinha como certo o fato de que os bandeirantes, desde os primórdios do século XVI, percorriam as águas movimentadas daquele rio. Quando falava desse terceiro ciclo das entradas, ele lhe parecia, ao mesmo tempo, uma nova etapa, um episódio de "ímpar originalidade não só em nossos fastos nacionais como nos do Universo" (Taunay, 1975, p.13), mas sobretudo uma continuidade lógica daquilo que lhe precedeu. Isso porque, para Taunay, as monções eram também uma empresa paulista rumo à exploração e à conquista da vastidão do território brasileiro, pouco importando se a sua motivação fosse agora a busca de ouro e de pedras preciosas. O que caracterizava esse período para Taunay era a frequência das viagens pelo Tietê, de Porto Feliz (antiga Araraitaguaba) a Cuiabá, e a dificuldade característica do percurso de três mil e quinhentos quilômetros de atribulada navegação. Em sua essência, essa fase foi vista como mais uma prova do papel de São Paulo na conquista do território brasileiro, como se, desde o início da colonização e ininterruptamente, os paulistas tivessem sido movidos por uma espécie de empuxo que os impulsionava sempre para a frente, em busca da conquista de novas terras:

> Foram os filhos da colônia, os de S. Paulo, incomparavelmente mais que os outros – quem o ignora? –, a quem coube tornar enorme este Brasil que as bulas e tratados haviam condenado a ser mesquinho, apertado entre o Atlântico e o meridiano pouco generoso de Tordesilhas. Haveria de valer a este Brasil mutilado a arrancada paulista trazendo-lhe milhões de quilômetros quadrados tomados ao espanhol, através da selva ignota e misteriosa, cheia de espanto e terror. (Taunay, 1920a, p.5)

Para o historiador das bandeiras, São Paulo tinha um papel predestinado, que fora também determinado por sua situação geográfica particular, isto é, o isolamento no meio do planalto, a dificuldade de chegar ao mar em razão do relevo acidentado dos caminhos, e por ser cortado por um rio, o Tietê, que em vez de correr em direção ao oceano, escoava rumo às imensas terras do interior do Brasil, "convidando" às entradas. Taunay salientou que essa sua suposição era partilhada por vários outros autores, que comungavam pontos de vista semelhantes. Ele citou, por exemplo, Teodoro Sampaio, que afirmava ser o Tietê a "estrada natural ligada ao amplíssimo sistema fluvial, que permitia atingir o íntimo do Continente"; Sérgio Buarque de Holanda, que falava que a vocação dos paulistas estaria ligada ao "caminho que convidava ao movimento e não na sedentarização da grande propriedade rural"; Nelson Werneck Sodré, que também via na geografia singular de São Paulo o caráter expansivo de seus habitantes, pois "o Tietê corria para os sertões"; e, finalmente, Cassiano Ricardo, que afirmava que o "planalto empurrou o paulista para o interior", e o Rio Tietê, "que fez do sertanista bandeirante" (Taunay, 1975, p.15). Taunay queria, assim, provar que o período das monções só vinha confirmar o destino de São Paulo e de seus habitantes: o de estarem na vanguarda da constituição do território nacional, bem como à frente dos episódios mais significativos da história brasileira.

Nem o declínio das monções, no final do século XVIII, fez diminuir a importância desse rio para a história das bandeiras contada por Taunay. É por isso que ele não finalizou sua narrativa sobre o Tietê com a decadência das minas de Cuiabá, mas avançou dizendo que a navegação nesse rio ainda continuou. Atravessou o período mais tenebroso de sua história, sendo seu imaginário povoado de lendas sobre monstros fantásticos e apavorantes que atacavam os navegadores, quando o marquês de Pombal fez dele a "via *scelerata*" que conduzia os condenados ao presídio de Iguatemi.

> Não nos conta Juzarte que certa manhã o avisaram, às pressas, de que uma canoa fantasma estava à vista da expedição que ele conduzia ao matadouro de Iguatemi?
>
> Deslizava a montaria, silenciosa e misteriosamente, pela bruma da madrugada, havendo o guia do comboio reiuno perfeitamente divisado, e até contado, os seus remadores e passageiros. Interpelados os incógnitos navegantes, nenhuma voz respondera ao chamamento insistente. (Taunay, 1946a, p.24)

Posteriormente, no início do século XIX, as expedições fluviais pelo Tietê tornaram-se cada vez mais escassas, sendo umas das últimas aquela citada aqui, a do barão de Langsdorff. Com a abertura da navegação pelo Rio Paraguai, rumo ao Mato Grosso, interromperam-se definitivamente as expedições pelo rio das entradas, mas seu destino ainda permaneceu inabalavelmente ligado à grandeza de São Paulo. Porto Feliz, afirma Taunay, substituiu as monções pela agricultura e o transporte passou a ser feito pela ferrovia; o Tietê, contudo, graças ao seu leito acidentado e à presença de inúmeras corredeiras e cachoeiras, seria aproveitado como fonte de energia para o desenvolvimento industrial de São Paulo. A sacralização do rio se fez então em paralelo à mitificação do paulista. Ambos aparecem, na narrativa da epopeia bandeirante pelo historiador das bandeiras, como elementos complementares de uma mesma trama que (re)amarra os fios da tradição, em que as glórias do presente se soldam aos desafios e às conquistas do passado. O trecho que se segue deixa clara essa ideia:

> Serviçal obrigado das entradas e das bandeiras, com a lança do seu álveo, outrora enristada para Oeste, contra o domínio do castelhano, continua a divindade fluvial a servir à grandeza de S. Paulo, nesta nova arrancada que o café veio provocar, dando-lhe inconfundível proeminência entre as forças brasileiras do progresso e da civilização.

O característico secular da tradição paulista é o da continuidade dos esforços. Assim, a princípio, se mantém ininterrupta a corrente que impele os sertanistas à devassa do nosso continente e às viagens maravilhosas pela vastidão sul americana. Exaure-se, com tamanho dispêndio, o núcleo de tão extraordinárias proezas e – contingência natural às cousas humanas – vê-se forçado a um período de profundo repouso e reparação. Mas não se apaga o velho espírito da raça, apenas adormecido.

Desperta, nas últimas décadas, com toda, ou antes com maior energia do que nas primeiras eras, pondo em jogo todas as suas forças para o aproveitamento da feracidade do solo, desde que se lhe revela uma adaptação nova do território. (Taunay, 1920a, p.33)

A importância do Rio Tietê para o movimento das bandeiras foi relativizada por Holanda (1994; 1946, p.127-46), assim como restrita ao seu terceiro ciclo, o das monções. Numa perspectiva exclusivamente histórica, esse historiador procurou mostrar quais os elementos essenciais que distinguiam esse novo momento das bandeiras daqueles que o precederam. A mudança básica para ele foi a de mentalidade dos sertanistas, obrigados, pelas dificuldades da viagem e pelas restrições do meio de transporte fluvial, a mudarem seus hábitos e seu próprio caráter, até então demasiadamente individual e expansionista. Ele explica que

sem renunciar à existência móvel do bandeirante, os que participaram do comércio de Cuiabá e Mato Grosso têm ambições mais metódicas. Um ritmo que já não é o da simples energia individual livre de expandir- -se regula toda a sua atividade. A própria vida há de sujeitar-se neles a limites novos, a novas opressões. Aos freios divinos e naturais, os únicos, em realidade, que compreendiam muitos dos sertanistas de outrora, acrescentam-se, cada vez mais poderosas, as tiranias legais e judiciárias, as normas de vida social e política, as imposições frequentemente caprichosas dos governantes. (Holanda, 1946, p.129)

Diferentemente de Taunay, que não apontou nenhuma transformação significativa entre o ciclo das monções, o da caça ao índio e o da busca de metais preciosos, pois via neles uma continuidade lógica, para Sérgio Buarque de Holanda, o que distinguia o terceiro ciclo dos dois anteriores é algo tão evidente quanto necessário, permitindo ver as monções como um capítulo à parte entre aqueles das entradas. Nos dois primeiros ciclos, os rios constituíam obstáculos à marcha, de modo que as embarcações (pequenas canoas ou toscas jangadas) eram um recurso ocasional do sertanista, ao qual recorria somente quando a marcha a pé não era possível. Já no ciclo das monções, contrariamente, a navegação era o que caracterizava o deslocamento mais disciplinado dos grupos, sendo a marcha a pé ou a cavalo a exceção. Por isso, antes do período das monções, o Tietê pode ter sido um caminho eventual de penetração nos sertões brasileiros. O próprio nome que foi dado posteriormente a esse movimento – monção – tem a ver com movimentação regular e periódica, não aquela dos ventos, como no caso de Portugal, em que o termo se originou com base na navegação pelo Oceano Índico, sujeita ao regime dos ventos que levavam barcos veleiros ao Oriente, mas, no caso brasileiro, navegação sujeita ao regime das cheias do rio. A periodicidade, portanto, é um dos elementos necessários desse deslocamento bandeirante.

Segundo Sérgio Buarque de Holanda, as primeiras investidas rumo a Mato Grosso não se deram em busca de riquezas, mas, ainda, à caça de índios. Os primeiros paulistas a alcançar as bordas de Cuiabá – Antônio Pires de Campos e Pascoal Moreira Cabral – partiram no encalço de índios e depararam casualmente com pepitas de ouro por volta de 1720. É a partir desse evento que começou a corrida rumo a Cuiabá e um enorme deslocamento populacional. As dificuldades da viagem, a longa distância e a necessidade de controlar o fluxo para a região forçaram a criação de um regime organizado de provisões e disciplinado de navegação, que foi evoluindo ao longo do tempo. Aos poucos, foram introduzidas coberturas nas canoas para proteger os tripulantes das chuvas, bem como mosqueteiros contra picadas de insetos. É interessante notar que Sérgio Buarque se preocupou em descrever toda a gama de práticas e de costumes que envolviam as monções, mostrando como o movimento de entradas evoluiu segundo as próprias necessidades materiais que foi obrigado a encarar e vencer. O próprio Taunay (1975), em um dos capítulos de seus *Relatos monçoeiros*, assinalou a relevância dessas descrições – como aquela que Sérgio Buarque fez das canoas – para o conhecimento das embarcações e da forma pela qual a tripulação e a carga era disposta em seu interior.

Se as considerações de Sérgio Buarque de Holanda sobre as monções estão principalmente centradas no aspecto histórico e mesmo sociológico do movimento, ele também não escapou – é verdade que em uma dose bem menos enfática – à elegia do esforço paulista. Ele pergunta: "Em que sentido caberia dizer que foi fecundo para a civilização brasileira do presente, e mesmo do futuro, esse surpreendente movimento colonizador de nosso Extremo Oriente?" (Holanda, 1946, p.142).

Respondendo à questão, compara o movimento de entradas pelo continente com aquele da expansão ultramarina portuguesa, vendo as monções como uma réplica em escala reduzida desta última:

> Em verdade Cuiabá, durante a era das monções, foi, em quase todos os seus aspectos e muito especialmente nos seus efeitos imediatos, uma forma de migração ultramarina. Os agentes e protagonistas deste movimento partiam de um porto habitado – Araritaguaba [Porto Feliz] – para atingirem, cinco meses depois, outro porto – Cuiabá –, tendo atravessado uma área vasta e era como o Oceano. (ibidem, p.143)

Sérgio Buarque ainda avançou para mostrar a importância da empresa paulista para a conquista do território e a unidade do país, de modo que seu discurso se aproximou daquele de Taunay, quando este último falava das bandeiras como "conquista do Brasil pelos brasileiros":

> Outro resultado permanente está em que as monções puderam corroborar de modo admirável a obra iniciada pelas bandeiras, assegurando-nos a posse plena e tranquila de uma área de milhões de quilômetros quadrados. É significativo que semelhante aspecto não tenha passado despercebido ao tempo em que se efetuavam as navegações. (p.145)

Ele lembrava então que o geógrafo e explorador paulista Francisco José de Lacerda, escrevendo no final do século XVIII, notou que, embora já existisse um roteiro mais cômodo para o Mato Grosso do que a penosa subida pelo Rio Pardo, não se ousava abandonar esse caminho por parte das monções de comércio, porque os campos de Vacaria e outras terras entre o Paraná e o Paraguai não eram povoados. Não era aconselhável, portanto, deixar de frequentar tais paragens, "a fim de não ficarem expostas à cobiça do castelhano". Os paulistas pareciam, portanto, ter uma consciência, mesmo que remota, do seu papel na conquista do território "futuramente" nacional. Talvez seja acreditando nessa ideia que Sérgio Buarque (1946, p.127) tenha começado o seu texto sobre as monções com a seguinte passagem:

> As monções representam, em realidade, uma das expressões nítidas daquela força expansiva que parece ser uma constante histórica da gente paulista e que se revelará mais remotamente nas bandeiras. Força que depois impeliria pelos caminhos do sul os tropeiros de gado, e que, já em nossos dias, iria determinar o avanço progressivo da civilização do café.

Concluindo a narrativa da epopeia bandeirante

Como foi mostrado no Capítulo 2, a narrativa da Independência brasileira se fez de um ponto de vista de São Paulo e da história de São Paulo, de modo que o gesto de D. Pedro I, fundador de uma nova nacionalidade, aparece como consequência natural da "conquista do Brasil" pelos paulistas por intermédio do movimento das bandeiras. Taunay acrescentou todos os elementos que lhe pareciam essenciais para contar a história da nação brasileira de cunho paulista, dotando-a de grande evocatividade. Assim, ele aproveitou a aproximação da comemoração de duas efemérides importantes da história paulista – o aportar de Martim Afonso de Sousa em Cananeia (1531)[45] e a fundação de São Vicente (1532) – para fazer novas inaugurações no peristilo e na escadaria do museu, que completavam o conjunto e reafirmavam o ponto de vista paulista da história aí narrada.

Em 1930, Taunay (1931b, p.62) colocou no alto do primeiro lance da escadaria monumental (ver Figura 17), logo abaixo da estátua de D. Pedro I e sob um pedestal de mármore e bronze artisticamente composto, um dos velhos marcos de pedra quinhentista provenientes do litoral de Cananeia:

> Verificou-se no "hall" monumental do palácio do Ipiranga, quiçá o mais majestoso vestíbulo do Brasil, a colocação de um dos padrões que

---

45 Cf. carta de Taunay ao secretário de Educação e Saúde Pública sobre a importância da comemoração dessa data, de 30.7.1931, APMP/FMP, P141.

mais remotamente recordam os primeiros anos pós-cabralinos. É, certamente, para o nosso Estado, o mais velho testemunho da presença europeia em terra paulista.[46] (ver Figura 29)

Esse marco foi doado ao Museu Paulista pelo prefeito de Cananeia em 1927,[47] depois de ter sido resgatado do fundo do mar, para onde havia rolado desde meados do século XIX, em uma das tentativas de sua remoção e de um dos dois outros marcos que se encontravam no portal de Itacurussá, por membros do IHGB. Sabe-se que esses marcos foram chantados em uma das primeiras navegações de exploração e apossamento da costa brasileira, possivelmente pela esquadra de Martim Afonso de Souza, como era costume ser feito pelas antigas expedições portuguesas no período colonial.

Taunay afirma que, desde o século XVIII, os documentos assinalavam a presença de um marco, acompanhado de seus dois "tenentes" (pedras menores que a principal e geralmente não lavradas), no litoral de Cananeia, sendo considerados, por alguns cosmógrafos, a delimitação do local em que o meridiano de Tordesilhas penetrava em terras brasileiras. Dada sua importância para a história do Brasil e da posse do território brasileiro, esses padrões foram objeto de atenção e estudo desde frei Gaspar da Madre de Deus até Francisco Adolpho Varnhagen e outros doutos do IHGB. Foi Varnhagen que aventou a ideia de que tais objetos deveriam ser recolhidos ao museu do IHGB, antes que fossem roubados ou danificados.

Sua datação é controversa, entre 1501 e 1531, como salientou o próprio Taunay, mas seu valor era indiscutível:

> Trata-se de uma pedra quinhentista assinaladora da passagem dos primeiros apossadores do solo brasileiro, por portugueses e padrão colocado no litoral de São Paulo. Autores há que atribuem a sua implantação a Martim Affonso de Sousa em 1531, outros querem que haja sido posta antes, por Christovam Jacques. Há quem diga até, como Ayres do Casal, que ali em Itacurussá, foi chantado o padrão, em 1501, pela expe-

---

46 Cf. *Relatório de atividade referente ao ano de 1930*, APMP/FMP, L14, p.15.
47 Carta de Taunay ao secretário do Interior comunicando a doação, de 19.7.1927, APMP/FMP, P130.

dição de André Gonçalves (?) e Américo Vespúcio. Seja como for, trata-se de uma relíquia preciosa...[48]

Diretamente ligados ao tema evocado pelo padrão quinhentista de Cananeia, isto é, a posse e o povoamento do Brasil colonial, Taunay acrescentou ao peristilo do museu quatro painéis. As comemorações das efemérides vicentinas e a doação do padrão de Cananeia funcionavam como boas justificativas – além de altamente evocativas – para realizar novas inaugurações no museu. Diante do orçamento restrito com que Taunay contava, mais uma vez ele é obrigado a recorrer ao mecenato de amigos e de personalidades paulistas para completar a decoração da instituição que dirigia.[49]

Essas telas pretendiam evocar os primórdios da colonização ao representarem os primeiros povoadores das terras de São Paulo – D. João III e Martim Afonso de Souza –, bem como a aparição dos primeiros patriarcas das famílias paulistas, os ascendentes dos bandeirantes João Ramalho e Tibiriçá. Nas palavras de Taunay (1937, p.57), eles eram os precursores, pois "relembram os vultos essenciais do quinhentismo paulista: o Rei povoador e seu grande delegado americano da colonização inicial, os patriarcas europeu e americano dos mais velhos troncos vicentinos".

Taunay foi chamado a participar das comissões organizadoras de vários eventos municipais e estaduais comemorativos dos quatrocentos anos da chegada de Martim Afonso de Souza ao litoral paulista e do quarto centenário da fundação de São Vicente.[50] Entre tais comissões ele foi o responsável pela sugestão dos elementos iconográficos que comporiam a coleção de moedas vicentinas cunhadas pela Casa da Moeda por ocasião dessas datas. A escolha desses elementos, em que figuravam as quatro efígies dos personagens ligados à colonização vicentina do Brasil, demonstra, mais uma vez, a importância da presença destes no Museu Paulista.[51]

---

48 Ibidem.

49 Duas dessas telas foram doadas por Samuel Ribeiro (cf. correspondência enviada por Taunay de 18.8.1933, 11.1.1934, APMP/FMP, P150 e de 13.7.1934, APMP/FMP, P152).

50 *Relatório de atividades referente ao ano de 1931*, APMP/FMP, L15.

51 Cf. carta da diretoria da Casa da Moeda a Taunay, de 31.10.1932, APMP/FMP, P146.

Assim, D. João III é o rei de Portugal que tomou a decisão de povoar as terras brasileiras, mandando dividi-las em doze capitanias hereditárias, cada uma com cinquenta léguas de frente marítima, com exceção de São Vicente, que media cem léguas. A Martim Afonso de Souza coube o governo dessa capitania, onde fundou a Vila de São Vicente em 1532, e alguns anos depois, a Vila de Piratininga, futura cidade de São Paulo. João Ramalho, cuja chegada ao território brasileiro foi interpretada de maneira bastante controversa por vários historiadores da geração de Taunay, destacava-se como aquele que auxiliou, de maneira eficaz, a missão colonizadora de Martim Afonso de Souza, pois ele já estava radicado nas terras ocupadas pela capitania de São Vicente quando esta foi criada. Desse modo, conta a história que ele teria facilitado o contato com os índios que habitavam a região e iniciado o processo de miscigenação da "raça paulista". Finalmente, Tibiriçá é o chefe de umas das principais tribos indígenas que habitavam os Campos de Piratininga, com a qual João Ramalho estabeleceu laços bastante estreitos ao unir-se a uma das filhas do cacique; é considerado o patriarca americano dos bandeirantes.[52]

Essas figuras foram instaladas no mesmo espaço em que já estavam expostas as estátuas monumentais de Antônio Raposo Tavares e Fernão Dias Paes Leme, ou seja, no peristilo do museu, podendo ser vistas logo que se cruzam suas portas de entrada. Como representações dos primeiros colonizadores e dos precursores da gente de São Paulo – dos bandeirantes, portanto –, eles são o ponto original da narrativa da epopeia bandeirante, cujo ponto de chegada já fora inicialmente fixado: a nação foi fundada em solo paulista. Taunay trabalhou numa perspectiva teleológica, por isso, toda a narrativa histórica em que esteve empenhado em montar desde 1917 no Museu Paulista convergia para a justificativa, em bases sólidas, da ideia de que São Paulo continuava à frente do progresso e do desenvolvimento nacional. A história reinventava, assim, a tradição, fazendo do espaço museográfico um poderoso aliado da historiografia construída por Taunay e por outros historiadores de sua geração, também empenhados nas vias do nacionalismo paulista.

---

52 Ibidem.

Com a incorporação do padrão quinhentista de Cananeia e dos quatro painéis do peristilo, é possível dizer que a história das bandeiras paulistas contada por Taunay, tal como ele planejava fazer no início dos anos 20, estava praticamente completa.

Ao longo desses anos, alguns comentários feitos a respeito do Museu Paulista permitem afirmar que ele passou a ser identificado como um museu de história, com enfoque eminentemente regional. Antes de finalizar essa parte, valeria a pena retomar ao menos um desses comentários, feito por um dos principais doadores de objetos e documentos para o acervo do museu, pois ele resume, em conjunto com o discurso de Taunay que lhe segue, a essência daquilo que foi discutido até aqui: o perfil histórico que a instituição adquiriu dentro dos quadros de um nacionalismo paulista.

Em 1927, Paulo Prado, na cerimônia de entrega ao museu da doação de duas cartas anchietanas, compradas de antiquários londrinos,[53] deixa claro o sentimento de reconhecimento pelo trabalho que Taunay vinha fazendo à frente da instituição, dotando-o de um perfil histórico, devotado à história de São Paulo e aos paulistas. O episódio de compra dessas cartas e de sua doação ao Museu do Ipiranga encerra alguns detalhes interessantes que permitem perceber a identificação das elites paulistas com a história ali contada.

O documento anchietano foi comprado por meio da subscrição promovida pelo quinzenário modernista de São Paulo, *Terra roxa e outras terras*, e por iniciativa de Paulo Prado. A ideia de reunir os fundos necessários para a aquisição é bastante curiosa, bem como dotada de inúmeras significações, pois consistiu em "comprá-lo simbolicamente, trocando-o, por trinta sacas de café de valor equivalente ao que por ele pediam os antiquários (duzentas libras esterlinas)" (Taunay, 1927b, p.376).

Em seu discurso, Paulo Prado afirmou que, finalmente, os velhos documentos voltavam à sua antiga morada, depois de peregrinarem pelo mundo afora. Nos quase quatro séculos que separam a escrita das cartas de sua entrada no Museu Paulista, São Paulo sofrera formidável trans-

---

53 Carta do antiquário Maggs Bros a Taunay, oferecendo as cartas de Anchieta, de 21.4.1925, APMP/FMP, P124.

formação, mas sua evolução fora certa. As sacas de café, doadas por fazendeiros paulistas e que serviram para comprar as preciosas cartas, demonstram, aos olhos de Paulo Prado, esse crescimento e a grandeza histórica da cidade e do povo bandeirante:

> Sabíamos que a semente do jesuíta tinha frutificado esplendidamente em mil milhões de cafeeiros espalhados nas 25.000 fazendas de São Paulo. Com um insignificante esforço dessa força que se ignora a si mesma e que é tudo e nada é, poderíamos encher de preciosidades, como em armazéns ou tulhas, todas as salas deste edifício ... Por enquanto, só nos bastaram, para a carta de Anchieta, trinta sacas de café ...
>
> Esta modesta cerimônia é uma homenagem do presente ao passado, as más línguas dirão talvez do "futuro" ao passado. (apud Taunay, 1927b, p.378-9)

E no contexto de São Paulo do século XX, o Museu Paulista, sob a gestão de Taunay, figurava como o lugar adequado para receber tais documentos em razão do seu perfil histórico, essencialmente voltado ao passado paulista. Paulo Prado (apud Taunay, 1927b) notou que "este museu é sobretudo o *museu do nosso passado paulista*, ainda palpitante, ainda com o calor e o interesse da vida de outrora ... e Affonso de E. Taunay, verdadeiro beneditino devotado ao estudo da História de São Paulo" (grifo meu).

A resposta de Taunay a esse discurso enfatiza o valor do documento e a importância de sua incorporação ao acervo da instituição que dirigia. A sua aquisição simbólica, em troca de sacas de café, foi bastante sugestiva para ele, pois esse produto era o símbolo de São Paulo desde o século XIX, como o foram o ouro e as pedras preciosas para o século XVII e a caça ao índio para o XVI.

> É a paixão do café como que a modalidade contemporânea do espírito secular do bandeirantismo. Quando os paulistas se convenceram de que, nas amplas formações geológicas, dentre a Paranapiacaba e o Rio Paraná, o Paranapanema e o Rio Grande havia melhor campo de lavragem do que os descimentos de bugres e os descobertos de ouro, espalhados pela vastidão do Brasil, e do continente, quando de tal se capacitaram definitivamente deixaram de lado a feição erradia ancestral. (Taunay, 1927b, p.381)

Segundo Taunay, o cultivo do café deu continuidade ao mesmo espírito bandeirante que animava o paulista desde os tempos remotos da colonização, por isso ele o considerava uma nova fase do movimento das bandeiras, desenvolvido pelos descendentes diretos dos antigos bandeirantes – em suas próprias palavras, "neobandeirantismo":

> Desencadeou-se novamente o velho espírito das entradas e dos descimentos entre os netos dos antigos "calções de couro" e daí a arrancada de onde surgiu a penetração para o ocidente, à custa da substituição da mata virgem, imensa, pelo cafezal, imenso e pleotórico da seiva grata. (ibidem)

Foi com base nesse espírito que Taunay elogiou a iniciativa de Paulo Prado e o gesto dos fazendeiros paulistas para a aquisição de um raro documento referente ao próprio passado de São Paulo e de seus ancestrais. Ele ainda assinalou que a maior parte desses fazendeiros descendia dos troncos dos primeiros paulistas, o que lhes enobrecia ainda mais o gesto. Os bandeirantes do presente prestavam, assim, homenagem aos do passado, reafirmando pertencerem à mesma "linhagem" que manteve, ao longo do tempo, as mesmas e nobres qualidades, moldadas, entre outros, pelo padre jesuíta, autor do documento doado:

> Assim, melhor inspirada não podia ser esta vossa ideia tão sugestiva, do escambo realizado, à moda da era anchietana, das trinta sacas do grão novecentista pelo documento quinhentista.
>
> E a maioria destes fazendeiros de café que as ofertaram, ancestralmente se entroncam quase todos, *se não todos*, nos povoadores martim-affonsianos, nos patriarcas lusos e guainazes. É uma linda homenagem prestada em nome da tradição de sua *grey*, ao evangelizador de seus longínquos avós tupis, e doutrinador admirável de seus avós portugueses, passado ao Brasil e a São Paulo. (p.382)

Finalmente, antes de encerrar seu discurso, Taunay se mostrou grato pelo fato de a instituição que dirigia ser reconhecida como "casa do passado paulista", o que ia plenamente ao encontro daquilo que imaginava desde que assumiu sua direção. Ao finalizar, descreveu aquilo que realizou nos espaços monumentais do museu, pondo em destaque o simbolismo profundo do conjunto que, segundo suas palavras, buscava render justiça "para com os realizadores da integração do território brasileiro, que as bulas e os tratados queriam mutilado". Apesar de longo, este trecho merece ser citado:

Neste belo *hall*, tão cheio de amplidão e harmonia arquitetônica, rodeia-nos a rememoração do nosso enorme alargamento territorial pelo bandeirantismo. Seis efígies simbólicas de sertanistas máximos, representam as seis unidades da nossa federação que já foram terras da Capitania de São Paulo. Nove escudos de armas das nossas velhas cidades bandeirantes, ressuscitam a ação destes diversos focos da repulsa incoercível à linha garroteadora de Tordesilhas ... Recordam os painéis do nosso vestíbulo majestoso as grandes fases do recuo desse meridiano, desrespeitado pelos descedores de índios, pelos perseguidores do ouro, pelos criadores de gado, pelos posseiros da Amazônia, em prol da dilatação brasileira.

À porta do Museu dois titãs se erguem, animados pelo escopro de um grande cinzelador: Antonio Raposo Tavares perscruta o horizonte das terras ignotas e hostis, Fernão Dias Paes Leme aprofunda o subsolo virgem e inimigo que logo o matará. E, como remate ainda tendes, sob os vossos sentidos imediatos, um documento material do bandeirantismo: o veículo essencial dos paulistas da última fase sertanisadora: um canoão de monção, uma caravela deste rio do Oeste que como que foi, durante dois séculos, a lança dos paulistas enristada contra o espanhol. (ibidem)

É interessante notar que, nessa longa passagem, Taunay descreveu o museu como um lugar de exposição da epopeia bandeirante desenrolada em seus três grandes ciclos, não fazendo nenhuma menção à representação da Independência brasileira. Isso confirma aquilo que já foi dito anteriormente: a Independência se fez em solo paulista não por mera coincidência do destino, mas porque fora em São Paulo, mais do que em qualquer outro estado brasileiro, que a ideia e o movimento em direção à unificação do território e à constituição da nação brasileira deitaram raízes e desenvolveram as bases mais sólidas para sua efetiva realização. É ao menos isso o que o historiador das bandeiras e diretor do Museu Paulista pretendia demonstrar com seu longo, minucioso e incansável trabalho histórico e museográfico.

Os dez últimos anos de Taunay no Museu Paulista

É possível identificar três fases principais na gestão de Affonso de Taunay no Museu Paulista.

A primeira corresponde aos cinco primeiros anos, quando Taunay impinge sua marca pessoal à instituição ao fazer da história e da exposição histórica um dos seus objetivos centrais. Ainda nesses primeiros anos e durante boa parte de sua administração, o museu permaneceu uma instituição de caráter enciclopédico, dividindo sua área de exposição entre a zoologia e a história, ainda que muito a contragosto de seu diretor, que não se cansava de enfatizar, a cada novo relatório, a necessidade premente de separar as duas coleções, ou em suas palavras, "os dois museus". Para Taunay, essa convivência forçada entre as duas seções do museu impedia que ele se desenvolvesse de modo eficiente, "como deveria fazê-lo, a bem da cultura de São Paulo e do Brasil".[54]

Entre 1917 e 1922, Taunay lançou as bases de seu projeto para a decoração histórica do museu e conseguiu, graças a um crédito extraordinário de 350 contos de réis do governo do estado (o orçamento anual do museu era então de oitenta contos de réis), realizar boa parte daquilo que havia previsto, sobretudo a representação dos aspectos históricos diretamente ligados à Independência brasileira. A ação de Taunay foi tão eficaz e determinante naquele momento que teve duas consequências diretas. A primeira foi sua nomeação definitiva como diretor do museu, pois até então ele era lente de física experimental da Escola Politécnica de São Paulo, comissionado para dirigir a instituição do Ipiranga. A segunda foi a criação, por decreto-lei, da Seção de História do museu, que passava, a partir daí, a existir oficialmente, recebendo o devido aval oficial para se expandir até se tornar a "senhora" da instituição, culminando com a transferência da Seção de Zoologia para um outro local, no início da década de 1940.

A partir de 1923 até 1935, abriu-se um novo período no museu que poderia ser definido como o momento de consolidação do trabalho de Taunay como diretor e como historiador, pois ele passou a ser reconhecido como o grande especialista da história de São Paulo e um dos maiores conhecedores das tradições regionais. Ao longo desses anos, como foi anteriormente mostrado, Taunay instaurou, nos principais espaços do Palácio de Bezzi, todos os elementos constitutivos para a narrativa da epopeia bandeirante, que deram a base essencial da história contada no Museu Paulista. Na montagem desse cenário, a Independência brasi-

---

54 *Relatório de atividades referente ao ano de 1930*, APMP/FMP, L14, p.2.

leira aparecia como consequência natural e mesmo lógica da conquista do Brasil pelo movimento bandeirante, não sendo ela o tema central da narrativa. Funcionava, todavia, como elemento de convergência e aspecto fundamental, atribuindo à história regional aí contada um caráter eminentemente nacional, pois o solo onde fora fundada a nação brasileira era indiscutivelmente paulista. Desse modo, nesse período, as sábias intervenções de Taunay dotaram o museu de um perfil histórico já por ele anunciado em 1922,[55] e posteriormente reconhecido pelos seus contemporâneos como tal.

A consolidação de Taunay como historiador das bandeiras se fez, sobretudo, entre 1922 e 1930, quando, por intermédio do aparato institucional, ele encontrou grande apoio do governo estadual para desenvolver sua obra e enriquecer o acervo do museu. Vale lembrar que esse período coincidiu com o governo de Washington Luís na Presidência do estado de São Paulo e, em seguida, na Presidência da República. Washington Luís, além de ser um estudioso da história de São Paulo antes mesmo de se engajar nas vias da política, patrocinou, desde a época em que foi prefeito da cidade, a publicação de documentos relativos à sua história, bem como foi um dos principais doadores do acervo de objetos e documentos históricos do Museu Paulista.

Assim, naqueles anos, com o apoio e graças à amizade pessoal que mantinha com o político paulista, Taunay conseguiu o financiamento necessário para realizar extensa pesquisa documental, consultando, ele mesmo, os arquivos, ou patrocinando, por intermédio do museu, uma verdadeira rede de "copiadores de documentos", no Brasil e no exterior. A correspondência institucional relativa àqueles anos demonstra que Taunay mantinha contato com os principais arquivos nacionais e internacionais, nos quais seria possível encontrar documentos a respeito da São Paulo colonial e do movimento das bandeiras. É desse modo que ele encontrou o material necessário para escrever os de sete volumes da sua *História geral das bandeiras paulistas*, publicados pela Imprensa Oficial do Estado de São Paulo entre 1924 e 1930, bem como os quatro volumes dos *Anais do Museu Paulista*, os quatro volumes da *História seiscentista de São Paulo*, o

---

55 *Relatório de atividades referente ao ano de 1922*, APMP/FMP, p.7.

Ensaio de carta geral das bandeiras paulistas, Piratininga e Non Ducor, Duco. Esse grande número de publicações científicas na área de história, sem dúvida, também concorreu para que o museu fosse encarado como centro de divulgação científica nessa área, concedendo estatuto epistemológico à disciplina histórica, tal como as ciências naturais já o tinham.

É preciso, entretanto, salientar que o período profícuo do museu termina em 1930. Num cenário político que se transformava, com a ascensão de Getúlio Vargas ao poder federal, um museu, abastecido pelo capital público e profundamente comprometido com o imaginário das classes políticas de São Paulo, certamente sofreria consequências de caráter direto, como a redução de verbas. Isso inviabilizou a realização de novos projetos e retardou a conclusão de antigos, que só foram concluídos graças ao concurso de mecenas[56] e ao prestígio de Taunay perante as elites paulistas.

Nos cinco primeiros anos da década de 1930, o orçamento do museu foi reduzido à metade. No relatório à direção referente ao ano de 1933, Taunay denuncia a situação "calamitosa" em que a instituição se encontrava em relação à década anterior:

> Se antes de 1930 os 80 contos de que dispúnhamos já se mostravam escassos, muito escassos mesmo, para um estabelecimento como o nosso que tomou a importância que tem, hoje, reduzida esta verba a metade do que era, e isto há quatro exercícios: tal circunstância provocou, por assim dizer, verdadeiro colapso na vida do nosso Instituto.[57]

---

56 A carta de Taunay a Guilherme Guinle, presidente da Companhia Docas de Santos, pedindo doação para o pagamento de telas encomendadas para o Museu Paulista, é mais um exemplo de como ele recorria ao mecenato para realizar seus projetos: "Seria possível que Sr. Guilherme Guinle renovasse o seu belo gesto de 1922 contribuindo para a maior evocatividade histórica do Museu Paulista? ... Dirá Você e com toda a razão, que o papel da Cia. Docas não é exatamente o de ser *mecenas dos museus*, mas eu lhe retrucarei que nestes nossos bons Brasis o gênero museu de espécie paulista é ave quase tão rara quanto a fênix e assim esta exceção talvez justificasse uma largueza sobremodo digna de elogios ... Bem, meu caro Guilherme, basta de o cacetear, bem sei que se V. puder o fará, também se não puder não me levará a mal esta atitude de solicitante que não pede para si e que se atreve a aborrecê-lo como o tanto autorizado pelas boas relações tão cordiais de tantos anos entre nós" (28.7.1934, APMP/FMP, P152).

57 *Relatório de atividades referente ao ano de 1933*, AMPP/FMP, L17, p.38.

Além do orçamento cortado pela metade, ele foi obrigado a encarar mais um problema apresentado pelo governo do estado, que poderia vir a agravar ainda mais a questão da falta de espaço no edifício do museu. Ele é incumbido, assim como o diretor-geral da Instrução Pública e o diretor da Secretaria do Interior, de discutir a possível transferência do acervo da Pinacoteca do Estado para o Ipiranga, não só como medida de economia, mas principalmente pela necessidade de aproveitar o prédio do Liceu de Artes e Ofício, que abrigava o acervo daquele instituto, como escola. Taunay recorreu, é claro, ao velho argumento de que o edifício já se encontrava abarrotado com as próprias coleções, não podendo nem mesmo expandir sua área de exposição, quanto mais receber um acervo de aproximadamente duzentas telas de grandes dimensões.

Na discussão a respeito dessa mudança, o diretor do Museu Paulista demonstrou, mais uma vez, bom senso e clara consciência de problemas museográficos e museológicos, em compasso com sua época. Destacava, em primeiro lugar, a inadequação das instalações do edifício construído por Bezzi para abrigar coleções de arte de grande porte, sobretudo quadros, que exigiriam iluminação e espaço de recuo adequados para sua exposição. Em suas próprias palavras, argumentou:

> A instalação destas obras de arte exige hoje, nas condições modernas de estética, instalações especiais que o Museu não tem. Basta lembrar uma que é primordial, a iluminação vinda do alto e depois mesmo que provisoriamente se instalem estes objetos nas salas do Museu, causaria isto mau aspecto pelo fato de que muitos destes cômodos têm iluminação deficiente e sobretudo não dispõem de suficiente recuo para a boa observação dos quadros.[58]

Acrescentava ainda que tal medida seria um retrocesso na história das duas instituições, pois a Pinacoteca do Estado começou embrionariamente no Museu Paulista, mas esse acervo de pinturas foi transferido, ainda nos primeiros anos da gestão de Hermann von Ihering, justamente porque sua convivência com as outras coleções do museu, bem como sua apresentação, eram inadequadas, sem nenhum rigor ou critério técnico que conviria a uma coleção desse tipo. Como conta Taunay:

---

58 *Relatório de atividades referente ao ano de 1930*, APMP/FMP, L14, p.21.

Lembro-me perfeitamente da péssima impressão causada pela detestável colocação dos quadros, que naquele tempo seriam duas ou três dezenas apenas, no salão de honra do Museu que tinha o mais deplorável aspecto de *bric à brac*, justíssimo motivo de escárnio, para a cultura e civilização de São Paulo, por parte de visitantes mais cultos por que o fossem.[59]

Taunay conseguiu, enfim, convencer a tal comissão julgadora da transferência e o próprio governo do estado de que seria mais prudente a entrega de tal acervo, a título provisório, à Escola de Belas-Artes.

Lidando com orçamento bastante restrito, Taunay foi obrigado a encontrar soluções alternativas que não fossem muito dispendiosas. Tentando sanar seus problemas internos de falta de espaço, sem vislumbrar nenhuma possibilidade de remoção das coleções de zoologia para um outro prédio – já que, em vez de subtrair o acervo do Museu Paulista, o governo do estado queria somar-lhe coleções de outros institutos, como da Pinacoteca –, ele conseguiu, como solução temporária, mandar abrir, embaixo de algumas salas do palácio (biblioteca e galeria leste), dois grandes porões, para onde transferiria, em 1939, os depósitos de impressos da biblioteca, bem como de outras seções (ver Anexo).

Outra medida temporária foi a recuperação de uma série de armários e vitrines provenientes do antigo Museu Agrícola e Industrial que funcionava no Palácio das Indústrias, o que lhe permitiu aumentar o número de objetos expostos e melhorar o aspecto de algumas salas: "Num abrir e fechar de olhos preparamos as nossas vitrinas demonstrando isto quanto tínhamos enorme acervo guardado que se não revelava ao público por falta de mobiliário".[60]

O único problema para o qual não encontrava medida paliativa era a carência de pessoal técnico e a insuficiência de vencimentos dos funcionários do museu, cujas reclamações a esse respeito reapareciam todos os anos nos relatórios à Secretaria, sendo apenas sanado na direção seguinte, de Sérgio Buarque de Holanda, quando o quadro funcional da instituição foi completamente ampliado e reformado.

Contudo, se na instituição do Ipiranga Taunay encontrou vários entraves, sobretudo monetários, que impediam o pleno desenvolvimento

---

59 Ibidem, p.22.
60 *Relatório de atividades referente ao ano de 1931*, APMP/FMP, L15, p.25.

do museu, a partir dos anos 30, graças a uma produção historiográfica ímpar, amplamente divulgada pela sua presença constante na imprensa escrita de São Paulo e do Rio de Janeiro, e por suas inúmeras obras, ele se torna uma figura de grande destaque no meio intelectual de seu tempo, tanto no Brasil quanto no exterior. Isso pode ser percebido pela sua vasta correspondência com instituições nacionais e estrangeiras, como órgãos do patrimônio, museus, universidades e sociedades eruditas, além do constante apelo, por parte do governo estadual e mesmo federal, por sua participação em diversas comissões de caráter oficial no campo cultural e científico da história.

Abordar toda a obra historiográfica de Taunay e sua vasta colaboração, direta ou indireta, nas várias instituições, atividades e projetos que compunham o meio cultural de sua época é tarefa que foge ao escopo deste trabalho. Entretanto, é interessante citar, de maneira rápida, alguns desses intercâmbios com os mais diversos institutos e intelectuais, feitos nos quadros de diretoria do Museu Paulista, que demonstram sua consagração como historiador e erudito, enfim, seu papel de autoridade a ser consultada sempre que se tratasse da história do Brasil e, especialmente, de São Paulo.

No relatório de 1931, Taunay afirmou que a Seção de História do museu teve um considerável movimento, talvez o maior desde que ele havia assumido sua direção. Primeiramente, ele foi encarregado da comissão que estudaria a criação da Universidade de São Paulo e as possibilidades de articular o Museu Paulista a ela. Assim, quando a universidade foi fundada, em 1934, o museu foi incorporado como Instituto Complementar (decreto n.6283, de 25 de janeiro de 1934), e Taunay foi eleito para o Conselho Universitário e contratado como professor da cadeira de História da Civilização Brasileira.[61]

> O objetivo dessa incorporação foi ampliar o ensino e a ação da Universidade, sendo que a contribuição destes Institutos se daria através de cursos de aperfeiçoamento ou especialização, acordado entre o reitor e o diretor, e autorizado pelo governo; e através dos profissionais especia-

---

61 Taunay ocupou esse cargo por apenas dois anos, pois a Constituição outorgada por Getúlio Vargas em 1937 proibiu o acúmulo de cargos de funcionários públicos. Naquele momento, Taunay optou por continuar na direção do Museu Paulista.

lizados em cursos oferecidos às escolas ou faculdades. Ao Conselho Universitário da USP caberia a aprovação dos programas dos cursos de aperfeiçoamento, bem como o desenvolvimento dos métodos de realização. (*Projeto de organização...*, 1992, p.41)[62]

Essa incorporação foi bastante positiva para o museu, pois permitiu uma reforma, ainda que preliminar, nos seus cargos funcionais e, a volta de sua antiga dotação (decreto n.7496, de 31 de dezembro de 1935).

Também em 1931, Taunay foi incumbido, pelo secretário do Interior, de ser correspondente do Departamento de Estatística do Ministério da Educação, a fim de fornecer um inventário sobre o patrimônio artístico, histórico e científico do estado de São Paulo.[63] No ano seguinte, foi encarregado de participar de outra comissão, dessa vez estadual, para estudar a regulamentação do ensino de artes no estado, bem como da participação no Congresso Pan-Americano de Geografia e História, representando São Paulo. Nesse mesmo ano, Taunay ainda foi eleito diretor da revista da Sociedade Numismática Brasileira e seu sócio honorário. Essa sociedade foi responsável pela publicação, em "Separata", de sua revista de 1933, do primeiro guia relativo à Seção de História do Museu Paulista (Braga, 1933).

Quanto à sua relação com os órgãos ligados ao patrimônio histórico e artístico estaduais e nacionais, ainda merece destaque sua ampla correspondência, ao longo dos anos 30, com Mário de Andrade, diretor do Departamento de Cultura da Prefeitura Municipal de São Paulo, e com Rodrigo Mello Franco Andrade, diretor do Serviço do Patrimônio Histórico e Artístico Nacional, sobre questões de tombamento, participação em comissões para a realização de eventos culturais, inventários de bens a serem preservados ou mesmo pedidos de pareceres e colaboração científica em publicações.[64] A atuação de Taunay perante esses órgãos, ao lado do competente trabalho como diretor do Museu Paulista,

---

62 Sobre os primeiros anos da USP e a atuação de Taunay, ver Taunay (1940b).

63 Sobre o levantamento realizado, ver carta de Taunay enviada ao diretor da Secretaria de Educação, de 3.11.1931, APMP/FMP, P143.

64 Cf., por exemplo, carta de Mário de Andrade a Taunay, de 9.8.1935, convocando-o para a comissão de estudos das ruas de São Paulo, APMPM/FMP, P156; carta de Mário de Andrade a Taunay, de 4.11.1937, sobre a catalogação do Depto. de Cultura

reforçou ainda mais o perfil eminentemente histórico da instituição, fazendo dela um verdadeiro centro de referência da história e da memória paulistas, culminando, em 1937, no tombamento de suas coleções.[65]

É ainda significativa sua colaboração no filme *Bandeirantes*, realizado entre 1937 e 1940 pelo Instituto Nacional do Cinema Educativo (Ince), organismo criado em 1936 pelo ministro Gustavo Capanema e dirigido por Roquette Pinto. Taunay teve participação ativa na composição do roteiro desse filme, fazendo sugestões a respeito de como o tema deveria ser tratado, quais os episódios e personagens centrais a serem lembrados, e fornecendo ampla documentação para a filmagem.[66] Cabe lembrar também que o acervo do Museu Paulista foi amplamente utilizado como cenário para as filmagens, bem como os arredores de São Paulo e a região ribeirinha de Porto Feliz, por onde passa o Rio Tietê, tudo seguindo cuidadosamente as indicações do historiador das bandeiras. Ele conta então que

> depois de muito examinarmos o conjunto dos fastos do bandeirantismo e os recursos postos à nossa disposição resolvemos que o filme teria breve introito de caráter puramente histórico e relativo aos primeiros anos quinhentistas. Recordaria, depois, a fundação de São Paulo, núcleo irradiador do movimento entradista. Constaria ainda de dois episódios máximos dos anais da descoberta e da conquista do solo: o prodigioso périplo continental de Antonio Raposo Tavares e a grandiosa jornada esmeraldina de Fernão Dias Paes Leme. (Taunay, 1940a, p.647)

A última cena do filme desfecha de forma épica o segundo grande ciclo bandeirante, com a representação do funeral de Fernão Dias Paes

---

dos tesouros existentes em São Paulo, APMP/FMP, P167; carta de Taunay a Rodrigo de Mello Franco Andrade, de 25.5.1937, enviando pequena colaboração para o boletim do Sphan, APMP/FMP, P166.

65 Decreto-lei n.25 cria a Secretaria do Patrimônio Histórico e Artístico Nacional (Sphan). Ver, ainda, carta de Taunay ao diretor-geral da Secretaria de Educação e Saúde Pública, de 10.5.1938, APMP/FMP, P170, sobre o inventário das coleções históricas do museu. Sobre a criação de órgãos ligados ao patrimônio no Brasil, cf. Fonseca (1997).

66 Cf. correspondência entre Taunay, Roquette Pinto e Humberto Mauro, de 17.5.1937, APMP/FMP, P165; 13.9.1937, APMP/FMP, P166; 13.4.1939, APMP/FMP, P173; 3.6.1939, 13.6.1939 e 26.7.1939, APMP/FMP, P174. O roteiro do filme encontra-se no APMP/FMP, P233. Sobre a realização do filme, cf. Morettin (1994, 1998).

Leme no meio da selva. Como evidencia a própria fala de Taunay, a narrativa terminava com a associação do bandeirantismo ao Estado Novo, tingindo com cores nacionais a epopeia até então evocada como eminentemente paulista:

> Morre o sertanista e sobre o seu túmulo, seu grande filho e êmulo Garcia Rodrigues Paes, faz arder enorme pira de troncos daquela imensa floresta que ele abrira à Civilização. Por longos dias ilumina a sua alta chama os horizontes do Sertão. E assim termina o filme cujo epílogo é a máxima do Presidente Getúlio Vargas recordando a imperiosidade dessa marcha para o Oeste, do Brasil hodierno de que foi Fernão Dias Paes Leme um dos precursores máximos. ...
>
> Constitua o novo filme do Ince verdadeira lição do mais elevado brasileirismo, ensaio primeiro da adaptação para o cinematógrafo de um dos maiores motivos de nossa ufania nacional esse episódio singular na História Universal, que foi o das Bandeiras. (ibidem, p.649)

A colaboração de Taunay em tal projeto faz crer que ele se adaptara perfeitamente ao novo contexto político brasileiro. Nota-se ainda a permeabilidade do tema das bandeiras a esse novo panorama nacional, passando então a ser utilizado como metáfora do Estado e do homem brasileiro.[67]

No contexto nacional, enfim, vale lembrar da ativa participação de Taunay como membro de vários institutos históricos nacionais e da Aca-

---

67 A obra de Cassiano Ricardo é a expressão mais acabada da apropriação do bandeirantismo pelo Estado Novo e mostra essa permeabilidade do tema a outros contextos políticos. Como explica Katia Maria Abud (1985, p.198): "Ricardo não negou as realizações das bandeiras, apontadas pela elite paulista. Deu-lhes outro significado e concentrou nelas as qualidades do presente, para o qual procurou justificativa histórica, no plano político, explicando a 'tendência popular para o governo forte' e as relações entre governo do Estado Novo e a Nação. A bandeira representou a fé, autoridade, disciplina, obediência, hierarquia, solidariedade – tudo, enfim, que o Estado Novo preconizava para o Brasil. Acima de tudo, deixou de ser o símbolo paulista, por excelência, para se transformar num símbolo nacional – enquanto os paulistas exaltavam nos bandeirantes os traços que os caracterizavam como membros de um estado, de povo, até de uma 'raça paulista', Cassiano Ricardo destacou as características que poderiam ser tomadas para se esboçar a nacionalidade brasileira não mais a 'paulista'".

demia Brasileira de Letras, o que demonstra seu amplo reconhecimento nos meios eruditos brasileiros.

É também amplo e profícuo seu contato com universidades, historiadores e instituições estrangeiras, no campo da história, no âmbito internacional. Na correspondência mensal do Museu Paulista, especialmente a partir dos anos 30, foram constantes os apelos à erudição de Taunay, quanto à história e historiografia brasileiras, por historiadores e institutos estrangeiros. Taunay mantinha, por exemplo, ativa correspondência com historiadores de The Ohio State University, da Stanford University, pela qual é chamado a opinar sobre a publicação do *Who's who in Latin America*,[68] e ainda com sociedades eruditas internacionais, como a Académie des Sciences Coloniales, a Société des Americanistes de Paris, a Royal Society of Edinburgh. Sua consagração estrangeira deu-se, enfim, com sua eleição, em 1944, como membro honorário da American Historical Association, da qual já faziam parte historiadores de renome, como Johann Huizinga e George Macaulay Trevelay (Rodrigues, 1962).

A partir de 1936, começou o período final da gestão de Taunay, que se encerrou em 1945, com sua aposentadoria do cargo de diretor. Depois de a narrativa da epopeia bandeirante estar praticamente completa, Taunay passou a se dedicar a outros projetos que não tinham o mesmo fôlego, nem a mesma extensão que aquele das bandeiras, mas que culminaram, ainda, na abertura de algumas salas novas. Nesse período, o incansável diretor conseguiu, finalmente, a remoção das coleções de história natural para um novo prédio, bem como sua completa desvinculação institucional.

As novas salas foram consagradas a homenagear personagens paulistas de destaque e temáticas paulistas, como a iconografia cafeeira, cenas de tropas, fazendas de café do interior do estado, vista de cidades bandeirantes, indumentária antiga, entre outras. Nessa "nova fase" do museu, ele passa a ser palco de várias exposições temporárias, comemorativas de efemérides da história nacional, de personagens históricos, de personalidades diretamente relacionadas à história da instituição, além da exposição comemorativa dos seus cinquenta anos, que encerra de forma memorial

---

68 Cf. correspondências de 20.10.1932, 10.11.1932, 16.11.1932, APMP/FMP, P146; e 8.5.1933, APMP/FMP, P148.

o trabalho de Taunay. Nesses anos finais, como se verá adiante, o historiador das bandeiras preocupou-se em constituir a memória do museu, recontando a história da instituição cravada na colina do Ipiranga desde o primeiro projeto, idealizado em 1823, para a construção de um monumento nesse lugar memorável, cenário da Independência brasileira.

Repetiam-se nas novas salas algumas das fórmulas já utilizadas na organização dos primeiros cômodos do museu: ampla exposição de quadros, feitos sob encomenda e segundo os cuidadosos conselhos do diretor, que apontava não apenas os temas, mas dizia como estes deveriam ser tratados iconograficamente. É até mesmo possível afirmar que uma verdadeira "febre iconográfica" tomou conta do museu, na tentativa de ocupar os espaços vazios deixados pela saída das coleções de ciências naturais. Taunay pretendia, então, preencher as lacunas da iconografia paulista, que ele considerava paupérrima, lamentando sempre a escassez desse tipo de documentação para a história paulista. No Capítulo 2, mostrou-se que Taunay iniciou, desde os primeiros anos de sua gestão, um trabalho de "produção" iconográfica. Especialmente na década de 1940, publicou inúmeros artigos sobre iconografia (cf. Taunay, 1944a, b, c, d, e; 1945a), apontando os documentos originais que poderiam ser encontrados, o que se perdeu para sempre, aquilo que nunca foi produzido. No escasso material existente, na sua maior parte produzido por viajantes estrangeiros que percorreram o Brasil desde o século XVII, Taunay encontrou material abundante o suficiente para produzir as séries picturais que completariam o acervo da instituição que dirigia, além de preencherem algumas lacunas na documentação existente. O papel pedagógico da imagem como instrumento de educação pública jamais foi negligenciado por Taunay, que cuidava pessoalmente da confecção de cada uma das telas que iria expor no museu.

A presença de mecenas também foi constante e alguns dos novos espaços foram inteiramente organizados graças à doação de peças para o acervo e/ou verba para a s ua disposição museográfica. É o caso da Sala Santos Dumont (B9) (ver Anexo), inaugurada em 1936, inteiramente estruturada graças ao concurso dos herdeiros do inventor, que reformaram cômodos do edifício do Ipiranga e doaram grande parte dos objetos a serem expostos. Segundo Taunay, desde 1922, época de sua grande reorganização, o museu não tivera um exercício tão fecundo do ponto de vista de novas inaugurações para o público:

> Com efeito a abertura de duas salas novas e a completa remodelação de uma terceira, o grande alargamento da área visitável pelo público a incorporação de cômodos do terceiro andar a esta área, deram excepcional relevo às inaugurações do ano que acaba de findar.[69]

As negociações para a realização dessa sala começaram em 1933, com a aquisição de objetos pertencentes ao inventor, encontrados em Paris, por Paulo Duarte, em coleções particulares,[70] que se somaram às peças do espólio do inventor, doadas por seus herdeiros. A única exigência feita por estes foi que a sala dedicada a Santos Dumont fosse aberta no primeiro andar do palácio, o que impôs a transferência de algumas coleções para o terceiro andar.[71]

Como era de praxe no trabalho de Taunay, ele aproveitou a efeméride comemorativa dos trinta anos do primeiro voo mecânico de Santos Dumont no campo de Bagatelle, em Paris, para abrir a sala no museu, o que, sem dúvida, aumentava a evocatividade do personagem.[72] Na organização da sala, procurou-se apresentar várias peças distintas, parte de objetos e maquetes daquilo que ele inventou, a fim de mostrar o percurso do inventor, que culminou no seu primeiro voo mecânico e que comprova sua genialidade precoce:

> Poucos sabem que além das suas preocupações pelos balões e aeroplanos realizou Santos Dumont diversas invenções, algumas das quais encerrando ideias cheias das mais notáveis consequências, como por exemplo a do voo individual. Aí está esta tendência de espírito o célebre "aparelho marciano", destinado ao voo do homem e de que há uma exposição

---

69 *Relatório de atividades referente ao ano de 1936*, APMP/FMP, L20, p.23.

70 Cf. carta de Paulo Duarte a Taunay, de 22.8.1933, e resposta deste de 15.8.1933, APMP/FMP, P149.

71 Cf. cartas de Taunay ao secretário de Educação e Saúde Pública, de 2.7.1934, APMP/FMP, P152 e 28.1.1935, APMP/FMP, P154.

72 Cf. carta do diretor do arquivo, mapoteca e biblioteca do Aero Club de França a Taunay, sobre as homenagens que seriam feitas ao inventor em Paris, 9.3.1936, APMP/FMP, P158.

o motor, o suporte de bambu e outros elementos, as asas que serviram às primeiras experiências, folhas de magnésio e alumínio, para fabricação destas asas, transformador marciano definitivo, etc. (Ver Figura 18)[73]

Além de outras engenhocas, a exposição contava ainda com a apresentação de largo material de escritório e do laboratório pertencente a Santos Dumont, além de objetos pessoais, como ternos, calçados, o seu famoso chapéu Panamá (sua marca registrada), e de objetos de arte provenientes de sua coleção particular, como um busto de Victor Hugo de autoria do escultor francês Rodin, e a miniatura do monumento *Ícaro*, réplica daquele da Praça Santos Dumont em Saint-Cloud (arredores de Paris), homenagem do aeroclube francês ao inventor. Completavam o cenário várias fotografias das peripécias realizadas pelo Pai da Aviação e numerosas medalhas e condecorações que recebeu ao longo da vida.

Como no caso de vários outros espaços do palácio, os objetos foram aí apresentados como relíquias, elementos de mitificação de personagens e acontecimentos, confirmando o papel de sacralização do museu. A Sala Santos Dumont é um exemplo claro da "alquimia *museal*", capaz de transformar antigos objetos com funções anteriormente ligadas a um uso cotidiano – tais como roupas, chapéus, motores, balões, instrumentos científicos – em relíquias, ou em símbolos de algo que antes não lhes cabia. O novo estatuto dos objetos que compunham a sala fica expresso nas palavras de Taunay (1937, p.95):

> Nesta sala há vultoso e precioso material, evocador da vida e da glória de um brasileiro universal: Alberto dos Santos Dumont (1873-1932), a quem as experiências, sobre a dirigibilidade dos balões e o voo com aparelhos mais pesados que o ar imortalizaram, como é sobejamente sabido.

Esse conjunto exaltava, portanto, a memória do "grande personagem", cuja excepcionalidade dos feitos se expressava nos objetos reunidos e expostos num lugar, por excelência, já consagrado à memória.

A sala aberta no ano seguinte, consagrada a Bartholomeu de Gusmão (B10) (ver Anexo), inventor do aerostato de ar quente e primeiro in-

---

73 Ibidem, p.24.

ventor do Novo Mundo, relacionava-se diretamente à de Santos Dumont. Esse personagem, sobre quem Taunay pesquisava desde 1931, tendo escrito duas extensas memórias (*A vida gloriosa e trágica de Bartholomeu de Gusmão* (1934) e *Bartholomeu de Gusmão e a prioridade aerostática* (1935)) e vários artigos, é uma figura bastante controversa na história da técnica. Taunay, apoiando-se em vasta pesquisa e na consulta de arquivos e com especialistas internacionais sobre o assunto, pretendia provar a prioridade aerostática desse inventor sobre os irmãos Montgolfier.

Bartholomeu de Gusmão, ou o Padre Voador, como ficou conhecido, teria feito subir um pequeno balão movido a ar quente na corte portuguesa, diante da assistência real, em 1709, portanto, quase setenta anos antes dos irmãos franceses que passaram para a história como os descobridores do aerostato. Para a composição dessa sala, Taunay reuniu documentos originais e inúmeros fac-símiles, que expôs em oito vitrines distribuídas pelo salão, além de vasta iconografia, compondo novamente um cenário altamente evocativo. Ao retrato suposto do inventor santista, pintado por Benedito Calixto e já pertencente ao acervo do museu, Taunay (1937) reuniu várias outras telas, imagens de sua cidade natal, dos lugares onde viveu e de personagens com quem conviveu.[74]

O arranjo dessa sala repetia, mais uma vez, a mesma fórmula museográfica já empregada em várias outras do museu, em que documentos escritos se somavam a documentos iconográficos, os primeiros para "comprovar", os segundos para evocar os grandes feitos e seus protagonistas. A presença dos dois elementos em conjunto era estratégica, pois, de um lado, dotava a exposição de um caráter científico, confirmando o papel do museu como um lugar de difusão do saber e, de outro, concedia ao espaço museográfico estatuto didático, afirmando a função pedagógica desse tipo de instituição.

Com essas duas salas – Santos Dumont e Bartholomeu de Gusmão –, o Museu Paulista fazia um excurso pela história da técnica no Brasil, ainda enriquecido por dois pavilhões anexos ao prédio, onde foram expostas velhas máquinas agrícolas e o hidroavião *Jahu*. Eram gran-

---

74 *Relatório de atividades referente ao ano de 1937*, APMP/FMP, L21.

des máquinas do mais antigo tipo de beneficiamento de café do estado de São Paulo, doadas por cafeicultores no início da década de 1920. O hidroavião fora doado por João Ribeiro de Barros, que havia realizado com ele a travessia da Europa ao Brasil.

A última sala dedicada a uma só personalidade, inaugurada em 1939 por Taunay, ainda durante sua gestão, é a de Almeida Júnior (ver Figura 19). Como afirmou no relatório daquele ano, a iniciativa da abertura dessa sala foi de Adhemar de Barros, então interventor federal em São Paulo, que abriu um crédito extraordinário de quatrocentos contos de réis para a aquisição de quadros do pintor. A inauguração dessa sala contou com a presença de inúmeras autoridades estaduais e federais, inclusive do presidente da República, Getúlio Vargas.

A figura de Almeida Júnior esteve ligada ao Museu Paulista desde seus primórdios. Em 1895, Cesário Motta, então secretário de Estado dos Negócios do Interior, adquiriu para o estado duas telas do pintor ituano e, em 1897, encomendara a ele *A partida da monção* (Elias, 1996, p.77-139). Começava, assim, a compor uma galeria de telas a óleo para o Museu Paulista que, no início do século, graças à insistência de Hermann von Ihering, seria transferida para a Pinacoteca do Estado.

Recebendo de volta algumas telas que já haviam pertencido ao acervo do museu, a "Galeria Almeida Júnior", como foi então chamada, ocupou a antiga sala das monções, o corredor que lhe dava acesso (A8 e A9) e a antiga sala de cartografia colonial (A10) (ver Anexo). Uma parte do novo conjunto parecia bastante coerente com aquilo que a sala já comportava. Primeiro, porque o seu núcleo central era a grande tela representativa do terceiro ciclo bandeirante, *A partida da monção*; segundo, porque várias das telas incorporadas[75] eram relativas às paisagens da região de Porto Feliz e representavam antigos habitantes locais e aspectos do viver destes. É como se essas telas completassem o cenário da partida das monções ou mostrassem o seu outro lado, estampando o dia a dia dos habitantes do antigo porto. Nas palavras de Taunay, transparece essa ideia de complementaridade:

---

75 *Tabatinguera antiga, Paisagem do Sítio do Rio das Pedras, Cozinha caipira, Apertando o lombilho, Violeiro, O importuno, O mosqueteiro, Nhá Chica.*

O violeiro e *Nhá Chica* estampam com singular sinceridade o tipo daquela assistência que das ribanceiras do Paredão da Araraitaguaba se despedia dos viandantes da Monção, sob a bênção do pároco, que é o Padre Miguel, vigário de Itu, de pura e suave memória, e a saudação do capitão mor Vicente da Costa Taques, de presença ainda tão vivaz na tradição ituana.

Misturam-se ao tropel dos velhos paulistas barbudos, que vão partir e entre os quais em singular destaque colocou o pintor a efígie de um parente seu, um dos mais ilustres brasileiros: Manuel Ferraz de Campos Sales.

A admirável *Cozinha caipira*, legítima obra-prima, é um destes ambientes onde viveram *Nhá Chica*, o Violeiro e sua companheira; os Caçadores que negoceiam, o amolador do machado, interrompido em sua faina; o picador de fumo e tantas outras daquelas figuras caipiras, a que o pintor tanto soube comunicar cunho do realismo.[76]

A essas telas, ainda se somam outras de caráter religioso, retratos de homens ilustres, um painel simbólico da *Pintura* e alguns estudos.[77] O conjunto era completado por esculturas, manuscritos do pintor, medalhas e por uma "preciosa relíquia", nos termos de Taunay: sua caixa de tintas. Sem dúvida, essa reunião de objetos reproduzia o mesmo tipo de composição já presente nas duas salas monotemáticas, dedicadas a Santos Dumont e a Bartholomeu de Gusmão, entre outras. Nessas duas salas, como na "Galeria Almeida Júnior", também se rendia homenagem aos personagens representados, mediante a exposição de objetos diretamente relacionados a eles – e, portanto, simbólicos –, pretendendo com isso traçar-lhes a biografia, enfatizando sua singularidade e seu valor para a cultura paulista. A exposição de "objetos históricos", ligados ao tema ou aos personagens representados, procurava, assim, dar materialidade ao passado, testemunhado pelas fontes escritas e evocado pelos documentos iconográficos.

Ainda no ano de 1939 aconteceram dois eventos que merecem destaque. O primeiro deles foi a instituição do decreto-lei n.9918, que criou

---

76 *Relatório de atividades referente ao ano de 1939*, APMP/FMP, L23.

77 As telas são as seguintes: *Fuga para o Egito, Cristo na Cruz, São Paulo no caminho de Damasco, D. Pedro II, Dr. Prudente de Morais, Manuel Lopes de Oliveira, Visconde de Rio Claro, Antônio Pais de Barros, Dr. Francisco de Assis Peixoto, Coronel Fernando Prestes, Retrato de senhora e retrato de moça.*

o Departamento de Zoologia, incorporando-o à Secretaria da Agricultura. Taunay via, enfim, atendido o seu pedido, que ratificava desde os primeiros anos de sua gestão, a cada relatório anual dirigido à Secretaria do Estado. Entretanto, as coleções de ciências naturais ainda permaneceram no edifício do Ipiranga até 1941, quando foram finalmente transferidas para o novo prédio.

A partir daí, as reclamações do incansável diretor concentraram-se em duas frentes: a questão dos quadros funcionais do museu – falta de pessoal científico, baixos salários em relação a outros institutos do estado e a necessidade de um novo regulamento, pois o antigo, reformado em 1925, tornou-se "letra morta" com a saída das ciências naturais – e o pedido de aumento da dotação anual, para o preenchimento das inúmeras salas esvaziadas. Quanto ao reajuste de salário, Taunay lembrava ao secretário da Educação e Saúde Pública que o mesmo decreto que criou o Departamento de Zoologia, desanexando-o do Museu Paulista, previa, em parágrafo único, que a dotação a ele consignada,

> desobrigado dos encargos da Seção de Zoologia, se reservará a parte necessária ao reajustamento dos vencimentos de Diretor, do Assistente do Secretário e demais funcionários cujos vencimentos forem inferiores aos de cargos equivalentes do funcionalismo do Estado.[78]

Esses apelos, contudo, só são atendidos em 1946, quando a direção do museu passa para a responsabilidade de Sérgio Buarque de Holanda.

Outro fato a ser lembrado é a organização de exposições temporárias, entre elas a comemorativa do cinquentenário da Proclamação da República, no Salão de Honra do Museu. Estendendo-se de 15 de novembro de 1939 a 15 de janeiro de 1940, essa exposição comemorativa foi inteiramente composta por peças do acervo do Museu Republicano Convenção de Itu (ver Figura 20). Foram trazidas 120 telas, na sua maior parte retratos de convencionais, muitas fotografias e estampas, códices e documentos avulsos, livros, jornais e revistas, o que acarretou o fechamento do museu ituano durante o período da exposição. Segundo Taunay, a rea-

---

78 Carta de Taunay ao secretário de Educação e Saúde Pública, de 13.2.1939, APMP/FMP, P173.

lização dessa exposição, bem como a de outras, obedecia aos ditames do programa do museu de recordar as grandes datas e épocas da vida nacional.

Em 1941 foram realizadas três outras exposições temporárias de grande importância para a instituição, onde se comemorou o centenário de três personalidades políticas paulistas, intimamente relacionadas à história do museu. São elas os centenários de Bernardino de Campos, Campos Sales e Prudente de Moraes. Em artigos publicados no *Mensário do Jornal do Commercio* daquele ano, Taunay salientava que os três políticos paulistas tiveram grande notoriedade na campanha de propaganda republicana, e também haviam se destacado no movimento de 15 de novembro:

> Figuras de inconfundível projeção no cenário nacional, ninguém jamais estranhou que Campos Sales haja feito parte do Governo Provisório, Prudente de Moraes assumindo o governo de S. Paulo e Bernardino de Campos, a princípio, em 1889, chefe de polícia em S. Paulo e pouco depois eleito à Assembleia Constituinte em 1890, tenha sido, em 1891, presidente da Câmara dos Deputados. (Taunay, 1941b, p.7)

As exposições procuraram traçar a biografia dos ilustres personagens, pondo em destaque suas realizações e, principalmente, sua íntima relação com o advento da República no Brasil. Quanto ao Museu Paulista, a relevância desses três políticos se fez em diferentes instâncias.

Bernardino de Campos, cuja exposição centenária foi cercada de grande pompa[79] (ver Figura 21), foi o presidente do estado de São Paulo responsável pela instalação das coleções do Museu do Estado no Palácio do Ipiranga, quando ainda se discutia a utilização que seria dada ao edifício. Taunay (1941a, p.569) conta que, em meio às divergências de opiniões sobre o assunto,

---

79 Taunay afirma no *Relatório de atividades referente ao ano de 1941* que houve inauguração solene da exposição aberta no salão de honra do museu. A escadaria foi ornamentada com as bandeiras das Quinas, da Ordem de Cristo, do Principado do Brasil, do Brasil Reino-Unido, do Império e da República, além de uma grande bandeira comemorativa, verde e amarela, com o lema "Independência ou morte!". No alto do primeiro lance da escadaria monumental foi exposto um busto de Bernardino de Campos com a seguinte legenda: "Homenagem do Museu Paulista à memória do Dr. Bernardino de Campos, seu benemérito fundador" (ver L25, APMP/FMP).

foi então que à clara visão de Bernardino de Campos ocorreu a melhor, a única solução razoável para o caso: o aproveitamento do grande e nobre edifício como Museu. Nada mais adequado quando ele se ergue no local da proclamação da Independência Nacional, de que se reservar para a guarda das relíquias históricas do Estado e do Brasil.

Ele promulgou, em 1893, a lei n.192, destinando o então Monumento do Ipiranga para sede do Museu do Estado, e a lei n.200, nomeando-o Museu Paulista. No ano seguinte, criava seu regulamento e nomeava o novo diretor, o zoólogo Hermann von Ihering.

Certamente essa decisão estaria ligada à recente Proclamação da República e à necessidade de se instituírem marcos e lugares fundadores para a construção de sua memória, principalmente por parte dos paulistas, que se viam diretamente envolvidos com o novo regime, além do fato de serem os principais propulsores do movimento republicano no Brasil, após a realização da Convenção de Itu, em 1873, e a fundação do Partido Republicano Paulista.

Vale lembrar aqui, mais uma vez, que o primeiro regulamento do Museu Paulista dotava-o de um caráter "misto", isto é, um instituto de pesquisa e de divulgação científica na área das ciências naturais e, ao mesmo tempo, um monumento consagrado à memória da Independência brasileira. Nesse sentido, ele cumpria os anseios de uma parte dos republicanos que, desde o momento do projeto do Monumento do Ipiranga, discutiam a necessidade de destiná-lo à instrução pública.[80] Porém, sua função celebrativa – e, portanto, de memorial – da Independência brasi-

---

80 Nesse sentido, é significativa a fala de Prudente de Moraes na Assembleia Provincial às vésperas da conclusão das obras do palácio: "Parece que o governo contenta-se com o monumento material representado pelo palácio, cuja construção está quase concluída, e não pensa na parte melhor e mais útil, que é o estabelecimento do instituto destinado a ensinar ciências físicas e matemáticas e ciências naturais, teórica e praticamente ... Nós não pretendemos comemorar a independência de nossa pátria com um monumento de pedra e cal, simplesmente; que nós compreendamos bem, como os legisladores de 1885, que o principal e mais significativo monumento, para comemorar a independência da pátria, não será esse monumento bruto de pedra e cal, mas sim o Instituto Científico que venha dar luz, bastante luz a este povo que vive em completas trevas" (apud Elias, 1996, p.116). Sobre a questão da instalação de uma escola no Monumento do Ipiranga, cf. Hilsdorf (1993).

leira conduziu Cesário Motta, secretário do Interior na época de Bernardino de Campos, a fazer as primeiras aquisições de "objetos históricos" para o museu, encomendando algumas telas a Almeida Júnior, incluindo *A partida da monção*, além de salientar a necessidade imperativa de

> que pudéssemos também mandar fazer bustos dos nossos homens ilustres, para encimar os pedestais que lhes são destinados no Ipiranga, e que segundo o regulamento promulgado deveriam ser pessoas mortas. Ali caberiam os de José Bonifácio, que além de político foi naturalista; do Visconde de São Leopoldo, Varnhagen e outros que colaboraram para o nosso progresso científico ou para nossa independência política. (apud Elias, 1996, p.127)

Assim, os republicanos paulistas apropriavam-se estrategicamente de um lugar já considerado memorial da nação brasileira e, numa hábil sobreposição, colavam seus dois eventos fundadores, Independência e Proclamação da República, à memória desse mesmo local. Essa hábil estratégia ganhou materialidade com a criação do Museu Republicano Convenção de Itu em 1923, como um instituto anexo ao Museu Paulista.

Quanto a Campos Sales e Prudente de Moraes, eles fizeram importantes doações ao acervo do museu. O primeiro, em 1902, doou inúmeros presentes recebidos no quadriênio do presidente da República, como cartões de ouro, medalhas, uma espada, uma arma e uma caneta. Foi uma das primeiras coleções de "objetos históricos" significativas que o museu recebeu no início do século XX. A família de Prudente de Moraes, por sua vez, fez doação ao museu de Itu de "variadas relíquias do ilustre homem de Estado", segundo afirma Taunay, provenientes de seu gabinete de trabalho na ocasião em que era presidente da República.

As realizações de Taunay vinham dar continuidade, de maneira exemplar, a esse trabalho de construção da memória republicana e paulista, já iniciado antes mesmo da fundação do museu. A realização dessas exposições temporárias, dedicadas a esses vultos ligados aos primeiros anos da instituição do Ipiranga, fazia parte dessa mesma estratégia de memória, construída pelo recontar das histórias a ela entrelaçadas. Nessas exposições, então, o sábio diretor já mostrava sua clara intenção de colocar em destaque a história do museu, que, em 1945, comemoraria seu cinquentenário.

O Museu Paulista

A partir de 1942, com a transferência definitiva das coleções de ciências naturais do Museu Paulista, abria-se finalmente o espaço necessário para expandir suas coleções de história e etnografia. O próprio Taunay (1945d, p.176) declarou:

> Mais depressa do que se supusera conseguimos reabrir ao público, em condições incomparavelmente melhores, os cômodos da antiga seção de Zoologia. Quatorze salas novas pudemos oferecer aos nossos visitantes cheios de vida de antanho regional e nacional, agora muito melhor distribuídas. A antiga sala única de etnografia brasileira pôde desdobrar-se em três outras que contamos dentro em breve abrir à visitação pública...

Assim, algumas salas novas são organizadas, várias delas dedicadas a expor telas divididas em séries temáticas, isto é, sobre monções, vistas de velhas cidades bandeirantes; tropas, cavalhadas, cenas de estrada; velhas fazendas de café, maquinários antigos de beneficiamento de café, retratos de "eminentes" cafeicultores (B4, B5, B6, B7) (ver Anexo). Taunay completava, enfim, o trabalho começado em 1920, quando organizou a primeira sala dedicada à exposição de telas sobre aspectos de São Paulo antigo. Pretendia, assim, preencher as imensas lacunas da iconografia paulista, que considerava "vetustíssima" (1948), expondo os temas que julgava importante de maneira seriada:

> E muito melhor seriação se pode realizar estabelecendo-se como que compartimentos estanques para os diversos assuntos: os atinentes, por exemplo, ao povoamento primevo do Brasil e à expansão do bandeirantismo, à Independência nacional, aos cenários desaparecidos da nossa urbe piratiningana, as monções, às cenas de estrada, tropas e feiras, aos primórdios da cultura cafeeira, à iconografia de nossas mais antigas cidades, à vida e a obra de vários dos nossos maiores compatriotas, etc. (Taunay, 1945d, p.170)

Além das salas dedicadas exclusivamente à iconografia, são ainda abertas outras, onde foram expostos uniformes militares e armas, objetos folclóricos, religiosos, além de duas salas de etnografia (B1, B2, B3, B14 B15) (ver Anexo). No total, foram nove salas novas inauguradas em 1944 e mais cinco em 1945. A diversidade de objetos expostos foi descrita pelo próprio diretor:

Assim, podemos neste momento oferecer ao exame dos 250.000 visitantes que, em média anual percorrem o nosso edifício, trinta e nove salas onde encontrarão muitas centenas de peças as mais diversas: evocando, umas, lances históricos, representando outras documentos antigos, da maior latitude de aspectos, reproduzindo ainda, muitas, numerosos cenários desaparecidos, cenas variadíssimas da vida comum de antanho, retratos, documentário abundante da existência e da obra de brasileiros ilustres, peças de mobiliário e indumentária, aparelhamento caseiro, armas, trajes de gala, uniformes, etc. (ibidem, p.176)

Sobre as coleções etnográficas, é importante assinalar que, apesar de a etnografia fazer parte da Seção de História do museu, ela nunca teve destaque na instituição durante a gestão de Taunay, que alegava seu parco desenvolvimento em razão da falta de espaço no edifício,[81] além da inexistência de um especialista que se responsabilizasse por essa coleção, por sua conservação e por seu enriquecimento (o conservador das coleções de zoologia era o responsável por cuidar também desse acervo, tendo recebido tal encargo a partir de 1931). O museu costumava receber esporadicamente material etnográfico, mas a maior parte era colocada em reserva. Além disso, a etnografia continuou sendo tratada como um ramo das ciências naturais, de modo que tudo que era publicado a esse respeito fazia parte da *Revista do Museu Paulista* e não dos *Anais*, criados em 1922, como publicação da Seção de História. Essa situação é transformada a partir de 1946 com a entrada de Sérgio Buarque de Holanda como novo diretor, e com a mudança nos quadros institucionais do museu.

O relatório de 1944 já tem um tom de passagem de cargo. Nele, Taunay salientou as últimas realizações feitas, as próximas inaugurações para o ano seguinte e, principalmente, mostrava todos os problemas do museu, fazendo inúmeras sugestões para a próxima administração. O problema mais grave continuava sendo a falta de funcionários e

---

81 Em carta endereçada à diretora do Museu Nacional, Heloísa A. Torres, em 1944, Taunay diz que: "Não há ninguém a estudar as nossas coleções ... Ficaria muito satisfeito se o Museu Paulista tiver a boa sorte da sua visita, justamente agora pretendo dar nova instalação às nossas coleções. Por absoluta falta de espaço estavam elas numa única sala e agora vou fazer com que ocupe uma área duas vezes maior graças à saída das coleções de zoologia do nosso edifício" (17.7.1944, APMP/FMP, P193).

seus baixos salários, sobretudo a ausência de especialistas em etnografia e numismática (outro ramo do museu que, segundo Taunay, não se desenvolveu pela falta de espaço na instituição e de um especialista). Ele sugeria também a separação das coleções do museu em três seções distintas, "História propriamente dita, Etnografia e Numismática". Em termos administrativos, também deveriam ser criados três setores, para maior eficiência: secretaria e arquivo, biblioteca, conservação e restauro. Finalmente, apontava as lacunas das coleções, especialmente de numismática, que "não se achavam à altura de um grande estabelecimento como o nosso tão largamente visitado por brasileiros e estrangeiros ... Conviria também encetar uma coleção filatélica".[82]

Em 1º de dezembro de 1945, enfim, Taunay aposentou-se como funcionário público do estado, com o título de "servidor emérito". O decreto-lei n.15243, que dispôs sobre sua aposentadoria, além de ter elevado o padrão dos seus vencimentos, ainda lhe concedeu a honra de continuar desenvolvendo os trabalhos de sua especialidade na instituição. O dito decreto enumerava todos os bons serviços prestados por Taunay no exercício de suas funções, justificando os "privilégios" que lhe foram concedidos. Não fora apenas um bom administrador, mas, como homem de letras e historiador, trouxe enorme contribuição para a história do Brasil por meio de seus escritos e de seu vasto trabalho de pesquisa e, "por tudo isso, faz jus ao reconhecimento da sociedade a que serviu como um dos expoentes de sua cultura, e do Estado, de que foi dedicado e excepcional servidor".[83]

O relatório do museu referente ao ano de 1945 foi elaborado pelo assistente da Seção de História, Alberto Robbe. Ele relatava que, pretendendo prestar a merecida homenagem a Taunay por todas as suas realizações à frente do Museu Paulista, decidiu expor a cadeira da diretoria, ocupada durante 29 anos por aquele, no salão de honra, acrescentando-lhe o seguinte letreiro:

> Cadeira da sala da Diretoria do Museu, ocupada pelo Dr. Affonso d'E. Taunay durante o tempo que exerceu o cargo de Diretor do estabeleci-

---

82 *Relatório de atividades referente ao ano de 1944*, APMP/FMP, L28.
83 In Robbe. *Relatório de atividades referente ao ano de 1945*, APMP/FMP, L29, p.2.

mento (27 de fevereiro de 1917 a 18 de dezembro de 1945). O Dr. Taunay foi aposentado pelo Decreto-Lei n. 15.243, do dia 1° de dezembro citado, que lhe conferiu o título de "Servidor Emérito" e cujos considerandos fazem ressaltar o valor dos trabalhos do ilustre historiador.[84]

Por meio desse gesto de evocação metonímica, Taunay, principal responsável pelo perfil do Museu Paulista em 1945, tornava-se ele mesmo parte integrante de seu acervo, além de referencial fundamental para a história da instituição. A exposição comemorativa do cinquentenário, organizada pelo próprio Taunay, confirma esse fato (ver Figura 35). Ela consistiu numa restrospectiva das publicações do museu, da sua revista, dos seus anais, dos números em separatas, de exemplares avulsos do estabelecimento, além, é claro, dos vários trabalhos escritos pelo incansável diretor. A essa exposição somava-se a abertura das novas salas, que vinham completar o conjunto pacientemente construído ao longo de 29 anos de incansável trabalho.

Taunay ainda aproveitou a ocasião para publicar dois volumes dos *Anais do museu* (t. XII e XIII) com trabalhos de sua autoria, além de um pequeno volume ilustrado – *Comemoração do cinquentenário da solene instalação do Museu Paulista no Palácio do Ipiranga* –, no qual contava a história da construção do edifício, do acervo do primeiro Museu do Estado, que constituiu o núcleo central das coleções da instituição. Nele contava, enfim, sua própria gestão quando, efetivamente, o Monumento do Ipiranga foi paulatinamente transformado em museu histórico regional, de vocação nacional.

Sobre esse texto comemorativo, alguns pontos merecem destaque. Em primeiro lugar, Taunay repetiu aí boa parte do que já havia escrito na introdução do *Guia da seção histórica do Museu Paulista*, de 1937, e em artigos que publicou em 1945, no *Mensário do Jornal do Commercio*. Sua primeira preocupação era contar a história da construção do monumento, cuja primeira ideia data de 1823 e foi, segundo ele, uma iniciativa paulista:

> Já a 20 de Fevereiro de 1823 louvava José Bonifácio a iniciativa de um grupo de paulistanos, a que encabeçava o futuro Barão de Iguape. Preten-

---

84 Ibidem, p.4.

diam estes patriotas abrir uma subscrição nacional a fim de erigir no "lugar, denominado Piranga, um monumento que tornasse memorável o dia 7 de Setembro".

Taunay descreveu todas as outras iniciativas e projetos para erigir um monumento no local do Grito e suas vicissitudes, procurando ressaltar que os paulistas sempre estiveram envolvidos neles e que o governo imperial pouca atenção dispensou a esse respeito. Azevedo Marques foi um dos primeiros cronistas a procurar traçar uma história das tentativas de erigir um monumento no Ipiranga (Oliveira, 1995). Ao fazer a cronologia dessas tentativas, sua fala expressa a mesma leitura

> da história do Brasil expressa no discurso e na ação dos vereadores que, em 1875, justificavam a construção de um monumento à Independência em São Paulo. Nessa leitura, a província emergia na condição de lugar a partir do qual a nação fora construída no passado e se projetava para o futuro. (ibidem, p.200)

No final dos anos 60 do século XIX, foi criada uma comissão central na corte para decidir sobre a construção do monumento, mas como esta tardou a tomar a iniciativa, a Câmara de São Paulo nomeou uma outra comissão, que trabalharia em conjunto com a comissão central e tentaria agilizar a obra. As duas entraram em desacordo nesses primeiros anos, e talvez tenha sido esse um dos motivos que provocara o atraso do início da construção, que só começou em 1885 (cf. Elias, 1996). A comissão paulista, como ficou conhecida, foi responsável pela elaboração dos critérios e normas para o concurso público que escolheria o melhor projeto para o monumento. Um de seus detalhes mais importantes é que tal projeto deveria corresponder a um monumento com caráter simbólico e comemorativo, mas deveria ser também uma proposta urbanística para a região do Ipiranga.

Os registros do barão de Ramalho, que presidia a comissão paulista, são a principal fonte a partir da qual a história do monumento foi contada a partir de então – foi também a fonte principal de Taunay. Ele mostrou que a obra se efetivou graças ao empenho e à iniciativa da comissão de São Paulo, composta por vários membros da Assembleia Provincial, que pretendia erguer não apenas um monumento à Independência brasileira, mas um edifício que abrigasse um estabelecimento de ensino de ciências físicas, matemáticas e ciências naturais.

A inadequação do prédio a essa finalidade, além das profundas transformações políticas do final da década de 1880, levaram ao abandono das obras em 1890. Apenas em 1894 o prédio destinou-se a abrigar o Museu do Estado, que se encontrava sem sede definitiva. Taunay, como mencionado, valorizou a ação de Bernardino de Campos, presidente do estado de São Paulo e responsável pela instalação do Museu do Estado no Monumento do Ipiranga. Sobre a gestão de Ihering, primeiro diretor do museu, Taunay assinalava o empenho deste no estudo das ciências naturais, como estava, inclusive, previsto no decreto que regulamentou a instituição, mas enfatizava o total abandono da disciplina histórica e da memória da Independência, que só receberiam a merecida atenção a partir de 1919, quando Altino Arantes foi presidente do estado e Washington Luís, o prefeito da cidade de São Paulo.

Taunay traçou um histórico de sua gestão à frente do museu, mostrando quase ano a ano suas realizações, dando destaque à transformação do perfil da instituição com a saída definitiva das coleções de zoologia. Procurou também citar os nomes das principais autoridades do estado que colaboraram com o seu trabalho, ouvindo seu apelos. Por meio da descrição do núcleo central do acervo do Museu Paulista, proveniente das coleções do coronel Sertório, Taunay enfatizava a precariedade dos museus brasileiros no século XIX e, principalmente, a ausência de interesse do governo imperial em criar um museu histórico, levando em consideração a importância que essas instituições exerceram no ensino de países norte-americanos e europeus, funcionando, em alguns casos, como a parte prática do aprendizado. Apesar da precariedade e da falta de classificação da coleção Sertório, ela era superior em certos aspectos, dizia Taunay, àquela do Museu Nacional, o que evidenciava mais uma vez o desejo de mostrar que São Paulo estava à frente do restante do país.

Ao final de seus longos anos de trabalho, o museu vinha então cumprir a função a que fora destinado desde o projeto do Monumento do Ipiranga, isto é, a de memorial da Independência brasileira proclamada em São Paulo, mas fazia-o de forma muito mais ampla que a ideia original. Ele extrapolou a mera função de panteão das tradições ligadas à Independência e ao passado paulista, funcionando como centro de reunião de fontes escritas, de documentos iconográficos e de objetos históricos especialmente relacionados à história de São Paulo em seu âmbito nacional. Além disso, grande parte desse material, que pouco a pouco enriquecia a Seção de História do museu até quase absorvê-lo completamente, foi sendo organizada e exposta tendo como referência o trabalho historiográfico de Taunay e segundo seu ponto de vista (e de boa parte da historiografia de sua época) sobre a história de São Paulo, conforme amplamente abordado neste livro. O monumento convertido em museu histórico apresentava-se, então, como lugar de memória paulista, onde memória e história se entrecruzavam, convergiam e divergiam na difícil tarefa de forjar uma identidade nacional em que São Paulo vinha à frente.

Taunay criou o Museu Paulista e sua memória à semelhança de seu conhecimento científico e à imagem das elites paulistas que sempre estiveram aí presentes, doando objetos nos quais se reconheciam, pretendendo dotar-lhes da sacralidade inerente àquele espaço museográfico, ou ainda agindo como mecenas. Esta última afirmação não reduz em nada o mérito do trabalho de Taunay nem o torna um mero executor dos "desejos" das elites paulistas de se fazerem representar de forma grandiosa, como precursoras da nação brasileira por meio da poderosa imagem do bandeirante. Taunay não apenas era membro dessa elite, ele também foi um dos principais forjadores das imagens que legitimaram a ideia de grandeza paulista que se desenvolveu em São Paulo desde o final do século XIX.

Buscando na genealogia paulista sua "nobre ascendência", Taunay colocou a si mesmo na linhagem desses grandes brasileiros, que eram os paulistas, bandeirantes de todos os tempos, sertanistas, tropeiros, cafeicultores, industriais que levaram São Paulo à frente na formação da nação brasileira. A seu modo, intelectual paulista que era, ele também trabalhara incessantemente pela projeção de São Paulo e pelo reconhecimento dos paulistas. Estudou a sua história e construiu a sua memória por meio da narrativa de sua homérica epopeia, em sua vasta obra historiográfica, materializando-a no Museu do Ipiranga num conjunto coerentemente composto: solo, cenário, palco do gesto fundador da nação brasileira.

Conclusão
Museu Paulista: um *lugar de memória* para a nação

Affonso d'Escragnolle Taunay foi responsável por uma verdadeira revolução no Museu Paulista, procurando fixá-lo na memória nacional como lugar em que "a nação foi fundada". Fazendo apelo às suas pesquisas sobre o passado colonial paulista, buscou narrar e valorizar a história de São Paulo num momento em que o estado bandeirante procurava sustentar sua posição hegemônica no contexto nacional. O Museu Paulista despontou, então, como o lugar privilegiado para legitimar tal propósito: os grandes espaços monumentais quase vazios, a decoração arquitetônica interior do edifício pronta para receber os acabamentos iconográficos e esculturais, muitas salas vazias ou mal ocupadas, e o lugar histórico onde está situado o palácio foram tratados como ideais a serem preparados para as comemorações do centenário da Independência brasileira em 1922.

Mediante a sábia intervenção de Taunay, ao *locus* material da Independência sobrepusera-se, definitivamente, o lugar simbólico da origem da nação. Foi preciso, então, buscar no passado paulista os alicerces para a aposição, daí o movimento incessante e paulatino de reconstrução da "história-memória" nacional em que São Paulo veio sempre à frente. De fato, Taunay pretendia consolidar as bases da memória nacional sobre seu "lugar de direito", isto é, construir a história brasileira tendo como ponto de convergência a Independência proclamada em solo paulista.

O projeto de Taunay para o Museu Paulista delineou-se nos primeiros anos de sua gestão, ou seja, entre 1917 e 1922, como foi detalhadamente abordado aqui. Naqueles anos iniciais, foi o Monumento à Independência brasileira que tomou corpo, mas com um perfil bastante singular. Numa perspectiva teleológica, a Independência foi entendida e narrada como resultado de um processo que se desenrolara desde o período colonial, quando já se destacava a ação dos paulistas, encarnada no movimento das bandeiras. No Museu Paulista, essa perspectiva invadiu por completo a instituição e lhe definiu os direcionamentos. Ao longo dos anos, a mesma ideia desdobrou-se dentro dos espaços do museu, levando à criação de novas salas e ao enriquecimento das mais antigas, tudo convergindo e confirmando o fato de que a nação fora fundada em São Paulo, e não por acaso.

Durante os 29 anos que dirigiu a instituição, seu trabalho foi muito além da simples decoração histórica do edifício para as festas centenárias. Sua verdadeira motivação foi a organização de um museu histórico dedicado a conservar, expor e divulgar os documentos e os objetos históricos de interesse para a reconstrução da história nacional de cunho paulista. O primeiro passo nesse sentido foi a inauguração oficial da Seção de História do Museu, em 1922, que passou a partilhar com as coleções de ciências naturais quase a metade do espaço do palácio. A partir daí, a batalha mais dura que Taunay empreendeu até os últimos anos de sua gestão, contra o governo do estado de São Paulo, foi a separação daquilo que ele chamava de "dois museus", o de história natural e o de história, cuja coabitação lhe parecia, cada vez mais, contraditória e antiquada no contexto museológico de sua época, em vias de especialização.

Em intenso e ininterrupto diálogo com o governo do estado, Taunay chegou, ainda que muito lentamente, a impulsionar a criação de leis e decretos que favorecessem a transformação do Museu Paulista em museu histórico. Assim, no curso dos anos, a história foi, pouco a pouco, assenhorando-se da instituição do Ipiranga, graças especialmente à ênfase que lhe fora concedida pelo novo regulamento da Seção de História, em 1925. No ano de 1927, ele conseguiu transferir as coleções botânicas para um outro instituto, mas somente em 1941 a Seção de Zoologia ganhou um novo edifício, sendo completamente desanexada do Museu Paulista. Dessa forma, nos últimos anos de sua gestão, finalizada em 1945, Taunay teve a oportunidade, longamente adiada, de concluir seu projeto de criação de um museu histórico em São Paulo, já amplamente esboçado entre 1917 e 1922. O cinquentenário de fundação do Museu Paulista, em 1945, é a grande ocasião para Taunay concluir a organização das várias salas dedicadas à exposição histórica e realizar uma exposição retrospectiva da história do museu, em que destacava sua gestão e suas publicações.

A iconografia, não é demais ressaltar, desempenhou um papel fundamental no conjunto da museografia construída sob os auspícios de Taunay. Ela foi concebida como representação visual de um discurso historiográfico, uma espécie de "manual tridimensional" da história brasileira de cunho paulista. Foi o poder de evocação e de celebração das imagens que justificou sua abundante utilização nas salas e nos espaços monumentais do museu. Além da iconografia, séries de documentos textuais e objetos expostos em vitrines (ou fora destas) completavam a exposição: cartografia, mobiliário, retratos, indumentária, armas, objetos de uso cotidiano, entre outros. A organização das coleções era temática, tipológica e cronológica, mas a base teórica da museografia se orientava segundo uma concepção teleológica da história, fundamentada em categorias de autenticidade e de veracidade.

Em 1946, com a saída de Taunay, o museu passou por novas mudanças com a promulgação do decreto-lei n.16565, que criou novas seções além da história, isto é, etnologia, numismática e linguística. A disciplina histórica, então, via-se obrigada a dividir seu "prestígio", bem como o espaço físico do museu, com outras especialidades, cujos acervos também eram significativos dentro da instituição, embora nunca tivessem tido lugar, nem funcionários especializados que permitissem o seu desenvolvimento. Taunay, aliás, sempre usou estes dois argumentos – a falta de espaço e de funcionários – para justificar o fraco progresso da etnologia e da numismática. Com as novas seções, a ideia de transformar o Monumento do Ipiranga num museu histórico *tout court*, tão cara a Taunay, não chegou a se realizar totalmente naquele momento, pois a história passava a conviver, oficialmente, com outras ciências dentro dos quadros institucionais; é verdade que estas bem menos distantes que as suas antigas "companheiras", as ciências naturais.

Uma boa parte desse conjunto, cuidadosamente composto por Taunay, subsiste até hoje, sobretudo nos espaços monumentais do Museu Paulista, mas em um outro contexto institucional. Em 1989, com a transferência do acervo e do pessoal técnico de caráter antropológico para o Museu de Arqueologia e Etnologia da USP, cumpria-se, enfim, o "desejo" de Taunay. O caminho em direção a uma especialização no domínio da história, perseguido por ele ao longo de toda a primeira metade do século XX, chega a seu fim, não sem um questionamento das antigas orientações institucionais, de acordo com as novas perspectivas abertas para o museu histórico hoje.

O novo diretor do Museu Paulista naquele momento, Ulpiano Bezerra de Meneses, pôs em ação um plano de gestão a fim de dinamizar e renovar completamente a instituição, que há anos se ressentia da falta de uma política administrativa e cultural eficaz. A maior parte das medidas tomadas procurou redimensionar o museu no sentido de seu universo de especialização – a história – e segundo o campo teórico da cultura material, pondo em questão as antigas funções do museu histórico e seus compromissos com a sociedade e o público em geral. A dimensão crítica da história e a forma de expor as coleções foram destacadas, levando-se principalmente em consideração a especificidade do museu histórico "como lugar que opera com objetos históricos", estes últimos "redimidos" de seu papel de relíquias e tomados como documentos históricos em seu "sentido pleno" (Meneses, 1993).

Durante quase toda a sua existência, o Museu Paulista desempenhou, sobretudo, o papel de evocação e de celebração da memória nacional. O prédio que o abriga há mais de um século foi concebido como monumento comemorativo da Independência do Brasil. A força simbólica do conjunto no imaginário nacional pode ser ainda notada quando, todos os anos, na comemoração do 7 de Setembro, o número de visitantes atinge sempre índices extraordinários. Se a imagem de "memorial da nação" é ainda fortemente presente, não podendo ser simplesmente apagada, a perspectiva aberta a partir da gestão de Ulpiano propôs uma abordagem crítica, motivada por uma renovação da antiga imagem do museu e de sua inserção social. É o caminho do "teatro da memória ao laboratório da História" que deve ser trilhado, pois, se o primeiro "é um espaço de espetáculo que evoca, celebra, encultura", o segundo "é o espaço de trabalho sobre a memória, em que ela é tratada não como *objetivo*, mas como *objeto* de conhecimento" (ibidem, p.41).

É preciso, contudo, salientar mais uma vez que, no contexto brasileiro, Taunay criou um dos primeiros museus históricos, dotando-lhe da função de um memorial da nação, como seria esperado de uma instituição desse tipo na sua época, sendo também lugar de estudo e de difusão de um determinado ponto de vista sobre a história do Brasil. Procurou-se apresentar aqui o longo processo de transformação operado no Museu Paulista por Taunay, explicitando as bases em que ele assentou sua empreitada, deitando raízes tão profundas e duradouras. A evolução de seu trabalho demonstra absoluta coerência e perfeita comunhão entre a obra do historiador e a ação do diretor do museu: ele foi um dos principais responsáveis – certamente o mais aplicado nesse sentido – pela construção e difusão da imagem mítica do paulista, bandeirantes de todos os tempos, no contexto nacional.

Mais do que a realização de uma crítica ideológica, ou outra que seja, à fórmula museológica produzida por Taunay, esta, aliás, em perfeita sintonia com as funções do museu histórico de seu tempo, procurou-se explicitar os elos existentes entre o museu e a elaboração de legitimidades intelectuais, mostrando como em determinados contextos político, econômico, social e cultural certas heranças ganham novas formas. É a noção de *lugar de memória* que vem à tona aqui para compreender o Museu Paulista, lugar de exaltação da memória, de veneração do passado, mas, sobretudo, lugar de apropriação e de exercício da história em incessante processo de (re)elaboração.

Fontes

Arquivo permanente do Museu Paulista – Fundo Museu Paulista (APMP/FMP)

Ata da 1ª Sessão realizada pela Comissão encarregada pelo Exmo Sr. Pres. do Estado de São Paulo de proceder ao julgamento dos projetos apresentados em concurso para a construção do monumento a erigir-se no Ypiranga e destinado a comemorar a passagem da 1ª efeméride centenária da Proclamação da Independência do Brasil, a Sete de Setembro de 1822, 7.3.1920. APMP/FMP, P237, D24-1.

DIREÇÃO E ADMINISTRAÇÃO. *Correspondência enviada e recebida*, APMP/FMP, Pastas 103 a 197.

_____. *Relatórios de atividades*, APMP/FMP, Livros 7 a 30.

_____. *Documentos diversos*, APMP/FMP.

_____. Fixação de políticas e planejamento – *Comissão de Sindicância sobre a gestão de Ihering (1916-1920)*, APMP/FMP, P3.

_____. Inventários:

• *Inventário das coleções*, APMP/FMP, P215-220.

• *Inventário revisto de 15 a 30 de janeiro de 1925 pelo diretor e chefe da secção Affonso de E. Taunay – Secção de História Nacional, especialmente de São Paulo*, APMP/FMP, P214.

HOLANDA, S. B. de. *Relatório de atividades referente ao ano de 1946*, APMP/FMP, L30.

ROBBE, J. A. J. *Relatório de atividades referente ao ano de 1945*, APMP/FMP, L29.

TAUNAY, A. de E. *Relatório de atividades referente ao ano de 1917*, APMP/FMP, P5.
_____. *Relatório de atividades referente ao ano de 1923*, APMP/FMP, L7.
_____. *Relatório de atividades referente ao ano de 1924*, APMP/FMP, L8.
_____. *Relatório de atividades referente ao ano de 1927*, APMP/FMP, L11.
_____. *Relatório de atividades referente ao ano de 1928*. APMP/FMP, L12.
_____. *Relatório de atividades referente ao ano de 1929*, APMP/FMP, L13.
_____. *Relatório de atividades referente ao ano de 1930*, APMP/FMP, L14.
_____. *Relatório de atividades referente ao ano de 1931*, APMP/FMP, L15.
_____. *Relatório de atividades referente ao ano de 1932*, APMP/FMP, L16.
_____. *Relatório de atividades referente ao ano de 1933*, AMPP/FMP, L17.
_____. *Relatório de atividades referente ao ano de 1934*, APMP/FMP, L18.
_____. *Relatório de atividades referente ao ano de 1935*, APMP/FMP, L19.
_____. *Relatório de atividades referente ao ano de 1936*, APMP/FMP, L20.
_____. *Relatório de atividades referente ao ano de 1937*, APMP/FMP, L 21.
_____. *Relatório de atividades referente ao ano de 1938*, APMP/FMP, L22.
_____. *Relatório de atividades referente ao ano de 1939*, APMP/FMP, L23.
_____. *Relatório de atividades referente ao ano de 1940*, APMP/FMP, L24
_____. *Relatório de atividades referente ao ano de 1941*, APMP/FMP, L25.
_____. *Relatório de atividades referente ao ano de 1942*, APMP/FMP, L26.
_____. *Relatório de atividades referente ao ano de 1943*, APMP/FMP, L27.
_____. *Relatório de atividades referente ao ano de 1944*, APMP/FMP, L28.
Textos legais sobre o Museu Paulista – 1924-1943. Decreto n.3871 de julho de 1925 – Reorganiza o Museu Paulista e dá-lhe regulamento. APMP/FMP, P2.

Jornais

O Estado de S. Paulo, 8.8.1922, 18.8.1922, 31.8.1922, 7.9.1922.
Folha da Noite, 7.9.1922.
Jornal do Commercio, 7.9.1922, 8.9.1922.

Leis

Lei n.1856, de 29 de dezembro de 1921. Autoriza o governo a adquirir o prédio em que se realizou a Convenção de Itu. *Coleção de Leis e Decretos do Estado de São Paulo de 1921*, São Paulo, 1921, p.181.

Lei n.1.911, de dezembro de 1922. Cria no Museu Paulista a Seção de História Nacional, especialmente de São Paulo e etnografia. *Coleção de Leis e Decretos do Estado de São Paulo de 1922*, São Paulo, 1922, p.185.

Lei n.2.243, de 26 de dezembro de 1927. Cria o Instituto Biológico de Defesa Agrícola e Animal. *Coleção de Leis e Decretos do Estado de São Paulo de 1927*, São Paulo, 1927, p.335.

Decretos

Decreto n.249, de 26 de julho de 1894. Aprova o regulamento do Museu do Estado para a execução da lei n.200, de 29 de agosto de 1893. *Coleção de Leis e Decretos do Estado de São Paulo de 1894*, São Paulo, 1918, p.203.

Decreto n.3579, de 12 de fevereiro de 1923. Abre no Tesouro do Estado a Secretaria de Estado do Interior, um crédito de 800:000$00 para ocorrer as despesas com reparos e instalações do Museu de Itu, de acordo com a lei n.1856, de 29 de dezembro de 1921. *Coleção de Leis e Decretos do Estado de São Paulo de 1923*, São Paulo, 1923, p.37.

Decreto n.3871, de 3 de julho de 1925. Reorganiza o Museu Paulista e lhe dá regulamento. *Coleção de Leis e Decretos do Estado de São Paulo de 1925*, São Paulo, 1925, p.416.

Decreto n.6283, de 25 de janeiro de 1934. Cria a Universidade de São Paulo e dá outras providências. *Coleção de Leis e Decretos do Estado de São Paulo de 1934*, São Paulo, 1934, p.25.

Decreto n.9918, de 11 de janeiro de 1939. Cria na Secretaria de Estado dos Negócios da Agricultura, Indústria e Comércio, o Departamento de Zoologia e lhe dá providências. *Coleção de Leis e Decretos do Estado de São Paulo de 1939*, São Paulo, 1939, p.679.

Decreto n.15243, de 1º de dezembro de 1945. Eleva padrão de vencimento e dispõe sobre a aposentadoria do Dr. Affonso d'Escragnolle Taunay, e dá outras providências. *Coleção de Leis e Decretos do Estado de São Paulo de 1945*, São Paulo, 1946, p.359.

Decreto n.16565, de 27 de dezembro de 1946. Dispõe sobre a reorganização do Museu Paulista. *Coleção de Leis e Decretos do Estado de São Paulo de 1946*, São Paulo, 1947, p.694.

Obra historiográfica de Affonso d'Escragnolle Taunay

TAUNAY, A. de E. Os princípios gerais da moderna crítica histórica. *Revista do IHGSP*, v.XV, p.325-44, 1912.

_____. Discurso de posse. *Revista do IHGSP*, v.XVII, p.97-9, 1913a.

_____. Discurso de posse. *Revista do IHGSP*, v.XVII, p.97, 1913b.

_____. Sessão aniversária de 1º de novembro de 1912 – Discurso proferido pelo orador oficial. *Revista IHGSP*, v.XVII, p.477-95, 1913c.

_____. Frei Gaspar da Madre de Deus (conferência comemorativa do segundo centenário). *Revista do IHGSP*, t.XX, p.129-86, 1915.

_____. Relatório de atividades referente ao ano de 1918. *Separata da Revista do Museu Paulista*, t.XI, 1919.

_____. *A glória das monções*. São Paulo: Casa Editora "O Livro", 1920a.

_____. *São Paulo nos primeiros anos*. São Paulo: Tours E. Arrault & Cia., 1920b.

TAUNAY, A. de E. O retrato de Joaquim Gonçalves Ledo, publicado na revista *Brasil Ilustrado*, jun./jul. 1921a.

_____. *São Paulo no século XVI*. São Paulo: Tours E. Arrault & Cia., 1921b.

_____. *Grandes vultos da Independência brasileira*. São Paulo: Cia. Melhoramentos de São Paulo, 1922a.

_____. Pedro Taques e seu tempo – Estudo de uma personalidade e de uma época. *Annaes do Museu Paulista*, 1922b. (Tomo comemorativo do primeiro centenário da Independência nacional).

_____. A propósito da estátua de Antonio Raposo Tavares. *Revista Nacional*, n.13, p.3-11, 1922c.

_____. *Piratininga* – Aspectos sociais de São Paulo seicentista. São Paulo: Typ. Ideal, 1923a.

_____. Relatório de atividades referente ao ano de 1920. *Separata da Revista do Museu Paulista*, t.XIII, 1923b.

_____. Solenização do cincoentenário da Convenção de Itu, realizada a 18 de abril de 1923, com a instalação do Museu Republicano Convenção de Itu. São Paulo: Cia. Melhoramentos, 1923c.

_____. *História geral das bandeiras paulistas*. São Paulo: Typ. Ideal, 1924. t.1.

_____. *Índios! Ouro! Pedras!* São Paulo: Melhoramentos, 1926a.

_____. Relatório de atividades referente aos anos de 1921, 1922, 1923. *Separata da Revista do Museu Paulista*, t.XIV, 1926b.

_____. J. Capistrano de Abreu: *in memorian*. *Anais do Museu Paulista*, t.3, p.XIII--XXXIX, 1927a.

_____. Duas cartas anchietanas. *Annaes do Museu Paulista*, t.III, p.375-87, 1927b.

_____. Heurística. Paulista e brasileira. *Annaes do Museu Paulista*, t.IV, p.411-25, 1931a.

_____. O marco quinhentista de Cananeia. *Revista do IHGSP*, v.XXVIII, p.67-71, 1931b.

_____. A propósito do curso de História da Civilização Brasileira na Faculdade de Filosofia, Ciências e Letras. *Anuário da FFCHL da USP, Revista dos Tribunais*, p.122-31, 1934-1935.

_____. *Guia da secção histórica do Museu Paulista*. São Paulo: Imprensa Oficial do Estado, 1937.

_____. Discurso de posse à presidência honorária do IHGSP. *Revista do IHGSP*, v.XXXVII, p.14, 1939.

_____. História de um filme. *Mensário do Jornal do Commercio*, t.XI, v.3, p.645-9, 1940a.

_____. Saudando a *Noveis* Graduando... *Mensário do Jornal do Commercio*, t.IX, v.2, p.409-14, 1940b.

_____. Bernardino de Campos e o Museu Paulista. *Mensário do Jornal do Commercio*, t.XV, v.3, p.567-70, 1941a.

TAUNAY, A. de E. O centenário de Prudente de Moraes e o Museu de Itu. *Mensário do Jornal do Commercio*, t.XVI, v.1, p.7-12, 1941b.

_____. Galeria do Museu Paulista. *Mensário do Jornal do Commercio*, t.XXII, v.2, p.487-91, 1943a.

_____. Iconografia das monções. *Mensário do Jornal do Commercio*, t.XXII, v.2, p.17-21, 1943b.

_____. Cavalhadas brasileiras e sua iconografia. *Mensário do Jornal do Commercio*, t.XXV, v.1, p.3-10, 1944a.

_____. Estampas antigas. *Mensário do Jornal do Commercio*, t.XXVIII, v.3, p.549--53, 1944b.

_____. Iconografia cafeeria primeva do Brasil. *Mensário do Jornal do Commercio*, t.XXVIII, v.3, p.465-9, 1944c.

_____. A mais velha iconografia brasileira do café. *Mensário do Jornal do Commercio*, t.XXVIII, v.3, p.385-9, 1944d.

_____. Velhas estampas cafeeiras. *Mensário do Jornal do Commercio*, t.XXVIII, v.3, p.513-7, 1944e.

_____. Cinquentenário do Museu Paulista (1895-1945). *Mensário do Jornal do Commercio*, t.XXXI, v.3, p.527-57, 1945a.

_____. Iconografia das tropas. *Mensário do Jornal do Commercio*, t.XXIX, v.3, p.145-8, 1945b.

_____. A propósito do próximo cinquentenário do Museu Paulista (1895-1945). *Mensário do Jornal do Commercio*, t.XXXI, v.3, p.495-9, 1945c.

_____. Solenização do cinquentenário do Museu Paulista. *Mensário do Jornal do Commercio*, t.XXXII, v.2, p.175-8, 1945d.

_____. O bandeirantismo e os primeiros caminhos do Brasil. In: *Curso de bandeirologia*. São Paulo: Departamento Estadual de Informações, 1946a. p.7-28.

_____. *Guia do Museu Republicano Convenção de Itu*. São Paulo: Departamento Estadual de Informações , 1946b.

_____. Memórias de Hercules Florence. *Mensário do Jornal do Commercio*, t.XXXIII, v.1, p.177-83, 1946c.

_____. Iconografia paulista vetustissíma. *Anais do Museu Paulista*, t.XIII, 1948.

_____. *História das bandeiras paulistas* – Relatos monçoeiros. São Paulo: Edições Melhoramentos, 1975. t.III.

_____. *Relatório de atividades 1917*, encaminhado ao secretário dos Negócios do Interior, Dr. Oscar Rodrigues Alves, APMP/ FMP, P5.

Referências bibliográficas

A PASSAGEM do 7 de Setembro de 1922 em São Paulo. *Revista do IHGSP*, v.XXI, p.42-118, 1924.

ABREU, C. *Capítulos de história colonial*. Brasília: Editora da UnB, 1963. (Primeira edição de 1907).

ABREU, R. Memória, história e coleção. *Anais MHN (Rio de Janeiro)*, v.28, p.37--64, 1996.

ABUD, K. M. *O sangue intimorato e as nobilíssimas tradições* (a construção de um símbolo paulista: o bandeirante). São Paulo, 1985. Tese (Doutorado em História) – Faculdade de Filosofia, Letras e Ciências Humanas, Universidade de São Paulo.

AGULHON, M. La *statuomanie* et l'histoire. *Ethnographie française,* nouvelle série, t.8, n.2/3, p.145-72, 1978.

ALEXANDER, E. *Museums in motion*. An Introduction to History and Functions of Museums. Nashville: American Association for State and Local History, 1982.

ANHEZINI, K. Museu Paulista e trocas intelectuais na escrita da história de Affonso de Taunay. *Anais do Museu Paulista (São Paulo)*, Nova Série, v.10/11, p.37-60, 2002-2003.

ARAÚJO, R. B. Ronda noturna. Narrativa, crítica e verdade em Capistrano de Abreu. *Estudos Históricos (Rio de Janeiro)*, n.1, p.28-54, 1988.

BANN, S. Lenoir and du Sommerard. In: *The Clothing of Clio. A study of the representation of history in nineteenth-century. Britain and France*. Cambridge: Cambridge University Press, 1984. p.77-92.

BARATA, M. Origens dos museus históricos e de arte no Brasil. *Revista IHGB (Rio de Janeiro)*, p.23-30, jan./mar. 1986.

BARBUY, H. (Org.). *Museu Paulista*: um monumento no Ipiranga (história de um edifício centenário e de sua recuperação). São Paulo: Federação e Centro das Indústrias do Estado de São Paulo, 1997.

BAZIN, G. *Les temps des musées*. Bruxelles-Liège, 1967.

BERCÉ, F. Arcisse de Caumont et les sociétés savantes. In: *Les lieux de mémoire. La nation*. Paris: Gallimard, 1988. t.II, p.533-67.

BITTENCOURT, J. N. Um museu de história do século passado. Observações sobre a estrutura e o acervo do Museu Militar do Arsenal da Guerra. 1865-1902. *Anais do Museu Histórico Nacional (Rio de Janeiro)*, v.29, p.211-46, 1997.

BOSI, E. Lembranças. In: *Memória e sociedade, lembranças de velhos*. 3.ed. São Paulo: Companhia das Letras, 1994. p.292-318.

BOURDÉ, G., MARTIN, H. L'école méthodique. In: *Les écoles historiques*. Paris: Éditions du Seuil, 1997 (Nouvelle édition).

BRAGA, C. de A. A Secção História do Museu Paulista. *Separata da Revista Numismática (São Paulo)*, 1933.

BRASILIENSE, A. *Os programas dos partidos e o Segundo Império*. Brasília: Senado Federal, Rio de Janeiro: Fundação Casa de Rui Barbosa, 1979.

BREFE, A. C. F. *A cidade inventada*: a Pauliceia construída nos relatos memorialistas (1870-1930). Campinas, 1993. Dissertação (Mestrado) – Instituto de Filosofia e Ciências Humanas, Universidade Estadual de Campinas.

_____. Pierre Nora: da história do presente aos lugares de memória – uma trajetória intelectual. *História. Questões e Debates (Curitiba)*, n.24, p.105-25, jan.-jul. 1996.

CAMENIETZKI, C. Z., KURY, L. B. Ordem e natureza. Coleção e cultura científica na Europa moderna. *Anais do Museu Histórico Nacional (Rio de Janeiro)*, v.29, p.57-85, 1997.

CANDIDO, A. *Literatura e sociedade*: estudos de história literária. São Paulo: Ed. Nacional, 1965.

CAPELATO, M. H. *O movimento de 1932*. A causa paulista. São Paulo: Brasiliense, 1981.

CARBONELL C.-O. *Histoire et historiens*: une mutation idéologique des historiens français. 1865-1885. Toulouse: Privat, 1976.

CARNEIRO, C. da S. Taunay no Instituto Histórico e Geográfico Brasileiro e no Instituto Histórico e Geográfico de São Paulo. *Revista do IHGB (São Paulo)*, v.248, p.235-60, jul.-set. 1960.

CARVALHO, J. M. de. *A formação das almas*: o imaginário da República no Brasil. São Paulo: Companhia das Letras, 1990.

CARVALHO, V. C., LIMA, S. F. São Paulo antigo, uma encomenda da modernidade: as fotografias de Militão nas pinturas do Museu Paulista. *Anais do Museu Paulista (São Paulo)*, Nova Série, n.1, p.147-78, 1993.

CASALECCHI, J. Ê. *O Partido Republicano Paulista*. Política e poder (1889-1926). São Paulo: Brasiliense, 1987.

CHARTIER, R. Positiviste (histoire). In: *La nouvelle histoire, sous la direction de Jacques Le Goff, Roger Chatier et Jacques Revel*. Paris: CEPL, 1974. p.460-2.

CLAIR, J. Les origines de la notion d'écomusée (1976). In: *Vagues I – une anthologie de la nouvelle muséologie*. Lyon: Éditions MNES, 1992. p.433-9.

CORDEIRO, J. P. L. Affonso de Taunay e a história das bandeiras. *Revista do IHGB (Rio de Janeiro)*, v.248, p.208, 1960.

DE CHENNEVIÈRES, P. Les musées de province. *Gazette des Beaux-Arts (Paris)*, p.118-24, 1865.

DELEDALLE-MOREL, M., BREFE, A. C. F. *O monumento aos Andradas*. Santos: Fundação Arquivo e Memória de Santos, Marseille: Association International des Musées d'Histoire, (no prelo).

ELIAS, M. J. *Museu Paulista*: memória e história. São Paulo, 1996. Tese (Doutorado em História) – Faculdade de Filosofia, Letras e Ciências Humanas, Universidade de São Paulo.

ELKIN, N. C. O encontro do efêmero com a permanência. As exposições (inter) nacionais, os museus e as origens do Museu Histórico Nacional. *Anais do MHN (Rio de Janeiro)*, v.29, p.121-40, 1997.

ELLIS, A. *O bandeirantismo e o recuo do meridiano*. São Paulo: Cia. Ed. Nacional, 1934.

ERLANDE-BRANDENBURG, A. Evolution du Musée de Cluny. *Monuments Historiques (Paris)*, n.104, p.21-6, 1979.

FERRAZ, G. Paulo Prado e duas reedições. In : PRADO, P. *Paulística*. Rio de Janeiro : José Olympio, 1972.

FERREIRA, A. C. A epopeia paulista. In: XIX Encontro Nacional da Anpuh, 1997. (inédito).

FIGUEREDO, P. A. *O brado do Ypiranga ou a proclamação da Independência do Brasil* (algumas palavras acerca do fato histórico e do quadro que o comemora). Florença: Typ. da Arte Della Stampa, 1888.

FONSECA, M. C. L. *O patrimônio em processo*: trajetória da política federal de preservação no Brasil. Rio de Janeiro: UFRJ, Iphan, 1997.

FOUCAULT, M. *As palavras e as coisas*. Uma arqueologia das ciências humanas. São Paulo: Martins Fontes, 1967.

GEORGEL, C. Le musée, lieu d'enseignement, d'instruction et d'édification. In: *La Jeunesse des Musées*. Les musées en France au XIXe siècle. Paris: Musée D'Orsay, RMN, 1994a. p.58-70,

_____. Le musée, lieu d'identité. In: *La Jeunesse des Musées*. Les musées en France au XIXe siècle. Paris: Musée D'Orsay, RMN, 1994b, p.105-12.

GUILLAUME, M. *La politique du patrimoine*. Paris: Éditions Galilée, 1980.

GUIMARÃES, M. L. S. Nação e civilização nos trópicos; o Instituto Histórico e Geográfico Brasileiro e o projeto de uma história nacional. *Estudos Históricos (Rio de Janeiro)*, v.1, n.1, p.5-27, 1988.

HALKIN, L.-E. Histoire de l'histoire. In: *Initiation a la critique historique*. Paris: Librairie Armand Colin, 1973.

HASKELL, F. La fabrication du passé dans la peinture du XIXe siècle. In: *De l'art et du goût, jadis et naguère*. Paris: Gallimard, 1989.

_____. *History and its images*: art and the interpretation of the past. Yale: University Press, 1993.

HILSDORF, M. L. S. Nas colinas do Ipiranga: palacete-asilo, escola ou museu? *Revista do Instituto de Estudos Brasileiros (São Paulo)*, v.35, p.145-55, 1993.

HOBSBAWM, E. *A invenção das tradições*. Rio de Janeiro: Paz e Terra, 1984.

HOLANDA, S. B. de. As monções. In: *Curso de bandeirologia*. São Paulo: Depto. Estadual de Informações, 1946. p.127-46.

_____. *História da civilização brasileira*. O Brasil monárquico – do Império à República. São Paulo: Difel, 1976. t.II, v.5.

_____. *Caminhos e fronteiras*. São Paulo: Companhia das Letras, 1994.

IHERING, H. Museu do Estado. *Revista do Museu Paulista*, v.I, 1895.

_____. O Museu Paulista no anno de 1896. *Revista do Museu Paulista*, v.II, 1897.

_____. Relatório de atividades referente aos anos de 1901 e 1902. *Revista do Museu Paulista*, v.VI, 1904.

_____. *Guia pelas collecções. Museu Paulista*. São Paulo: Typ. Cardozo Filho e C., 1907.

IMPEY, O., MAC GREGOR, A. (Ed.) *The origins of Museums*: The Cabinet of Curiosities in Sixteenth and Seventeenth Centurys Europe. Oxford: University Press, 1985.

KOSELLECK, R. *Le futur passé*. Contribution à la sémantique des temps historiques. Paris: Éditions de Ehess, 1990.

LANGLOIS, Ch.-V., SEIGNOBOS, Ch. Préface de Madeleine Rebérioux. In: *Introduction aux études historiques (1898)*. Paris: Éditions Kimé, 1992.

LENOIR, A. *Musée Royal des Monuments Français ou Mémorial de l'Histoire de France et des ses Monuments*. Paris: Chez l'Auteur au Musée, 1816.

LIMA, O. Discurso proferido no dia 15 de abril de 1913. *Revista do IHGB*, v.XVIII, p.50-2, 1914.

LOPES, M. M. *O Brasil descobre a pesquisa científica*: os museus e as ciências naturais no século XIX. São Paulo: Hucitec, 1997.

LOPES, M. M., FIGUEIRÔA, S. F. de M. A criação do Museu Paulista na correspondência de Hermann von Ihering. *Anais do Museu Paulista (São Paulo)*, Nova Série, v.10-11, p.23-36, 2002-2003.

LOVE, J. *A locomotiva*: São Paulo na federação brasileira. 1889-19737. Rio de Janeiro: Paz e Terra, 1982.

LUCA, T. R. O centenário da Independência em São Paulo. In: XIX Encontro Nacional da Anpuh, 1997. (inédito).

LYRA, M. de L. Memória da Independência: marcos e representações simbólicas. *Revista Brasileira de História*, v.15, n.29, p.173-206, 1995.

MACHADO, A. *Vida e morte do bandeirante*. São Paulo: Martins Fontes, 1972. (Primeira edição de 1929).

MACLEAN, T. La présentation de l'histoire et de l'archéologie dans les lieux historiques et les musées en plein air: études de cas sur la commercialisation de l'histoire. In: *Colloque Quels passés pour quels publics? Les musées d'archéologie et d'histoire*. Vienne: Musée archéologique de Saint Romain en Gal, déc. 1996. (Mimeo.).

MARIANO, J. À margem do museu histórico. *Revista do Brasil*, n.82, 1922.

MARTINS, A. M. *Revistas em revista*: imprensa e práticas culturais em tempos de República. São Paulo (1890-1922). São Paulo: Edusp, Fapesp, Imprensa Oficial do Estado, 2001.

MATOS, O. N. *Affonso de Taunay, historiador de São Paulo e do Brasil* – perfil biográfico e ensaio bibliográfico. São Paulo: Coleção Museu Paulista, 1977. v.1, p.30. (Série Ensaios).

MENESES, U. B. de. O salão nobre do Museu Paulista e o teatro da história. In: *As margens do Ipiranga*: 1890-1990. São Paulo: Museu Paulista – USP, 1990. p.20-1.

_____. A problemática da identidade cultural nos museus: De objetivo (de ação) a objeto (de conhecimento). *Anais do Museu Paulista (São Paulo)*, n.1, p.209, 1993.

_____. Do teatro da memória ao laboratório da história. A exposição museológica e o conhecimento histórico. *Anais do Museu Paulista (São Paulo)*, Nova Série, v.2, p.9-42, jan.-dez. 1994a.

_____. Museu Paulista. *Estudos Avançados*, v.8, n.22, p.573-8, 1994b.

_____. O salão nobre do Museu Paulista e o teatro da história. In: *Como explorar um museu histórico*. São Paulo: Museu Paulista da USP, s.d.(a).

_____. Para que serve um museu histórico? In: *Como explorar um museu histórico*. São Paulo: Museu Paulista da USP, s.d.(b).

_____. Pintura histórica: documento histórico? In: *Como explorar um museu histórico*. São Paulo: Museu Paulista da USP, s.d.(c).

MONOD, G. Du progrès des études historiques en France depuis le XVIe siècle. *Revue Historique*, n.518, p.297-324, avril-juin 1976.

MORETTIN, E. V. *Cinema e história*. Uma análise do filme *Os bandeirantes*. São Paulo, 1994. Dissertação (Mestrado) – Escola de Comunicações e Artes, Universidade de São Paulo.

_____. Quadros em movimento: o uso das fontes iconográficas no filme *Os bandeirantes (1940)*. *Revista Brasileira de História*, v.18, n.35, p.105-31, 1998.

MOTTA, M. S. da. *A nação faz 100 anos*. A questão nacional no centenário da independência. Rio de Janeiro: Edição da Fundação Getúlio Vargas, CPDOC, 1992.

NORA, P. L'histoire de France de Lavisse. In: _____. *Les lieux de mémoire, la nation*. Paris: Gallimard, 1986. t.2, v.1, p.317-75.

_____. (Dir.). *Lieux de mémoire*. Paris: Gallimard, 1984-1992. t.1-3, v.1-7.

NORA, P. Entre mémoire et histoire. La problématique des lieux. In: _____. (Dir.). *Les lieux de mémóire*. Paris: Quarto, Gallimard, 1997. t.1.

NOVAIS, F. O Monumento da Independência: da monarquia à República. In: *As margens do Ipiranga*: 1890-1990. São Paulo: Museu Paulista – USP, 1990. p.13.

_____. Prefácio. In: HOLANDA, S. B. de. *Caminhos e fronteiras*. São Paulo: Companhia das Letras, 1994. p. 8.

OLIVEIRA, C. H. de S. Política e memória histórica: Gonçalves Ledo e a questão da Independência. In: BRESCIANI, M. S., SAMARA, E. M. (Org.). *Jogos da política, imagens, representações, práticas*. São Paulo: Anpuh, Fapesp, Marco Zero, 1992.

_____. O espetáculo do Ipiranga: reflexões preliminares sobre o imaginário da Independência. *Anais do Museu Paulista*, v.3, p.195-208, jan.-dez. 1995.

_____. Delimitação do lugar do "grito": propostas e contradições. In: BARBUY, H. (Org.). *Museu Paulista*: um monumento no Ipiranga (história de um edifício centenário e de sua recuperação). Direção geral José Sebatião Witter. São Paulo: Federação e Centro das Indústrias do Estado de São Paulo, 1997. p.213-27.

OLIVEIRA, C. H. S. de, MATTOS, C. V. de (Org.). *O brado do Ipiranga*. São Paulo: Editora da Universidade de São Paulo, Museu Paulista da Universidade de São Paulo, 1999. (Acervo 2).

OLIVEIRA JÚNIOR, P. C. *Affonso d'E. Taunay e a construção da memória bandeirante*. Rio de Janeiro, 1994. Dissertação (Mestrado) – Instituto de Ciências Sociais, Universidade Federal do Rio de Janeiro.

ORY, P. Le centenaire de la Révolution Française. In: *Les lieux de mémoire*. Paris: Gallimard, 1997. t.1, v.1, p.465-92. (Collection Quarto).

PEARCE, S. Museum Studies in Material Culture. In: *Museum Studies in Material Culture*. London: Leicester University Press, 1989. p.1-10.

PINTO, A. A. O centenário da Independência. *Revista do Brasil*, v.1, n.1, p.12-8, jan. 1916.

PINTO, E. R. Discurso de recepção de Afonso de Taunay. *Revista da Academia Brasileira de Letras*, n.103, p.285-301, jul. 1930.

PLANO DIRETOR do Museu Paulista da USP (1990-1995). s.d. (Mimeo.).

POMIAN, K. Coleção. In: *Enciclopédia Einaudi*. Memória-História. Lisboa: Imprensa Nacional. Casa da Moeda, 1985. p.51-86.

_____. *Collectinneurs, amateurs et curieux*. Paris – Venise, XVIème-XVIIIème siècle. Paris: Gallimard, 1987.

_____. Musée, nation, musée national. *Le Débat*, n.65, p.166-75, 1991.

_____. Conclusion, musées français, musées européens. In: GEORGEL, C. (Ed.). *La jeunesse des musées*. Les museés en France aux XIXe siècle. Paris: Musée d'Orsay, RMN, 1994. p.351-64.

POMMIER, É. *L'art de la liberté, doctrines et débats de la Révolution Française*. Paris: Gallimard, 1991.

POMMIER, É. Préface. In: *Les musées en Europe à la veuille de l'ouverture du Louvre*. Paris: Musée du Louvre, Klicksieck, 1995. p.13-31.

POULOT, D. Naissance du monument historique. *Revue d'histoire moderne et contemporaine (Paris)*, t.XXXII, p.418-50, juil.-sept. 1985.

_____. Le patrimoine universel: un modèle culturel français. *Revue d'Histoire Moderne et Contemporaine*, v.39, n.1, p.39, jan.-fév. 1992.

_____. Introduction générale. In: *Bibliographie de l'histoire de musées de France*. Paris: Éditions du CTHS, 1994. p.7-39.

_____. La recherche du Westminster français. In: *Musée, nation, patrimoine (1789--1815)*. Paris: Gallimard, 1997. p.285-304.

PRADO, P. *Paulística*. Rio de Janeiro: J. Olympio, 1972.

PROJETO de Organização nos Fundos de Arquivo e das Coleções de Documentos Pertencentes ao Setor de Documentação do Museu Paulista da USP. São Paulo, 1992. (Mimeo.).

PROST, A. Charles Seignobos revisité. *Vingtième Siècle*, n.43, p.100-18, juil.--sept. 1994.

QUEIROZ, M. I. P. de. Ufanismo paulista: vicissitudes de um imaginário. *Revista da USP*, n.3, p.78-87, 1992.

RANGEL, A. Discurso proferido no dia 21 de julho de 1913. *Revista do IHGSP*, v.XVIII, p.117-22, 1914.

RECHT, R. *La lettre de Humboldt*. Du jardin paysager au daguerréotype. Paris: Christian Bourgois Editeur, 1989.

RIEGL, A. *Le culte moderne des monuments*. Son essence et sa genèse. Paris: Editions du Seuil, 1984.

RODRIGUES, J. H. (Org.). *Correspondência de Capistrano de Abreu*. Rio de Janeiro: INL, 1954. v.1.

_____. Introdução. In: *Capítulos da história colonial (1500-1800)* – Caminhos antigos e povoamento do Brasil. Brasília: Editora da UnB, 1963. p.ix-xix.

_____. Affonso de Taunay e o revisionismo histórico. *Revista de História da América*. n.51. p.125-32. 1962.

_____. A historiografia brasileira e o atual processo histórico. In: *História e historiadores do Brasil*. São Paulo: Fulgor, 1965.

_____. Vida e história. In: *Vida e história*. Rio de Janeiro: Civilização Brasileira, 1966.

RODRIGUES, M. *Alegorias do passado*. A instituição do patrimônio em São Paulo. 1969-1987. Campinas, 1994. Tese (Doutorado) – Instituto de Filosofia e Ciências Humanas, Universidade Estadual de Campinas.

ROSSI, A. Z. O sobrado da Convenção de Itu na antiga Rua do Carmo (atual Rua Barão de Itaim): uma pesquisa documental. *Anais do Museu Paulista (São Paulo)*, Nova Série, v.10-11, p.197-212, 2002-2003.

SANTOS, A. M. dos. A invenção do Brasil: um problema nacional? *Revista de História*, n.118, p.3-12, jan./jun. 1985.

SANTOS, A. M. Memória, história, nação: propondo questões. *Tempo Brasileiro*, n.87, p.5-13, out.-dez. 1986.

SCHAER, R. Des encyclopédies superposées. In: *La jeunesse des musées*. Les musées en France au XIXe siècle. Paris: Musée D'Orsay, RMN, 1994. p.38-51.

SCHNAPPER, A. *Le géant, la licorne, la tulipe*. Paris: Flammarion, 1989.

SCHWARCZ, L. Os institutos históricos e geográficos: "Guardiões da História Oficial". In: *O espetáculo das raças*: cientistas, instituições e questão racial no Brasil. 1870-1930. São Paulo: Companhia das Letras, 1993.

SEVCENKO, N. *Literatura como missão*: tensões sociais e criação cultural na 1ª República. São Paulo: Brasiliense, 1983.

_____. Museu Paulista: história, mito e crítica. In: *As margens do Ipiranga*: 1890--1990. São Paulo: Museu Paulista, USP, 1990.

_____. *Orfeu extático na metrópole*. São Paulo – Sociedade e cultura nos frementes anos vinte. São Paulo: Companhia das Letras, 1992.

TOLEDO, B. L. de. Calixto e a iconografia paulista. In: *Benedito Calixto*: memória paulista. São Paulo: Projeto Banespa, Pinacoteca do Estado, 1990. p.25-36.

VAISSE, P. Le décor peint des musées. In: *La jeunesse des musées*. Les musées en France au XIXe siècle. Paris: Musée D'Orsay, RMN, 1994. p.142-51.

VELLOSO, M. P. *A brasilidade verde-amarela*: nacionalismo paulista. Rio de Janeiro: Centro de Documentação de História Contemporânea do Brasil, 1987.

VIDLER, P. *L'espace des lumières*. Architecture et philosophie de Ledoux à Fourrier. Paris: Picard, 1995.

VIEVÉLLE, D. Les peintures murales de Puvis de Chavannes à Amiens. *Collections Amiens, Musée de Picardie*, n.1, p.1-30, mai 1989.

WALLACE, M. Visiting the Past: History Museums in United States. *Radical History Rewiew*, n.25, p.63-95, 1981.

WEHLING, A. *A invenção da história*: estudos sobre o historicismo. Rio de Janeiro: Ed. Central da Universidade Gama Filho, Niterói: Ed. da Universidade Federal Fluminense, 1994.

Anexo

Ensaio topográfico da planta do edifício do Museu Paulista

Nenhuma planta do edifício do Museu Paulista, com a respectiva disposição das salas de exposição durante a gestão de Affonso de Taunay, foi encontrada. Por isso, para reconstruir a disposição das salas durante esse período, foi necessário acompanhar as informações esparsas que apareceram esporadicamente nos *Relatórios de atividades* de Taunay, nos *Inventários do acervo* e no *Guia da secção histórica do Museu Paulista*, publicado em 1937. A planta do segundo pavimento do museu (1º andar), apresentada no *Guia pelas collecções. Museu Paulista*, publicado em 1907 por Hermann von Ihering, também foi bastante útil na reconstituição e descrição das salas que ora apresentamos.

As plantas dos quatro pavimentos utilizadas aqui são da publicação *Museu Paulista: Um monumento no Ipiranga (História de um edifício centenário e de sua recuperação)* com direção geral de José Sebastião Witter; organização de Heloisa Barbuy. São Paulo: Federação e Centro das Indústrias do Estado de São Paulo, 1997, p.56-7.

Pavimento térreo

A5 – Diretoria.

A6 – Maquete em gesso do projeto integral de Tommaso Gaudenzio Bezzi para o edifício do Museu Paulista, doada pela Escola Politécnica de São Paulo ao Museu em 1931. Esta sala foi aberta em 1932.

A7 – Antigas coleções de botânica; aberta em 1917, esta sala recebeu os objetos expostos na sala A10, que passou a fazer parte da Galeria Almeida Júnior, criada em 1939.

A9 – Sala das Monções, aberta em 1929. Esta sala, bem como o corredor que lhe dá acesso (A8) e a sala A10, foram transformados em Galeria Almeida Júnior em 1939.

A10 – Sala de Cartografia Colonial e Documentos Antigos, aberta em 1917.

A11 – Sala consagrada ao passado da cidade de São Paulo, aberta em 1918.

A12 – Sala consagrada à antiga Iconografia Paulista, aberta em 1922.

A13 – Sala consagrada ao passado de Santos e à antiga iconografia paulista, aberta em 1922.

A14 – Sala de mobiliário antigo e velhos retratos, aberta em 1922.

A15 – Ensaio de reconstituição da antiga cidade de São Paulo, ou sala da maquete de São Paulo em 1840, aberta em 1922.

A16 – Arte Colonial Religiosa Brasileira, mobiliário do Regente Feijó, aberta em 1922.

Galeria Oeste – Objetos arqueológicos de São Paulo colonial, documentos coloniais e antigos veículos de transporte dos séculos XVIII e XIX.

O Museu Paulista

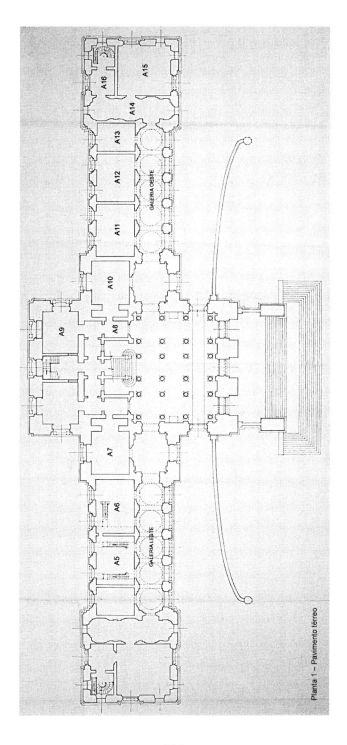

Planta 1 – Pavimento térreo

Segundo pavimento

B1 – Coleção de armas e uniformes militares, aberta em 1943; organizada pelo assistente da Seção de História, Alberto Robbe.

B2 – Objetos folclóricos, aberta em 1943; organizada pelo assistente da Seção de História, Alberto Robbe.

B3 – Coleções de uniformes civis, objetos de arte religiosa, indumentária antiga, cerâmica de antanho, objetos de uso vulgar, aberta em 1943; organizada pelo assistente da Seção de História, Alberto Robbe.

B4 – Iconografia das antigas monções, aberta em 1943.

B5 – Iconografia das cavalhadas, tropas e tropeiros, cenas de estrada de antanho, aberta em 1943.

B6 – Iconografia das fazendas de café, maquinário cafeeiro antigo, aberta em 1943.

B7 – Em 1941, Taunay pensava abrir aí uma sala dedicada a Bernardino de Campos, mas acabou desistindo do projeto pela falta de mostruário adequado para expor o acervo do antigo presidente, composto por algumas joias bastante valiosas. Inaugurou aí, em 1943, mais uma sala de iconografia, dedicada a vistas antigas de Santos, Itu, Campinas e Sorocaba.

B8 – Sala de Objetos Históricos criada por Ihering no início do século. Durante vários anos da gestão de Taunay, essa sala permaneceu fechada. Em 1941, Taunay transferiu para ela parte dos objetos da sala Santos Dumont (B9), duplicando o espaço de exposição daquela.

B9 – Sala de Objetos Históricos, também criada por Ihering no início do século. Em 1922, Taunay reorganizou completamente essa sala, selecionando os objetos expostos. Em 1936, transferiu os objetos dessa sala para outras duas do terceiro pavimento (TC4 e TC5), inaugurando aí a sala Santos Dumont.

B10 – Sala Bartholomeu de Gusmão, aberta em 1937.

B12 – Sala de Etnografia brasileira desde o período Ihering. Nos primeiros anos da gestão de Taunay, Roquette Pinto foi chamado para reorganizar as exposições.

B13 – Sala de Numismática desde o período Ihering. Esteve fechada nos primeiros anos da gestão de Taunay, tendo sido reorganizada nos anos 30 e reaberta em 1937.

B14 – Sala de Etnografia brasileira, aberta em 1945.

B15 – Sala de Etnografia brasileira, aberta em 1945.

B16 – Sala de Etnografia afro-brasileira, aberta em 1943.

Galeria Oeste – Arqueologia brasileira.

Galeria Leste – Antiguidades americanas (argentinas, peruanas, mexicanas e da América Central).

O Museu Paulista

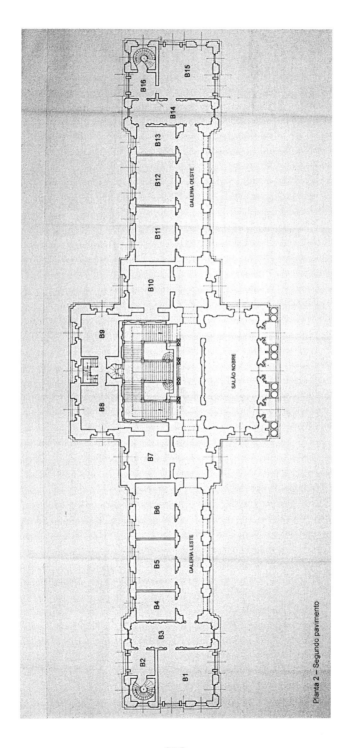

Planta 2 – Segundo pavimento

Terceiro pavimento

TC4 – Armas e fardas antigas. Reminiscências militares.
TC5 – Indumentária antiga. Fardas. Objetos antigos. Coleções diversas.

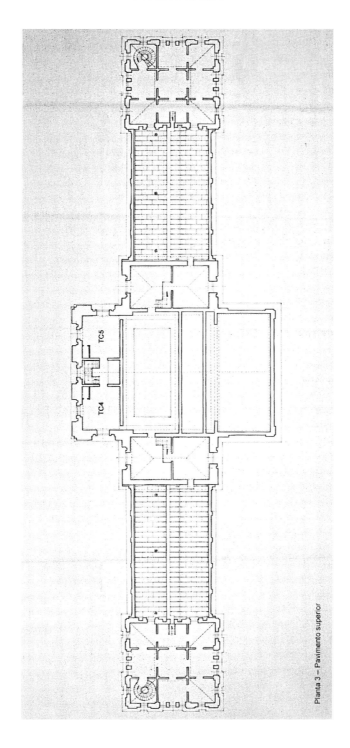

Planta 3 – Pavimento superior

Porão

Em 1931, Taunay iniciou obras de desaterro do porão do museu, na Galeria Leste, sob a biblioteca, trabalho concluído em 1939.

O Museu Paulista

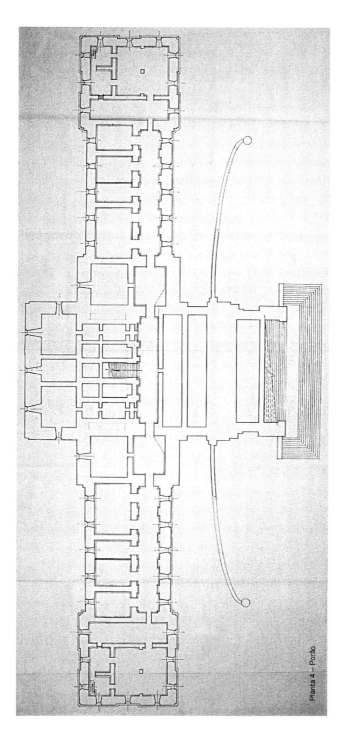

Planta 4 – Porão.

Ilustrações

FIGURA 1

FIGURA 2

FIGURAS 1 e 2 – Sala B8 – *Objetos históricos*. Coleção Mons. Jamil Nassif Abib. Acervo Museu Paulista/USP.

FIGURA 3 – Sala A10 – *Cartografia colonial e documentos antigos*. Acervo Museu Paulista/USP.

FIGURA 4 – *Interior do edifício do Museu Paulista: vista a partir da escadaria*, c.1892. Acervo Museu Paulista/USP (foto de Guilherme Gaensly, Coleção Bezzi). Restauração óptica por José Sócrates de Oliveira, 1990.

FIGURA 5 – *Independência ou morte!* Óleo de Pedro Américo, Florença, 1888. Acervo Museu Paulista/USP.

FIGURA 6 – *Salão de Honra*, 1922. Acervo Museu Paulista/USP.

FIGURA 7 – *Salão de Honra*, 1922. Acervo Museu Paulista/USP.

FIGURA 8 – *Tribuna oficial levantada no alto do Monumento à Independência*, 7.9.1922. DIM/DPH/SMC/PMSP.

FIGURA 9 – *Aspecto geral da multidão na colina do Ipiranga*, 7.9.1922. DIM/DPH/SMC/PMSP.

FIGURA 10 – *Antônio Raposo Tavares*. Escultura de Luigi Brizzolara, mármore de carrara, Gênova. Acervo Museu Paulista/USP.

FIGURA 11 – *Fernão Dias Paes Lemes*. Escultura de Luigi Brizzolara, mármore de carrara, Gênova. Acervo Museu Paulista/USP.

O Museu Paulista

FIGURAS 12 e 13 – *Caixa da escadaria à esquerda e à direita, onde foi simbolicamente representado o ciclo das bandeiras*. Acervo Museu Paulista/USP.

FIGURA 14 – *A retirada do Cabo de São Roque*. Óleo de Henrique Bernardelli, 1927. Acervo Museu Paulista/USP (foto de José Rosael).

FIGURA 15 – *Ânfora de vidro com pilastra de bronze contendo água do Rio Paraíba.* Acervo Museu Paulista/USP (foto de José Rosael).

FIGURA 16 – *Sala das Monções*, 1929. Acervo Museu Paulista/USP.

FIGURA 17 – *Marco de Cananeia no primeiro lance na escadaria monumental*, 1930. Acervo Museu Paulista/USP.

FIGURA 18 – *Sala Santos Dumont*, 1936. Acervo Museu Paulista/USP.

FIGURA 19 – *Galeria Almeida Júnior*, 1939. Acervo Museu Paulista/USP.

FIGURA 20 – *Exposição comemorativa do cinquentenário da Proclamação da República.* Salão de Honra, 1939. Acervo Museu Paulista/USP.

FIGURA 21 – *Exposição comemorativa do centenário de Bernardino de Campos.* Salão de Honra, 1941. Acervo Museu Paulista/USP.

FIGURA 22 – *Exposição comemorativa do cinquentenário do Museu Paulista*. Salão de Honra, 1945. Acervo Museu Paulista/USP.

SOBRE O LIVRO

Formato: 16 x 23 cm
Mancha: 27,5 x 49 paicas
Tipologia: Iowan Old Style 10,5/15
Papel: Offset 75 g/m² (miolo)
Cartão Supremo 250 g/m² (capa)
1ª edição: 2005

EQUIPE DE REALIZAÇÃO

Coordenação Geral
Sidnei Simonelli

Produção Gráfica
Anderson Nobara

Edição de Texto
Ada Santos Seles (Preparação de Original)
Carlos Villarruel e
Alexandra Costa (Revisão)
Oitava Rima Prod. Editorial (Atualização Ortográfica)

Editoração Eletrônica
Santana